# 电动汽车
## 动力电池梯次利用与回收技术

周志敏　纪爱华　编

·北京·

本书结合国内电动汽车动力电池技术的发展及最新应用技术，在概述了电动汽车动力电池的发展、分类、特点、技术现状、发展趋势的基础上，系统地讲述了电动汽车动力电池梯次利用技术、电动汽车动力电池回收模式及市场、电动汽车镍氢动力电池回收技术、电动汽车铅酸动力电池回收技术、电动汽车锂动力电池回收技术等内容。本书题材新颖实用，内容丰富，深入浅出，文字通俗易懂，具有很高的实用价值。

本书可供从事电动汽车动力电池梯次利用、拆解回收利用的工程技术人员及管理人员阅读，也可供从事电动汽车动力电池梯次利用、回收利用培训及高等院校、职业技术学院相关专业的师生参考。

**图书在版编目（CIP）数据**

电动汽车动力电池梯次利用与回收技术/周志敏，纪爱华编．—北京：化学工业出版社，2019.2（2024.1重印）
ISBN 978-7-122-33547-0

Ⅰ.①电… Ⅱ.①周…②纪… Ⅲ.①电动汽车-蓄电池-回收技术-研究 Ⅳ.①U469.720.3

中国版本图书馆 CIP 数据核字（2018）第 303325 号

---

责任编辑：辛　田　　　　　　　　　　　文字编辑：冯国庆
责任校对：张雨彤　　　　　　　　　　　装帧设计：王晓宇

出版发行：化学工业出版社（北京市东城区青年湖南街 13 号　邮政编码 100011）
印　　装：北京盛通数码印刷有限公司
787mm×1092mm　1/16　印张 10¾　字数 261 千字　2024 年 1 月北京第 1 版第 8 次印刷

购书咨询：010-64518888　　　　　　　　售后服务：010-64518899
网　　址：http://www.cip.com.cn
凡购买本书，如有缺损质量问题，本社销售中心负责调换。

---

定　　价：78.00 元　　　　　　　　　　　　　　　　版权所有　违者必究

电动汽车的发展包括电动汽车以及动力系统的研究和开发,其动力系统是指动力电池。电动汽车动力电池作为电动汽车动力源泉,也是一直制约电动汽车发展的关键因素。动力电池的研发、管理、维护及回收将直接影响电动汽车产业的发展。电动汽车动力电池的生命周期包括生产、使用、报废、分解以及再利用,电动汽车动力电池的回收利用指将使用过的动力电池回收后通过梯次利用或拆解提炼稀有金属的方式进行再次利用。

电动汽车动力电池梯次利用主要针对动力电池容量降低到无法满足新能源汽车的使用要求,但是动力电池本身没有报废,仍可以通过别的途径继续使用,比如应用于电池储能领域;拆解回收主要针对动力电池容量损耗严重,无法继续使用,只有通过拆解的方式回收有利用价值的资源,比如钴、镍等稀有金属。目前市场上退役动力电池回收方式主要以拆解为主,一方面由于退役动力电池梯次利用需要相关的技术积累和相关的实验验证,目前还很不成熟,仍在探索之中;另一方面由于退役的动力电池量还较少,梯次利用形成规模有一定难度。

电动汽车动力电池回收利用是促进和支撑电动汽车发展的重要一环,电动汽车的发展将带动退役动力电池回收利用产业的发展;退役动力电池回收利用产业的发展将有力保障电动汽车产业的健康发展,这种相辅相成的互为依赖的关系,有效指引了电动汽车产业及退役动力电池回收利用产业的发展方向。

随着电动汽车的普及,电动汽车动力电池回收利用产业必将成为汽车工业和能源产业发展的重点。在我国,电动汽车动力电池回收利用产业的发展是必然的,政府出台各项政策助力电动汽车动力电池回收利用产业的发展。在电动汽车动力电池回收利用产业在发展中,应考虑业务运营模式,建设相应的电动汽车动力电池信息库,引入集中式的信息管理平台,是发展电动汽车动力电池回收利用产业的重要环节。待在全国范围内建成电动汽车动力电池回收利用网络后,全国的电动汽车动力电池回收利用产业将联网运营,以此可推动电动汽车动力电池回收利用产业的发展。

本书结合我国电动汽车的发展趋势及动力电池技术的发展,以电动汽车动力电池的梯次利用与拆解回收利用技术为核心内容。在编写过程中,在尽量做到有针对性和实用性的基础上,力求做到通俗易懂和结合实际,使得从事电动汽车动力电池的梯次利用与拆解回收利用的技术人员及管理人员从中获益，读者可以以此为"桥梁"，系统地全面了解和掌握电动汽车动力电池的梯次利用与拆解回收利用的最新应用技术。

本书由周志敏、纪爱华编，提供资料的有周纪海、纪达奇、刘建秀、顾发娥、刘淑芬、纪和平、纪达安、陈爱华等。本书在编写过程中，无论从资料的收集还是技术信息交流，都得到了国内外的专业学者和同行及电动汽车动力电池制造商的大力支持，在此表示衷心的感谢。

由于笔者水平有限，书中难免有不足之处，敬请读者批评指正。

编者

# 目录 CONTENTS

第 1 章 概述 ································································································· 1
　1.1 电动汽车动力电池分类及技术现状 ································································· 1
　　1.1.1 动力电池的发展历程及分类 ·································································· 1
　　1.1.2 电动汽车动力电池技术现状及充放电特性 ················································· 5
　1.2 电动汽车对动力电池的要求及发展趋势 ··························································· 9
　　1.2.1 电动汽车对动力电池的要求及关键技术指标 ··············································· 9
　　1.2.2 电动汽车动力电池的发展趋势 ······························································· 12

第 2 章 电动汽车退役动力电池梯次利用技术 ······························································· 30
　2.1 梯次利用定义及退役动力电池的目标市场 ······················································· 30
　　2.1.1 梯次利用定义及退役动力电池梯次利用的意义 ·········································· 30
　　2.1.2 退役动力电池的特性及目标市场 ····························································· 33
　2.2 退役动力电池梯次利用的储能市场及产业链 ····················································· 36
　　2.2.1 退役动力电池梯次利用的储能市场和储能系统 ·········································· 36
　　2.2.2 退役动力电池梯次利用的产业链 ····························································· 39
　2.3 退役动力电池梯次利用面临的主要问题及技术难点 ············································ 42
　　2.3.1 退役动力电池梯次利用面临的主要问题 ···················································· 42
　　2.3.2 退役动力电池梯次利用的技术难点 ·························································· 48

第 3 章 电动汽车废旧动力电池回收技术 ···································································· 55
　3.1 废旧动力电池回收的意义及国家政策 ······························································ 55
　　3.1.1 废旧动力电池拆解回收的定义及回收中的资源 ·········································· 55
　　3.1.2 废旧动力电池回收的意义及国家政策 ······················································· 57
　3.2 废旧动力电池回收产业面临的问题及痛点 ······················································· 62
　　3.2.1 废旧动力电池回收产业面临的问题 ·························································· 62
　　3.2.2 废旧动力电池回收产业的痛点 ································································ 65
　3.3 废旧动力电池拆解回收规模化的瓶颈及市场规范 ············································· 67

  3.3.1 废旧动力电池拆解回收模式及规模化的瓶颈 …………………… 67
  3.3.2 废旧动力电池拆解回收的市场规范 …………………………… 69
 3.4 废旧动力电池回收技术路线 …………………………………………… 71
  3.4.1 废旧动力电池的资源化技术 …………………………………… 71
  3.4.2 废旧动力电池回收工艺 ………………………………………… 72
  3.4.3 国外废旧动力电池回收公司的工艺及经验 …………………… 76

## 第4章 废旧镍氢动力电池资源化技术 ……………………………………… 79
 4.1 镍氢电池的工作原理及分类 …………………………………………… 79
  4.1.1 镍氢电池的工作原理及结构 …………………………………… 79
  4.1.2 镍氢电池的分类及特点 ………………………………………… 81
 4.2 镍氢动力电池组及电动汽车镍氢电池动力系统 ……………………… 83
  4.2.1 镍氢动力电池的结构特性及镍氢动力电池组 ………………… 83
  4.2.2 电动汽车镍氢电池动力系统 …………………………………… 86
 4.3 废旧镍氢动力电池回收技术 …………………………………………… 89
  4.3.1 废旧镍氢动力电池的危害及资源 ……………………………… 89
  4.3.2 废旧镍氢动力电池回收处理方法 ……………………………… 92

## 第5章 废旧铅酸动力电池资源化技术 …………………………………… 100
 5.1 阀控密封式铅酸电池的工作原理与充放电过程 …………………… 100
  5.1.1 阀控密封式铅酸电池的工作原理及结构 …………………… 100
  5.1.2 阀控密封式铅酸电池的氧循环原理及充放电过程 ………… 101
 5.2 废旧铅酸动力电池的有效回收 ……………………………………… 104
  5.2.1 废旧铅酸动力电池回收的必要性及市场 …………………… 104
  5.2.2 废旧铅酸动力电池的回收模式 ……………………………… 106
  5.2.3 国内外废旧铅酸动力电池回收现状及再生铅厂建设 ……… 108
 5.3 废旧铅酸动力电池处理的工艺流程及环保回收工艺 ……………… 115
  5.3.1 废旧铅酸动力电池处理的工艺流程及拆解 ………………… 115
  5.3.2 废旧铅酸动力电池的环保回收工艺 ………………………… 117
  5.3.3 废旧铅酸动力电池资源再生过程污染源分析 ……………… 119

## 第6章 废旧锂动力电池资源化技术 ……………………………………… 127
 6.1 锂离子电池结构及优缺点 …………………………………………… 127
  6.1.1 锂离子电池工作原理及结构 ………………………………… 127
  6.1.2 锂离子电池的优缺点 ………………………………………… 130
 6.2 锂离子电池构成材料及锂动力电池模块和成组技术 ……………… 131

6.2.1　锂离子电池构成材料……………………………………………… 131
　　6.2.2　锂动力电池模块和成组技术………………………………………… 137
6.3　锂动力电池回收技术……………………………………………………… 141
　　6.3.1　锂动力电池回收的意义及产物……………………………………… 141
　　6.3.2　三元材料锂动力电池的回收技术…………………………………… 144
　　6.3.3　磷酸铁锂动力电池的回收技术……………………………………… 147

**附录　动力电池术语**……………………………………………………………… 153

**参考文献**………………………………………………………………………………… 162

# 第 1 章 概 述

## 1.1 电动汽车动力电池分类及技术现状

### 1.1.1 动力电池的发展历程及分类

#### 1.1.1.1 动力电池的发展历程

动力电池是纯电动汽车驱动能量的唯一来源,直接关系到电动汽车的动力性能、续航能力和安全性。从纯电动汽车成本构成看,动力电池系统占据了新能源汽车成本的30%~50%。动力电池技术一直影响着电动汽车实用化的进程。根据动力电池的使用特点、要求、应用领域不同,国内外动力电池的研发历史大致如下。

① 第一代动力电池为铅酸动力电池,主要是阀控密封式铅酸动力电池,其优点是大电流放电性能良好,价格低廉、资源丰富、回收率高,缺点是质量比能量低,主要原材料铅有污染。新开发的双极耳卷绕式阀控密封式铅酸动力电池已经通过混合动力汽车试用,其能量密度比平板涂膏式铅酸动力电池有明显提高。阀控式密封铅酸动力电池一度成为重要的车用动力电池,应用在众多欧洲和美国汽车公司开发的电动汽车(Electric Vehicle,EV)和混合动力汽车(Hybrid Electric Vehicle,HEV)上,但新一代铅酸动力电池的比能量和循环次数仍存在严重的限制。未来使用铅酸动力电池来驱动在高速公路上行驶的电动汽车是不实际的,但价格优势使其在轻度混合或者短途行驶的电动汽车(如观光车)中仍占一席之地。

② 第二代动力电池为碱性动力电池,如镍镉动力电池、镍氢动力电池。镍镉电池因存在镉污染问题,欧盟各国已禁用于动力电池,镍氢动力电池的性价比明显比铅酸动力电池高,是目前 HEV 的主要动力电池。镍氢动力电池具有良好的耐过充、过放能力,不存在重金属污染问题,而且在工作过程中不会出现电解液增减现象,可以实现密封设计、免维护。与铅酸动力电池和镍镉动力电池相比,镍氢动力电池具有较高的比能量、比功率及循环寿命。

镍氢动力电池的记忆效应不是很明显,而且随着充放电循环的进行,储氢合金逐渐失去催化能力,镍氢动力电池的内压会逐渐升高,影响到其使用。此外,镍金属昂贵的价格,也导致成本较高。目前，电动汽车用镍氢动力电池已实现了批量生产和使用，是混合动力汽车研制中应用最多的车载动力电池类型。

③ 第三代动力电池为锂动力电池，锂动力电池的能量密度高于阀控式密封铅酸动力电池和镍氢动力电池，质量比能量达到 200W·h/kg（PLIB），动力电池单体电压高（3.6V），待其安全问题解决以后将是最具竞争力的动力电池。锂动力电池具有相对较高的工作电压和较大的比能量，是镍氢动力电池的 3 倍。锂动力电池体积小，重量轻，循环寿命长，自放电率低，无记忆效应且无污染。

锂动力电池的传统结构包括石墨阳极、锂离子金属氧化物构成的阴极和电解液（有机溶剂溶解的锂盐溶液）。最常见的锂动力电池以炭为阳极，以碳酸乙烯酯和碳酸二甲酯溶解六氟磷酸锂溶液为电解液，以二氧化锰酸锂为阴极构成的锂动力电池轻巧结实，比能量大，单体电压约为 3.7V。

电动汽车用锂动力电池是在一次性锂动力电池基础上发展起来的，是目前纯电动车用动力电池研发的主要方向。锂动力电池是继镍氢动力电池之后，最受研发机构和汽车厂商青睐的具有潜力的车载动力电池。在锂动力电池中，磷酸锂动力电池的比能量、比功率以及运行电压相对较低，在大型纯电动汽车应用方面钴酸锂和锰酸锂动力电池等更具优势。

④ 第四代动力电池为质子交换膜燃料电池和直接甲醇燃料电池，其特点是无污染，放电产物为 $H_2O$，是真正的电化学发电装置。燃料电池是一种将存在于燃料与氧化剂中的化学能直接转化为电能的发电装置。燃料和空气分别送进燃料电池，电就被生产出来。它从外表上看有正负极和电解质等，像一个动力电池，但实质上它不能"储电"，而是一个"发电厂"。

燃料电池是一种使用燃料进行化学反应产生电能的装置，所用燃料包括纯氢气、甲醇、乙醇、天然气以及现在使用最广泛的汽油。按电解质的种类不同，燃料电池可分为碱性燃料电池、磷酸燃料电池、熔融碳酸盐燃料电池、固体氧化物燃料电池、质子交换膜燃料电池等。在燃料电池中，磷酸燃料电池、质子交换膜燃料电池可以冷启动和快启动，也可以作为移动电源，满足特殊情况的使用要求，更加具有竞争力。最常见的是以氢气为燃料的质子交换膜燃料电池，由于燃料价格便宜，无化学危险，对环境无污染，发电后产生纯水和热，这是目前其他所有动力电池无法做到的。质子交换膜燃料电池以纯氢为燃料，以空气为氧化剂，不经历热机过程，不受热力循环限制，因此能量的转换效率高，是普通内燃机热效率的 2～3 倍。

阀控式密封铅酸动力电池、镍氢动力电池和锂动力电池均属于电能转换和储能装置，动力电池本身并不能发出电能，必须对动力电池进行充电，将电能转换成化学能，使用时再将化学能转变为电能作为车载动力，所以这类动力电池目前仍然要消耗矿物燃料发出的电能。燃料电池是车载动力最经济、最环保的解决方案，但是要实现商业化还有许多问题需要解决，如价格昂贵，采用贵金属铂、铑作为催化剂，氢的储存运输等问题。

### 1.1.1.2 电动汽车动力电池分类

新能源汽车动力电池可以分为动力电池和燃料电池两大类，动力电池用于纯电动汽车（EV），混合动力电动汽车（HEV）及插电式混合动力电动汽车（Plug in Hybrid Electric Vehicle，PHEV）；燃料电池专用于燃料电池汽车（Fuel Cell Vehicles，FCV）。

① 适用于纯电动汽车的动力电池，可以归类为铅酸动力电池、镍基动力电池（镍-氢及镍-金属氢化物动力电池、镍-镉及镍-锌动力电池）、钠基动力电池（钠-硫动力电池和钠-氯化镍动力电池）、锂动力电池、空气动力电池等类型。

在仅装备动力电池的纯电动汽车中，动力电池是汽车驱动系统的唯一动力源。而在装备传统发动机（或燃料电池）与动力电池的混合动力汽车中，动力电池既可扮演汽车驱动系统主要动力源的角色，也可充当辅助动力源的角色。在低速和启动时，动力电池扮演的是汽车驱动系统主要动力源的角色；在全负荷加速时，动力电池充当的是辅助动力源的角色；在正常行驶或减速、制动时，动力电池充当的是储存能量的角色。

目前，锂动力电池处于高速发展阶段，在诸如日产 Leaf、丰田普锐斯 plug-in、特斯拉 ModelS、通用 Volt、福特 FocusEV 以及宝马 i3 等新能源汽车上都采用锂动力电池。此外，锂资源较为丰富，价格也不贵，可以说在纯电动汽车动力电池中，锂动力电池是目前最被市场看好的动力电池。

铅酸动力电池、镍氢动力电池、锂动力电池和锂聚合物动力电池的比能量、比功率、安全性等基本性能的比较如图 1-1 所示。通过比较可以发现，目前这几种动力电池技术仍然没有一种能够占据每个方面性能都有优势的地位。这说明目前在电动汽车应用领域出现这些不同种类动力电池共存情况的原因，也是各种动力电池技术在不同程度上存在的缺陷导致电动汽车的发展受到制约，而未大规模产业化的原因。

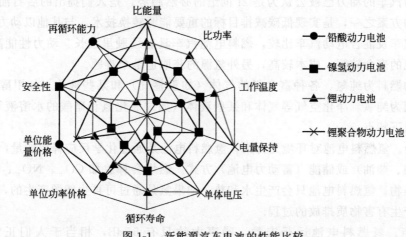

图 1-1 新能源汽车电池的性能比较

由图 1-1 可以看出，在目前市场上的动力电池中，锂动力电池除在价格和安全性方面处于劣势以外，其他方面均处于绝对领先地位，有进一步研发和大规模应用的前景。

② 燃料电池，又称"连续电池"，可以把燃料电池看成是一种需要电能时，将反应物从外部输送入燃料电池内，就能长期不断地进行放电的一类电池。专用于电动汽车的燃料电池，可以分为碱性燃料电池（Alkaline Fuel Cell，AFC）、磷酸燃料电池（Phosphoric Acid Fuel Cell，PAFC）、熔融碳酸盐燃料电池（Molten Carbonate Fuel Cell，MCFC）、固体氧化物燃料电池（Solid Oxide Fuel Cell，SOFC）、质子交换膜燃料电池（Proton Exchange Membrane Fuel Cell，PEMFC）、直接甲醇燃料电池（Direct Methanol Fuel Cell，DMFC）等类型。目前，质子交换膜燃料电池在燃料电池汽车中的应用较多，是未来新能源汽车燃料电池领域极具竞争力的燃料电池类型。

燃料电池由阳极、阴极、电解质和隔膜构成，燃料在阳极氧化，氧化剂在阴极还原。如果在阳极（即外电路的负极，也可称燃料极）上连续供给气态燃料（氢气），而在阴极（即外电路的正极，也可称空气极）上连续供给氧气（或空气），就可以在电极上连续发生电化学反应，并产生电流。由此可见，燃料电池与常规动力电池不同，它的燃料和氧化剂不是储存在电池内，而是储存在电池外部的储罐中。当它工作（输出电流并做功）时，需要不间断地向电池内输入燃料和氧化剂并同时排出反应产物。因此，从工作方式上看，它类似于常规的汽油发电机或柴油发电机。由于燃料电池工作时要连续不断地向电池内送入燃料和氧化剂，所以燃料电池使用的燃料和氧化剂均为流体（气体或液体）。

燃料电池阳极的作用是为燃料和电解液提供公共界面，并对燃料的氧化产生催化作用，同时把反应中产生的电子传输到外电路或者先传输到集流板后再向外电路传输。阴极（氧电极）的作用是为氧和电解液提供公共界面，对氧的还原产生催化作用，从外电路向氧电极的反应部位传输电子。由于电极上发生的反应大多为多相界面反应，为提高反应速率，电极一般采用多孔材料并涂有电催化剂。

电解质的作用是输送燃料电极和氧电极在电极反应中所产生的离子，并能阻止电极间直接传递电子。隔膜的作用是传导离子、阻止电子在电极间直接传递和分隔氧化剂与还原剂，因此隔膜必须是抗电解质腐蚀和绝缘的物质，并具有良好耐润湿性。

燃料电池具有比能量高、使用寿命长、维护工作量少以及能连续大功率供电等优点。将燃料电池作为汽车的动力已被公认为是21世纪的必然趋势，是人们提出的后石油时代解决移动动力源的方案之一，是实现低碳减排目标的重要能源转换技术。与其他以动力电池为动力的纯电动汽车及混合电动汽车比较，燃料电池汽车具有续驶里程长、动力性能高等优点。但是燃料电池的寿命较短、成本较高，另外氢源的获取也是个难题。

最常用的燃料为纯氢、各种富含氢的气体（如重整气）和某些液体（如甲醇水溶液），常用的氧化剂为纯氧、净化空气等气体和某些液体（如过氧化氢和硝酸的水溶液等）。氢燃料电池具有以下特点。

a. 无污染。氢燃料电池对环境无污染，氢燃料电池是通过化学反应释放能量，而不是采用燃烧（汽油、柴油）或储能（蓄动力电池）方式。燃烧会释放如 $CO_x$、$NO_x$、$SO_x$ 气体和粉尘等污染物。氢燃料电池只会产生水和热。如果氢是通过可再生能源产生的，整个循环就是彻底不产生有害物质排放的过程。

b. 无噪声。氢燃料电池运行安静，噪声大约只有 55dB，相当于人们正常交谈的水平。

c. 高效率。氢燃料电池的发电效率可以达到 50% 以上，这是由氢燃料电池的转换性质决定的，直接将化学能转换为电能，不需要经过热能和机械能（发电机）中间变换。

氢燃料电池车的优势毋庸置疑，劣势也显而易见。随着科技的进步，曾经困扰氢燃料电池发展的诸如安全性、氢燃料的储存技术等问题已经逐步攻克并不断完善，然而成本问题依然是阻碍氢燃料电池车发展的最大瓶颈。氢燃料电池的成本是普通汽油机的 100 倍，这个价格是市场难以承受的。另外加氢站需要一整套氢能源生产和运输网络作为支撑，而世界上绝大多数国家没有意愿和空间去大力发展一种不常用能源的体系。尤其氢能源的转化率较低，且在能源生产中会造成污染。另外，加氢站本身的建设要求与成本极高，需要专门的低温设备来满足能源存储需要。

## 1.1.2 电动汽车动力电池技术现状及充放电特性

### 1.1.2.1 电动汽车动力电池技术现状

电动汽车的动力电池是影响电动汽车发展的关键因素之一,目前,新能源汽车的动力电池多采用锂动力电池,其体积小、重量轻、工作电压高(约为镍氢动力电池、铅酸动力电池、镉动力电池的3倍)、寿命长、循环次数多、无记忆效应、自放电率低、无污染以及安全性能好。锂动力电池主要包括锰酸锂动力电池、磷酸铁锂动力电池和三元材料锂动力电池,而后两者的寿命更长、安全性能更高。

不同种类动力电池具有不同的充电特性,最佳充电率在0.2~2.0C之间变化。在动力电池系统额定电压相同的情况下,最高充电电压因动力电池种类、结构型式不同而有一定的差别。对于不同种类的动力电池,充电方法及充电控制策略也不同,应根据动力电池特性采用不同的充电方法。

不同运行模式的电动汽车对充电时间提出了不同的要求,而充电时间的不同需要不同的充电方式来满足。在电动汽车对充电时间要求不高的情况下,可在停运时间利用电力低谷进行常规充电,以延长电动汽车的续驶里程;在充电时间较为紧迫的情况下,需要采用快速充电或动力电池组快速更换的方式及时实现电能补充。

动力电池充放电工作效率会受到充电场所及其他环境条件的影响,尤其是受环境温度的影响较明显。在常温下,动力电池充电接受能力较强,随着环境温度的降低,其充电接受能力逐渐降低。因此,随环境温度降低,充电站功率需求将增加。因而,建设充电站时应尽可能保证其环境不受人为温度条件的影响。

从技术及产业的角度综合来看,日本在动力电池技术方面依旧领先,韩国在市场份额上超越日本占据第一位。目前,我国已形成了包括关键原材料(正极、负极、隔膜、电解液等)生产、动力电池制造、系统集成、示范应用、回收利用、生产装备、基础研发等在内的完善的动力电池产业链体系,掌握了动力电池的配方设计、结构设计和制造工艺技术,生产线逐步从半自动中试向全自动大规模制造技术过渡。

我国在动力电池技术方面,动力电池单体和模块虽然通过了GB/T 31485安全性的要求,但动力电池系统的安全性有待进一步验证和提升。关键材料基本实现了国产化,单体技术与国外基本处于同一水平。在动力电池产品均匀一致性、系统集成技术、生产自动化程度等方面还需加紧追赶。

动力电池的种类不同,其充电特性也有较大差异,主要表现在最大可接受充电电流、最高充电电压、充/放电率、充/放电终止电压、循环寿命、荷电保持能力等参数上。充电电流越大、充电电压越高,则单机充电机的功率需求就越大。锂动力电池的充电特性主要受充电电流、健康状态(State of Health,SOH)、动力电池荷电状态(State of Charge,SOC)和循环次数等的影响。电动汽车用锂动力电池类型和参数见表1-1。

表1-1 电动汽车用锂动力电池类型和参数

| 参数 | 锰酸锂动力电池 | 磷酸锂动力电池 |
| --- | --- | --- |
| 动力电池平台电压/V | 3.6 | 3.3 |

续表

| 参数 | 锰酸锂动力电池 | 磷酸锂动力电池 |
| --- | --- | --- |
| 充电终止电压/V | 3.7～4.2 | 3.6～3.9 |
| 放电终止电压/V | 2.75 | 2.5～2.8 |
| 能量密度 | 高 | 低 |
| 成本 | 高 | 低 |
| 循环充电次数/次 | 300～500 | 1000～2000 |

(1) 铅酸动力电池　铅酸动力电池是应用最为广泛的动力电池，如图1-2所示。铅酸动力电池以氧化铅为正极板，以海绵铅为负极板，硫酸水溶液作为电解液，充放电过程依靠极板上活性物质和电解液发生化学反应来实现。铅酸动力电池主要的优点是电压稳定、价格便宜，但同时也存在着比能低、使用寿命短和日常维护频繁等问题。在国内，铅酸动力电池在国内的低速电动汽车上的应用最为普遍。铅酸动力电池有2V、4V、6V、8V、12V和24V等系列，容量为200～3000mA·h。铅酸动力电池的放电时长可以用下式粗略计算。

$$放电时长 = \frac{额定容量 \times 放电容量倍率 \times [1 + 温度系数 \times (环境温度 - 25)]}{放电电流}$$

铅酸动力电池虽然价格低廉，但续航能力比较低。所以，电动汽车完全由铅酸动力电池来提供能源并不是太合适。

图1-2　铅酸动力电池

图1-3　磷酸铁锰锂动力电池

(2) 磷酸铁锰锂动力电池　比亚迪最新研究的磷酸铁锰锂动力电池如图1-3所示，磷酸铁锰锂动力电池是在磷酸铁锂路线下的改进型，称为磷酸铁锰锂动力电池是因为在材料里面添加了锰元素。磷酸铁锰锂动力电池突破了传统的磷酸铁锂动力电池的能量密度限制，达到了三元材料水平，而在成本控制上比普通的磷酸铁锂动力电池更加优秀，而且已经应用在了比亚迪电动汽车上，在续航能力上比现在的磷酸铁锂动力电池更加持久。

(3) 磷酸铁锂动力电池　磷酸铁锂动力电池如图1-4所示，磷酸铁锂动力电池的放电效率较高，倍率放电情况下充放电效率可达到90%以上（铅酸动力电池大约为80%）。在各类动力电池中，磷酸铁锂动力电池的安全性也高于其他的动力电池，理论寿命可以达到7～8

年，实际使用寿命为3~5年，性能价格比理论上为铅酸动力电池的4倍以上。磷酸铁锂动力电池的缺点是价格高于其他类型的动力电池，而且容量较小，续行里程短。

（4）钴酸锂动力电池　特斯拉生产的电动汽车采用了松下公司提供的NCA系列（镍钴铝体系）18650钴酸锂动力电池，单个动力电池容量为3100mA·h。特斯拉电动汽车采用了动力电池组的战略，85kW·h的MODELS动力电池单元一共运用了8142个18650钴酸锂动力电池，将这些动力电池以砖、片的方式逐一平均分配，最终组成一个动力电池组，动力电池组位于车身底板，如图1-5所示。

图1-4　磷酸铁锂动力电池

图1-5　钴酸锂动力电池

钴酸锂动力电池具有结构稳定、容量比高、综合性能突出的特点，但是其安全性差而且成本非常高，主要用于中小型号电芯，标称电压为3.7V。特斯拉把这样的动力电池组合到一起，安全性就成为一个很需要关注的问题，特斯拉在动力电池组内设置的保险装置分布到每一节18650钴酸锂动力电池，每一节18650钴酸锂动力电池两端均设有熔丝，当动力电池出现过热或电流过大时，熔丝会熔断，以此避免因某个动力电池出现异常情况（过热或电流过大）时影响到整个动力电池组。虽然钴酸锂动力电池本身存在着安全缺陷，但是经特斯拉组合后期其安全性得以提高。显然，这样的解决方案还是很适合在纯电动汽车上发展。

钴酸锂动力电池相对于其他的动力电池来说续航里程、总容量要高，如果钴酸锂动力电池的安全性再提高一点，那么其在电动汽车上的应用会更广。

### 1.1.2.2　动力电池组充放电特性

动力电池组中的各动力电池单体之间的差异总是存在的，以容量为例，其差异性永不会趋于消失，而是逐步恶化的。动力电池组中流过同样电流，相对而言，容量大者总是处于小电流浅充浅放、趋于容量衰减缓慢、寿命延长，而容量小者总是处于大电流过充过放、趋于容量衰减加快、寿命缩短，两者之间性能参数差异越来越大，形成正反馈特性，小容量的动力电池将提前失效，导致动力电池组的寿命缩短。

（1）充电　目前，动力电池组充电主要采用的是限压限流法，初期恒流（CC）充电，动力电池接受能力最强，主要为吸热反应，但温度过低时，材料活性降低，可能提前进入恒流阶段，因此在北方冬天低温时，充电前把动力电池预热可以改善充电效果。随着充电过程不断进行，极化作用加强，温升加剧，伴随析气，电极过电位增高，电压上升，当荷电达到70%~80%时，达到最高充电限制电压，转入恒压（CV）阶段。

理论上，动力电池组并不存在客观的过充电压阈值，若理解为析气、升温就意味着过充，则在恒流阶段末期总是发生不同程度的过充，温升达到40~50℃，壳体容易发生形变，部分逸出气体还可以复合，另一些就作为不可逆反应的结果，损失了容量，这可以看作电流强度超出动力电池接受能力。在恒压阶段，有的称涓流充电，大约花费30%的时间充入10%的电量，电流强度减小，析气、温升不再增加，并反方向变化。

(2) 过充电　上述充电过程考虑动力电池组总电压或平均电压控制，由于动力电池单体电压的不一致性，有的动力电池单体相对动力电池组内其他动力电池单体已经进入过充电阶段。过充电时，若在恒流阶段发生，由于电流强度大，电压、温升、内压持续升高，以4V锂动力电池为例，电压达到4.5V时，温升40℃，塑料壳体变硬；电压达到4.6V时，温升可达60℃，塑料壳体形变明显并不可恢复，若继续过充，气阀打开、温升继续升高、不可逆反应加剧。

在恒压阶段，电流强度较小，过充症状不如恒流阶段显著。只要温升、内压过高，就伴随副反应，动力电池容量就会减少，而副反应具有惯性，发展到一定程度，可能在充电中，也可能在充电结束后的短时间里，使动力电池内部物质燃烧，导致动力电池报废。过充电将加速动力电池容量衰减，导致动力电池失效。

(3) 放电　动力电池组在恒流放电时，放电初始电压若有陡然跌落，则主要是由动力电池欧姆电阻造成的，动力电池的欧姆电阻包括连接动力电池单体电极的导线电阻和触点电阻。动力电池组的电压经过一段时间以后，到达新的电化学平衡，进入放电平台期，电压变化不明显，放热反应加欧姆电阻释热使动力电池温升较高。动力电池组的放电电压曲线近似动力电池单体放电曲线，持续放电，电压曲线进入马尾下降阶段，极化阻抗增大，输出效率降低，热耗增大，接近终止电压时停止放电。

(4) 过放电　在动力电池组放电过程中，动力电池组内的动力电池单体必有相对的过放电情况。在放电后期，电压接近马尾曲线，动力电池组中动力电池单体容量是正态分布，电压分布很复杂，容量最小的动力电池单体电压跌落最早、最快，若这时其他动力电池单体电压降低不是很明显，小容量动力电池单体电压跌落情况被掩盖，将造成小容量动力电池单体被过度放电。

在容量小的动力电池单体放电进入马尾曲线以后，若电流持续较大，电压迅速降低，并很快反向，这时动力电池单体被反方向充电，或称被动放电，活性物质结构被破坏，过一段时间，动力电池单体活性材料接近全部丧失，等效为一个无源电阻，电压为负值，数值上等于反充电流在等效电阻上产生的压降。停止放电后，原动力电池单体电动势消失，电压不能恢复，因此，一次反充电足以使动力电池单体报废。在动力电池组中动力电池单体过放容易发生，不易控制，控制器采用的限压限流办法都不起有效作用，动力电池组输出功率的变化产生的欧姆、极化电压波动足以掩盖动力电池单体电压跌落信号，使动力电池组的电压监视失去意义。

(5) 经济速度与续驶里程　传统汽车以经济速度行驶耗油最省，用百千米耗油量评价，经济速度由发动机效率、动力传动效率和摩擦力决定。电动汽车也有经济速度，由动力电池组使用效率、电动机和控制器效率、摩擦阻力决定。经济速度与动力电池组内阻有直接关系，在一定范围内变化。以经济速度行驶，电动汽车能达到最大的续驶里程。续驶里程可以考察动力电池组的能量供给能力，经济速度反映了动力电池组功率提供能力，电动汽车希望动力电池组能提供大容量和高功率。

(6) 加速与爬坡　电动汽车在加速和爬坡时需要动力电池组输出大功率，此时动力电池组要大电流放电，导致电压跌落幅度也大，输出效率下降，欧姆损耗增大；另外，电压下降也会导致电动机效率降低，工作条件恶劣，可能发生过强度放电，即超出动力电池组电流输出能力，此时动力电池组处于过载使用。避免动力电池组过载的措施如下。

① 使用功率较大的动力电池组。

② 限电压、电流、功率或其组合限制电动汽车行驶。

③ 平稳行使，限制加速度。

（7）刹车制动与逆变　只要加速度为负值，传动机构就可以带动发电机发电，回馈电能可以给动力电池组充电，将机械动能转化为化学能存储于动力电池组，瞬间逆变功率与输出功率属同一数量级，取决于发电动机逆变效率，加速时有过强度放电，逆变时就有可能存在过强度充电。

过充电和过放电对动力电池组的损害都是致命的，不同之处仅在于过充电产生大量气体、易自燃和爆炸、表象剧烈；过放电外观变化和缓，但失效速率却极快，在正常使用中都应严格避免出现对动力电池组过充电和过放电。

相同原材料、同批次的动力电池单体，其容量、内阻、寿命等性能参数符合正态分布并且离散程度有限；在相同的电流激励条件下，动力电池单体电压变化过程的一致性渐进逼近其他性能参数的一致性，其中最重要的参数是荷电程度。动力电池若未曾历经过过充电、过放电的损害，在其寿命期里不容易提前失效，可以推断，如果在充放电过程中通过能量变换的办法，实施动力电池组中动力电池单体电压的均衡控制，使动力电池单体电压趋于一致，那么动力电池单体的相对荷电程度也趋于一致，可以实现同时充足电，也同时放空电，进而，动力电池组的寿命应接近于动力电池单体的平均寿命。

## 1.2　电动汽车对动力电池的要求及发展趋势

### 1.2.1　电动汽车对动力电池的要求及关键技术指标

#### 1.2.1.1　电动汽车对动力电池的要求

据美国高新动力电池开发联合体（The United States Advanced Battery Consortium，USABC）为电动汽车用动力电池制定的开发目标来看，目前所开发的各类电动汽车用动力电池，与中期目标相比，都还有一定的距离，尚有大量的工作要做，作为电动汽车用动力电池应满足以下要求。

① 高比能量（它关系到一次充电可行使的距离）。动力电池容量有限，未能实现突破。目前市场上使用的电动汽车一次充电后的续驶里程一般为100～300km，并且这还需要保持适当的行驶速度及具有良好的动力电池调节系统才能得到保证，而绝大多数电动汽车在一般行驶环境下续驶里程只有50～100km。

② 大功率（它涉及电汽车的加速特性和爬坡能力）。

③ 循环寿命长（它涉及流动成本）。目前，实际应用的动力电池组的循环寿命短，普通动力电池充放电次数仅为300～400次，即使性能良好的动力电池充放电次数也不过700～900次，按每年充放电200次计算，一个动力电池的寿命最多为4年，与燃油汽车的寿命相比太短。

④ 充放电效率高（它涉及节省能源及成本）。

⑤ 原材料来源丰富，成本低（它涉及基本建设费用等）。目前，电动汽车动力电池的价格约为100美元/(kW·h)，有的甚至高达350美元/(kW·h)，成本太高，用户难以承受。

⑥ 安全（它关系到在使用过程中是否可靠，方便）。动力电池安全性得不到保障，中小容量锂动力电池的产业化已经非常成功，但大容量、高功率锂动力电池的安全性问题还未得到有效解决。而动力电池容量越大，其一旦失控所造成的危害就越大。针对动力电池安全性方面，需在电气安全、机械安全和热安全的基础上开展动力电池系统的安全性整体方案设计研究，针对动力电池系统开展故障诊断预测、热安全监测预警和防控关键技术。

⑦ 易保养（关系到可靠性和方便性）。

⑧ 与环境友好（涉及资源能否再生及环境保护等问题）。目前使用的动力电池主要为铅酸动力电池、镍氢动力电池、镍镉动力电池。原料从开采到生产，再到废弃后的处理，都会对环境造成污染。

⑨ 外观。现有电动汽车动力电池的外体积一般要达到550L。当把这么大体积的动力电池用于家庭轿车上时，必然要挤占轿车的后备厢空间。现有电动汽车所使用的动力电池都不能在储存足够能量的前提下保持合理的尺寸和质量。

### 1.2.1.2 动力电池技术指标

从实际应用中看，电动汽车动力电池的性能好坏主要取决于以下几个指标。

(1) 比能量（W·h/kg） 单位质量的电极材料放出电能的大小，它标志着纯电动模式下电动汽车的续航能力。动力电池的输出能量是指在一定的放电条件下，动力电池所能做出的电功，它等于动力电池的放电容量和动力电池平均工作电压的乘积，其单位常用瓦·时（W·h）表示。

动力电池的比能量有两种，一种称为质量比能量，用瓦·时/千克（W·h/kg）表示；另一种称为体积比能量，用瓦·时/升（W·h/L）表示。比能量的物理意义是动力电池为单位质量或单位体积时所具有的有效电能量，它是比较动力电池性能优劣的重要指标。动力电池单体和动力电池组的比能量是不一样的，由于动力电池组合时总要有连接条、外部容器和内包装层等，故动力电池组的比能量总是小于动力电池单体的比能量。

(2) 比功率（W/kg） 单位质量的动力电池所能提供的功率，用来判断电动汽车的加速性能和最高车速，直接影响电动汽车的动力性能。动力电池的功率是指在一定的放电条件下，动力电池在单位时间内所能输出的能量，单位是瓦（W）或千瓦（kW）。

动力电池的单位质量或单位体积的功率称为动力电池的比功率，它的单位是瓦/千克（W/kg）或瓦/升（W/L）。如果一个动力电池的比功率较大，则表明在单位时间内，单位质量或单位体积中给出的能量较多，即表示此动力电池能用较大的电流放电。因此，动力电池的比功率也是评价动力电池性能优劣的重要指标之一。

(3) 比功率密度（W·h/L） 动力电池所能输出的最大功率除以整个动力电池的质量或体积，用来描述动力电池在瞬间能放出较大能量的能力。

(4) 循环寿命 循环寿命是指动力电池充电-放电循环一周的次数，是衡量动力电池寿命的重要指标。循环次数越多，动力电池的使用时间越长。在一定的充放电制度下，动力电池容量降至某一规定值之前，动力电池能耐受的充放电次数，称为动力电池的充放电循环寿命。充放电循环寿命越长，动力电池的性能越好。在目前常用的动力电池中，镍氢动力电池的充放电循环寿命为 500~800 次，铅酸动力电池为 200~500 次，锂动力电池为 600~1000 次，锌银动力电池很短，约为 100 次。

动力电池的充放电循环寿命与放电深度、温度、充放电制式等条件有关，所谓"放电深度"是指动力电池放出的容量占额定容量的比例（%）。减少动力电池的放电深度（即"浅放电"），可以大大延长动力电池的充放电循环寿命。

湿搁置使用寿命也是衡量动力电池性能的重要参数之一，它是指动力电池加入了电解液后开始进行充放电循环直至充放电循环寿命终止的时间（包括充放电循环过程中动力电池处于放电态湿搁置的时间）。湿搁置使用寿命越长，动力电池性能越好。在目前常用的动力电池中，镍氢动力电池湿搁置使用寿命为 2~3 年，铅酸动力电池为 3~5 年，锂动力电池为 5~8 年，锌银动力电池最短，只有 1 年左右。

（5）成本　动力电池的成本与新技术、原材料、制作工艺和生产规模等因素有关，通常新开发的高比功率动力电池成本相对较高，但是随着新技术的不断采用，动力电池成本将会逐渐降低。

电动汽车用动力电池的性能比较见表 1-2。

表 1-2　电动汽车用动力电池的性能比较

| 动力电池类型 | 比能量<br>/(W·h/kg) | 比功率密度<br>/(W·h/L) | 比功率<br>/(W/kg) | 循环寿命<br>/次 | 成本<br>/[美元/(kW·h)] |
|---|---|---|---|---|---|
| 铅酸动力电池 | 30~45 | 60~90 | 200~300 | 400~600 | 150 |
| 镍镉动力电池 | 40~60 | 80~110 | 150~350 | 600~1200 | 300 |
| 镍氢动力电池 | 60~80 | 120~160 | 550~1350 | 1000 | 350~400 |
| 钠硫动力电池 | 100 | 150 | 200 | 800 | 250~450 |
| 锂动力电池 | 90~130 | 140~200 | 250~450 | 800~1200 | 200 |

铅酸动力电池比较重，充电放电性能较差，循环寿命短，此外，铅酸动力电池含有的重金属铅，对环境的污染严重，且在强烈的碰撞下会产生爆炸，对消费者的生命安全构成威胁，因此，用于电动汽车的铅酸动力电池将会被淘汰。

镍镉动力电池的技术成熟、耐冲击和振动、自放电小、性能稳定，可大电流放电，使用温度范围宽（40~65℃），几乎不用维修。但电流效率及能量效率欠佳，活性物质利用率低，有记忆效应。其致命缺点是含有有毒金属元素镉。欧盟国家已经自 2005 年 12 月 31 日起禁止了镍镉动力电池的进口，其将逐渐被性能更好的绿色动力电池所取代。

镍氢动力电池具有高比功率、电流充放电大、无污染、安全性能好等特点，缺点是具有轻度记忆效应，高温环境下性能差，但是由于其技术成熟，综合性能好，是当前混合动力汽车中应用最为成熟的绿色动力电池。大功率镍氢动力电池正迎来一个划时代的发展机遇，在已经研制或投入生产的混合动力汽车中，80% 以上均采用镍氢动力电池作为动力电源。

锂动力电池性能比较好，可以快速充电、高功率放电、能量密度高且循环寿命长，但价格高和高温下安全性能差，随着锂动力电池的正负极材料不断开发，技术不断成熟，它将在电动汽车时代发挥主导作用。

锂动力电池由于采用的正负极材料不同，其动力电池单体的工作电压范围为 3.7~4V，其中应用规模较大的磷酸铁锂动力电池单体工作电压为 3.2V，是镍氢动力电池的 3 倍、铅酸动力电池的2倍。当前乘用车用的锂动力电池能量密度接近200W·h/kg，预计2020年达到300W·h/kg。

由于电化学材料特性的制约，锂动力电池的循环次数没有取得突破，以磷酸铁锂动力电池为例，动力电池单体循环次数可以达到2000次以上，成组后仅为1000次以上。锂动力电池采用轻金属锂，不含汞、铅、有害重金属，被认为是绿色动力电池，对环境污染较小。

由于锂动力电池正负极材料、电解液含有镍和金属物，美国已经将锂动力电池归类为一种包含易燃、锰、反应性、浸出毒性、腐蚀性、有毒有害性的动力电池，是目前各类动力电池中包含毒性物质最多的动力电池，并且因为其回收再利用的工艺较为复杂，导致成本较高，因此目前的回收再利用率不高，废弃的锂动力电池对环境影响较大。

## 1.2.2 电动汽车动力电池的发展趋势

由于各自性能、材料、成本等存在显著差异，因此不同类型动力电池的使用前景不同。目前技术最成熟的是镍氢动力电池，但商业化最成功的是锂动力电池，燃料电池则被广泛视作远期目标。

### 1.2.2.1 铅酸动力电池（第一代动力电池）终将退出

铅酸动力电池的应用历史最长，也是最成熟、成本售价最低廉的动力电池。当前存在的主要问题是一次充电的行程短，一般为30～40km；就是快速充电也要4～6h，且质量能量只有30W·h/kg。为此人们一直探索着如何改进铅酸动力电池的性能，开发能量效率更高、稳定性更好、电荷容量更大的新动力电池。

目前，阀控式密封铅酸动力电池得到广泛使用，为使阀控式密封铅酸动力电池更可靠，人们开发了胶体阀控式密封铅酸动力电池。胶体阀控式密封铅酸动力电池属于阀控式密封铅酸动力电池范畴。它依然用密度为$1.28g/cm^3$的硫酸水溶液，但在其中添加了$Na_2SiO_2$，电解液呈胶体状（乳白色的凝胶）。

胶体的状况会随着温度和电场的作用而变化，当胶体阀控式密封铅酸动力电池放电时，胶体的凝聚性会更明显；温度降低，胶体内部溶液扩散迁移及传导性变差，内电阻增加。在温度升到30℃以上，外施单格电压超过2.6V，要产生充电气泡；充电时间过长，温度过高，特别是单格电压超过2.7V，胶体常常会发生水解，放出大量$H_2$和$O_2$，并伴有硫酸和水外溢，胶体变成了液态。如及时停止充电，下降温度，去掉外电压，胶体还可重新恢复。它的性能、价格与普通铅酸动力电池差不多，只是由于胶体电解质具有不易渗漏性，能保证电源使用的可靠性。

由于胶体阀控式密封铅酸动力电池的电解质中有$Na_2SO_4$存在，在极板硫化过程中，会同时产生硫酸铅、硫酸钠结晶，从而防止了极板生成粗大的硫酸铅结晶体，使极板不易硫化，容易再次充电活化；不易丧失极板的多孔性；还能防止正极板上生出尖锐突起的硫酸铅晶体，避免隔板被刺穿形成极板间短路。从寿命讲，胶体阀控式密封铅酸动力电池是现在普通铅酸动力电池的4倍以上，在30～50℃仍能很好地工作，且工作性能相当稳定，比普通铅酸动力电池性能有了大幅度提高。

### 1.2.2.2 第二代动力电池具有较好的发展前景

（1）镍氢动力电池将会有一席之地　镍氢动力电池由氢氧化镍阳极和由钒、锰、镍等金属构成的多成分合金阴极组成，相对铅酸动力电池，镍氢动力电池在体积能量密度方面提高了3倍，在比功率方面提高了10倍。其独特的优势包括更高的运行电压、比能量和比功率，较好的过度充放电耐受性和热性能。

镍氢动力电池是目前人们看好的第二代动力电池之一，是取代镉镍动力电池的产品，当然也是取代铅酸动力电池的产品。在镍氢动力电池的生产过程中，有烧结体和发泡体两种技术。一般的生产厂家都经历了一个从发泡体技术向烧结体技术发展的过程。采用烧结体技术对镍氢动力电池正板进行处理，镍氢动力电池的内电阻会大幅度减少，具有放电电压稳定和能进行大电流放电的特性。

采用发泡体技术生产的镍氢动力电池在放置一段时间后，要有20%左右的电荷量流失。为避免发泡体镍氢动力电池的内阻增高，发泡体镍氢动力电池在出厂时必须进行预充电，发泡体镍氢动力电池在放电时其放电电压不能低于0.9V（单元体镍氢动力电池），这给应用带来了极大的不方便。除此之外，发泡体镍氢动力电池的工作电压极不稳定，不能进行长时间存放和流通，这也给销售和用户造成了很大负担。

烧结体镍氢动力电池具有不易老化、低温放电特性比较好等优点。经烧结处理的镍氢动力电池的正极，其镍化合物粒子会转换成活性的镍化合物，能确保动力电池有平衡的输出电压，且具有长时间的性能稳定性、长寿命和不易老化。

烧结体镍氢动力电池由于镍极本身就是活性体，无须进行任何活性处理，不用进行预充电，能长时间地搁置和流通，从而为动力电池的使用、存储提供了方便条件。烧结体镍氢动力电池同样具备镍氢动力电池的低电阻和大电流特性，还具有发泡体镍氢动力电池所无法达到的低温工作特性，为此，烧结体技术将以其优异的性能取代发泡体技术。

镍氢动力电池广泛应用受限的原因是：镍氢动力电池存在着高温使用时电荷量急剧下降、低温时容量减小和高温时充电耐受性的限制等缺点。此外，价格也是制约镍氢动力电池发展的主要因素，原材料如金属镍非常昂贵，镍氢动力电池用于电动汽车已表现出局限性。

镍氢动力电池虽然比铅酸动力电池储存更多的能量，但过放电会造成永久性损伤，荷电状态必须被限制在一个较小的范围内，导致镍氢动力电池储存的大部分能量并没有被实际使用。另外，能否准确测量镍氢动力电池的荷电状态直接影响其使用寿命及充放电效率。

目前，对于镍氢动力电池的研究是要解决在常温和低温的条件下，镍氢动力电池比功率严重下降的问题。镍氢动力电池存在的问题可以通过使用合适的添加剂、导电黏结剂和优化动力电池设计等方式予以解决，镍氢动力电池并非是电动汽车的理想动力电池，其可能只是一个过渡性的动力电池。镍氢动力电池仍是近期和中期电动汽车使用的首选动力电池。

镍氢动力电池虽然具有较高的比能量和比功率等优点，但由于需要大量使用镍和钴导致成本较高，镍和钴的稀缺性会导致其大批生产和使用时价格反而会上涨。目前，镍氢动力电池仍然大量地应用于混合动力车，随着锂动力电池的大规模生产和成本的降低，镍氢动力电池终将退出。

(2) 镍锌动力电池可能是电动汽车的理想动力源　新型密封镍锌动力电池具有高质量能量、高质量功率和大电流放电等优势，这种优势使得镍锌动力电池能够满足电动汽车在一次充电行程、爬坡和加速等方面对能量的需求。镍锌动力电池是极具竞争力的动力电池，其质量能量与镍氢动力电池相当，体积能量已超过镍镉动力电池，小于镍氢动力电池。大电流放电时，镍锌动力电池的电压在宽广的范围内是平衡的，且具有很长的使用寿命。

镍锌动力电池的自放电抗电荷量衰减性十分好，在室温下搁置一个月，自放电量不到

30%额定电荷量。在50℃高温,以C/3放电,镍锌动力电池电荷量衰减≤10%额定电荷量,而在-15℃,C/3放电≤30%。镍锌动力电池与铅酸动力电池在外形上具有很好的兼容性。12V/30A·h镍锌动力电池的长×宽×高为325mm×94mm×163mm,质量为8kg,体积为4.98L。12V/10A·h镍锌动力电池的长×宽×高为152mm×98mm×99mm,质量为2.7kg,体积为1.47L。从现在的价格看,镍锌动力电池还显稍高些,但就其性能价格比而言,镍锌动力电池有可能成为电动汽车的理想动力电源。

(3) 锂动力电池前景乐观 自1990年以后,由于日本成功开发的镍氢动力电池得到了人们的高度重视,应用量急速增加。但自1994年日本新力动力电池公司推出锂动力电池后,人们又开始认同锂动力电池,一些镍氢动力电池企业纷纷转产生产锂动力电池,一时间人们所热崇的镍氢动力电池似有被冷落的意思。

锂动力电池具有体积小、质量能量和质量功率高、电压高、高安全性(固态)、无污染、环保性好等优点。锂动力电池的能量密度(体积和质量)几乎是镍镉动力电池的1.5~3倍,也就是说在同样大小能量的情况下,锂动力电池的体积和质量可减小1/2左右。锂动力电池单体的平均电压为3.6V,相当于3个镍镉或镍氢动力电池串接起来的电压值,能减少动力电池组中动力电池单体池的数量,从而因动力电池单体电压差所造成的动力电池故障的概率可减少许多,也就是说大大延长了动力电池组的寿命。

相对于镍镉动力电池和镍氢动力电池,锂动力电池在充电时不用先进行放电(因锂动力电池无记忆性),给使用带来了极大的方便性,同时也节省了电能。锂动力电池还具备自放电低的优点,在非使用状态下储存,内部几乎不发生化学反应,相当稳定。锂动力电池的自放电率仅为5%~10%。由于锂动力电池不含有镉、汞和铅等重金属,因此可以说是绿色环保动力电池。

由于锂动力电池的负极采用的是硬石墨电极,从端子电压的测定就能清楚知道锂动力电池所剩的电荷量,具有检测精度高等实际应用上的优点。一般的锂动力电池质量能为100W·h/kg,质量功率高达1500W/kg,是镍氢等动力电池无法相比的。

然而,在开发锂动力电池过程中,也是经历了一些技术进步和不断完善的过程。首先,锂动力电池处于过充电状态时,钴系锂动力电池要将正极材料氧化锂钴分解成强还原剂氧化钴,要使锂在极板上形成树枝状的针尖状物质,此针尖状物质极易刺穿正极板间厚度仅数微米的隔离膜而造成短路,造成强还原剂和强氧化剂发生化学反应,从而急剧释放出大量能量,引起锂动力电池爆炸和引发火灾。为此人们将钴系改成锰系,有效解决了上述问题。

在选择特殊的隔离膜材料上,应使其能在过充的锂电动力电池的温度上升到一定温度时熔融,起到保护作用。在结构设计上应加装安全阀,防止高温环境下电解液气化,以避免压力升高造成意外。人们在解决了这个难题后,锂动力电池的安全性也可得以保证。

为进一步增加锂动力电池的安全性,人们在实际应用锂动力电池时往往还要加装动力电池保护电路模块(PCM)。它由IC和MOSFET等主要元件组成,具有过充电保护(小于4.25~4.35V)、过放电保护(大于2.75~2.8V)以及过电流保护功能。

此外,在PCM上也可加PTC或NTC等温度传感器,进一步监控充电时锂动力电池的温度是否正常;还可加上ID码识别动力电池种类,以确定适合的充电方式;或加上显示灯,显示动力电池剩余电荷量。锂动力电池的充电过程是一个复杂的电化学变化过程,其复杂性表现如下。

① 多变量影响充电的因素很多,诸如极板、电介质的浓度、极板活性物的状态、充电

环境温度等，都对锂动力电池所能承受的最大充电电流有直接的影响。

② 充电电流在充电过程中随充电时间呈指数规律下降，不可能只用简单恒流或恒压控制充电全过程。

③ 即使是同一类型同一容量的锂动力电池，随着各自使用时放电的历史状态不一样，剩余电量的不一样，充电接受能力也有很大的不同。

作为给电动汽车提供动力的锂动力电池组，由于使用环境的复杂性，其充放电过程也更为复杂，尤其是过充电和过放电会对动力电池的结构造成不可恢复的破坏，极大地影响其健康程度和性能。锂动力电池技术与传统的动力电池技术相比有很大的性能优势，但对监测系统也有更高的要求。如果控制不当的话，不仅对锂动力电池的结构会造成破坏，还会发生危险。在负极过充电时，会产生金属锂沉淀：$Li^+ + e \longrightarrow Li(s)$，这种情况容易发生在正极活性物质相对于负极活性物质过量的情况下。但是，在高充电率的情况下，即使正负极活性物质的比例正常，也可能发生金属锂的沉积，金属锂的形成会从以下几个方面造成锂动力电池容量的下降。

① 可循环锂量减少。

② 沉积的金属锂与溶剂或支持电解质反应形成 $Li_2CO_3$、$LiF$ 或其他产生物。

③ 金属锂往往在负极与隔膜间形成，可能阻塞隔膜的空隙，造成锂动力电池内阻的增大。当正极活性物质相对于负极活性物质比例过低时，容易发生正极过充电。正极过充电会形成惰性物质，造成氧损失，从而导致锂动力电池容量的衰减。而过放电更会造成极板晶格的破坏，如果过充电将导致"反极"，会发生危险。

为了能给电动汽车的驱动电动机提供比较高的电压，一般都采用几十个动力电池单体串联的方式来提供电能。串联使用的复杂性及锂动力电池之间的不一致性，都对动力电池管理系统提出了更高的要求。锂动力电池放电电流同其他动力电池相比，放电率偏小，比功率较小。好的锂动力电池长期可 1C 放电，脉冲为 2C，需要考虑增大动力电池的容量来满足电动汽车的要求。

总之，锂动力电池已日益趋于完善，在电动汽车上大有取代铅酸动力电池、镉镍动力电池、镍氢动力电池之势，它将随着电动汽车的普及发展而成长壮大，它将与燃料电池一并成为 21 世纪电动汽车的主要动力电池。

### 1.2.2.3 燃料电池技术及其发展状况

燃料电池是人们努力开发的一种电动汽车车载电池，各公司都在致力于开发甲醇改质氢燃料电池、汽油改质氢和纯氢燃料电池，且装车进行试验，比较成熟和具有实用意义的燃料电池车已投放市场。特别是燃料电池的过渡型车型，即燃料电池混用锂动力电池的电动汽车。

(1) 氢燃料电池　氢燃料电池是使用氢这种化学元素制造成储存能量的燃料电池，氢燃料电池工作示意如图 1-6 所示。氢燃料电池的基本原理是电解水的逆反应，把氢和氧分别供给阳极和阴极，氢通过阳极向外扩散和电解质发生反应后放出电子，通过外部的负载到达阴极。氢燃料电池的特性如下。

① 良好的环境相容性。氢燃料电池提供的是高效洁净能源，其排放的水不仅量少，而且非常干净，因而不存在水污染问题。

② 优良的负载特性。氢燃料电池应对负载的快速变动（如高峰负载）特性优良，在数

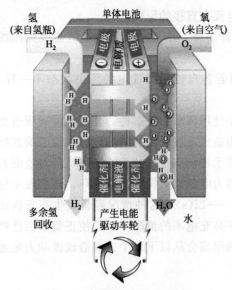

图1-6 氢燃料电池工作示意

秒内就可以从低功率变换到额定功率。

③ 高效的输出性能。燃料电池不像发动机那样需要将热能转换为机械能，而是直接把化学能转化为电能和热能，能量转换效率高，噪声小。转换电能的效率在40%以上，而汽轮机的转换电能效率只有33%。

④ 灵活的结构特性。氢燃料电池组装非常灵活，功率大小容易调配，与传统发动机相比，由于氢燃料电池良好的模块性，可以在不增加基础设施投资的基础上，通过增减燃料电池的片数即可轻松实现输出功率和电压的调整。

⑤ 氢的来源广泛。氢作为二次能源，可通过多种方式获得，如煤制氢、天然气重整制氢、电解水制氢等。在化石能源被耗尽时，氢将成为世界上的主要燃料及能量。而在采用太阳能电解水制氢过程中没有碳排放，可以认为氢是终极能源。

(2) MK900燃料电池组　由加拿大巴拉德（Ballard）动力系统公司推出的功率最大的MK900燃料电池组已批量生产，MK900燃料电池组的体积只有MK700燃料电池组的一半，一般的车辆只用一个燃料电池组即可，其功率为75kW，质量比MK700减少30%，其体积功率为1.3kW/L。MK900型燃料电池组在-25℃的低温下能正常工作。MK900燃料电池组采用甲醇改质供氢。它将取代当今世界一些燃料电池汽车所用的MK700燃料电池组，如Necar4、P2000、本田FCX和日本FCV等车。MK900燃料电池组毕竟还是甲醇改质氢燃料电池范畴，从燃料供应、生产和使用成本上看价格还显高一些，使用起来还很不方便。

美国宾夕法尼亚大学已开发出以甲烷等碳氢化合物为燃料的新型燃料电池，其成本大大低于以氢为燃料的燃料电池。该燃料电池的最大特点是以甲烷气体与氧直接反应产生电能，其效率高，安全性好，便于储存运输，成本低廉。

在以甲烷气体为燃料的产品开发过程中，也试用过其他碳氢化合物，但由于其化学反应后很容易在镍正电极上产生积炭等集聚物，故被放弃。在改用铜和陶瓷混合物制造的正极后，有效解决了一些燃料的积炭等集聚物问题，同时也确定了甲烷、乙烷、甲苯、丁烯、丁烷5种气体燃料为最佳燃料。

目前以此类燃料生产的燃料电池的能量转换效率还比较低，但其工作原理已有了很大发展，已从燃料电池只能由氢和氧结合生成电和水，发展到了利用甲烷等气体与氧化合生成电和水。此类燃料电池经改进后，还可直接使用汽油和柴油。此类燃料电池的发展，极具实际使用意义。此类工作原理的燃料电池开发成功，并经不断完善后，极有可能成为燃料电池的主流，进而取代生产成本和使用成本都很高的氢燃料电池。

从全球来看，燃料电池汽车还处于实现商业化的推进阶段，需要解决来自寿命、成本与氢源的三大挑战。由于美国UTC公司车用燃料电池运行7000h的标志性成果，使人们看到了燃料电池在汽车上商业化应用的曙光，寿命问题有希望在现有材料的基础上通过系统优化与控制策略的改进得以解决。材料的创新与改进是取得燃料电池长寿命的根本性变革，但需要相对长时间的努力。氢源是燃料电池应用相关的另一个热点问题，近期重点研究化石能源廉价制氢技术或工业副产氢利用技术；远期需要发展可再生能源或核能制氢技术，使之与可持续发展的低碳经济接轨。

氢燃料电池虽然已经有应用，但由于液氢的体积能量密度（2.6kW/L）相对于汽油（6kW/L）较低，需要更大的燃料缸，制氢的成本偏高，动力电池膜等材料昂贵，因此氢燃料电池的推广应用还需要时间。燃料电池的特点决定了它具有广阔的应用前景。但燃料电池在电动汽车上的商业应用前景是远期的，在短期内，燃料电池汽车在价格上难以与其他汽车相竞争。

目前燃料电池研究与开发集中在4个方面：电解质膜、电极、燃料、系统结构。日本、美国、欧洲各厂家都在开发面向便携电子设备的燃料电池，尤其重视前三个方面的材料研究与开发。第4方面的研究课题是燃料电池的系统结构，前3个方面是构成燃料电池的必要准备，而系统结构是燃料电池的最终结果。燃料电池，特别是固体氧化物燃料电池的开发研究以及商业化，是解决世界节能和环保的重要手段，受到了世界诸多国家的普遍重视。尽管目前固体氧化物燃料在应用中还存在一些问题，如电极材料、制造成本、工作温度过高等，但加快固体氧化物燃料电池技术的创新和研发是世界能源发展的总趋势。

### 1.2.2.4 锌空电池技术及其发展状况

锌空电池于1993年在德国研制成功，经过几年的发展现已基本成熟，且也可工业化生产。美国生产的锌空电池采用锌粉配合液体氢氧化钾使锌粉在空气中进行氧化产生电能，这种锌空电池具有体积小，电荷容量大，重量轻，能在宽广的温度范围内正常工作，且无腐蚀性，工作安全可靠，成本低廉等优点。锌空电池也许是一种极有前途的电动汽车用电池，主要有以下几种类型。

(1) 中性锌空电池  采用氯化铵与氯化锌为电解质，炭包内为活性炭，并在盖上或周围留有通气孔，在使用时打开。

(2) 低功率、大荷电量锌空湿电池  将烧结或粘接式活性炭电极和板状锌电极组合成电极组，再浸入盛有氢氧化钠溶液的容器中。

(3) 高功率锌空电池  一般是将薄片状粘接式活性炭电极装在锌空电池外壁上，将锌粉电极装在锌空电池中间，两者之间用吸液的隔膜隔离，上口装有注液塞，使用时注入氢氧化钾溶液。

低功率、大荷电量锌空湿电池和高功率锌空电池属于临时激活型，活性炭电极能反复使用，因而锌空电池在耗尽电荷量以后，只要更换锌电极和碱液，就可重复使用。

锌空电池是一种机械更换、采用离车充电方式的高能电池，正极为锌，负极为炭（吸收空气中的氧气用），电解液为KOH。锌空电池具有高比能量（200W·h/kg）、免维护、耐恶劣工作环境、清洁安全可靠等优点，但是其具有比功率较小（90W/kg）、不能存储汽车再生制动时产生的能量、寿命较短、不能输出大电流及难以充电等缺点。一般为了弥补其不足，使用锌空电池的电动汽车还会装有其他动力电池（如镍氢动力电池）以帮助启动和加速。

锌空电池是以空气中的氧气为正极活性物质，金属锌为负极活性物质的一种新型化学电源。首先，负极活性物质同锌锰动力电池、铅酸动力电池等一样封装在电池内部，具有动力电池的特点；其次，正极活性物质来自电池外部的空气中所含的氧，理论上有无限容量，是燃料电池的典型特征。锌空电池的内部结构如图1-7所示，锌空电池壳体上的孔可让空气中的氧进入腔体,附着在阳极的炭上。同时,阴极的锌被氧化,这与小型银氧或汞氧电池的化学反应类似。

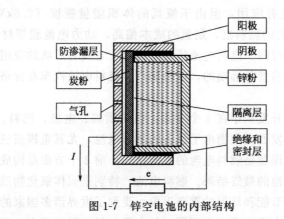

图 1-7　锌空电池的内部结构

锌空电池阳极起催化作用的炭从空气中吸收氧,阴极是锌粉和电解液的混合物,呈糊状,电解液是高浓度的 KOH 水溶液,隔离层用于隔离两极间固体粉粒的移动,绝缘和密封衬垫是尼龙材料,锌空电池外表面为镍金属外壳,具有良好的防腐性的导体。锌空电池工作原理如下:

阴极：$Zn+2OH^- \Longrightarrow ZnO+H_2O+2e$

阳极：$O_2+2H_2O+4e \Longrightarrow 4OH^-$

总反应：$2Zn+O_2 \Longrightarrow 2ZnO$

通常这种反应产生的电压是 1.4V,但放电电流和放电深度可引起电压变化。空气必须能不间断地进入到阳极,在正极壳体上开有小孔以便氧气源源不断地进入才能使锌空电池发生化学反应。

锌空电池亦称锌氧电池,是金属空气电池的一种。锌空电池现在的质量能已达到 230W·h/kg,几乎是铅酸动力电池的 8 倍。也就是在相同质量的情况下,锌空电池电动汽车"充"一次电的行程是铅酸动力电池电动汽车的 8 倍。根据计算,锌空电池质量能量的理论值是 1350W·h/kg,可见锌空电池的发展空间非常大。

锌空电池以其比容大、污染小而著称于世,锌空电池只能采取更换锌电极的办法进行"机械式充电",更换电极的时间在 3min 内即可完成。换上新的锌电极,"充电"即告结束。更换一次锌板,电动汽车可以行驶 160~220km。它是一种有别于利用市电充电的常规动力电池的新型电池。"充电"时间极短,非常方便。可随车携带一些锌电极,为使用带来了极大方便。如果锌空电池得到发展,可省去充电站等社会保障设施的兴建。锌电极可在超市、锌空电池经营点、汽配商店等购买,对普及锌空电池电动汽车十分有利。

锌空电池是以活性物质锌作为正极,以空气中的氧作为负极的电池。在原理上等同于锌-固体燃料在燃烧,从此意义上理解也可称其为燃料电池。负极活性物质氧直接来源于空气,不受锌空电池体积大小的影响,锌空电池的体积只取决于正极材料的大小。因此其体积能量和功率比相当高。锌空电池具有以下优势。

① 比能量大。锌空电池的比能量是铅酸动力电池的 4~6 倍,比锂动力电池比能量都大 1 倍,以其作为动力的电动汽车最大行程可达 400km,而以同等质量的铅酸动力电池装同样的车,一般行程则不大于 100km。

② 制造工艺简单，成本低廉。大批量生产成本为 300~500 元/(kV·A·h)，比铅酸动力电池的成本还低。

③ 安全可靠。即使外部遇到明火、短路、穿刺、撞击等情况，都不会发生燃烧、爆炸。

④ 环保。锌空电池的正极采用活性炭、铜网，负极采用金属锌，没有使用有毒害的物质。

⑤ 可再生利用。锌电极使用完后，可通过再生还原再次使用。另外，锌电极也可以采用机械充电方式，即将用完后的锌电极从锌空电池中取出，放入特制的槽中充电。锌空气电极可以重复使用多次，还可以制成直接充电的锌空电池，简称二次锌空电池。湖南丰日电源电气股份有限公司曾研制出的二次锌空电池，充电循环寿命达 100 次以上。

⑥ 由于锌空电池的充电主要是更换极板，所以极板的再生可以集中进行。极板的分发可以像商店那样布点，不必建立专用的充电站。这不但可以节约大量先期投资，而且给用户带来很多方便。

锌空电池的缺点如下。

① 使用成本相对高，充电过程相对复杂。因为锌空电池通常都是机械充电方式，要求将锌电极取出在专用充电槽中充电，只有专业人员才能进行操作，给使用带来了麻烦，同时也提高了人工费用，造成实际运行成本的附加值较高。

② 实际使用寿命短，通常为 1~2 年，这主要不是因为锌空电池的电化学性能差，而是锌空电池的结构带来的影响。如锌空电池的外壳由塑料包覆空气电极而成，不是完整的塑料槽，因此给锌空电池的密封带来了困难，不少锌空电池在使用一定时间后就出现漏液现象。另外，锌空气电极必须制成多孔状，多孔的电极可以吸附氧气，但同时也吸附部分二氧化碳，使电解液碳酸盐化，致使锌空电池的效率大大下降。

③ 批量生产加工工艺不够成熟，这主要是催化膜和防水透气膜的制造大多需要半机械操作，存在一些手工因素，导致电极性能有差异。

目前为止，已经商业化的锌空电池主要有方形和纽扣形两种，而具有巨大市场需求量的圆柱形特别是小圆柱形的锌空电池则由于其结构复杂，在国内外一直没有突破性发展，尚未得到大量生产化。

一直以来圆柱形锌空电池没有得到广泛发展的主要原因之一是锌空电池密封难的问题，锌空电池放电时需要源源不断的来自空气中的氧气进入锌空电池，所以锌空电池不能完全密封，锌空电池外壳留有一个或多个空气孔，因此锌空电池内部与外部是相通的。如果空气电极，特别是防水透气膜做得不好的话，锌空电池就很容易发生爬碱漏液、电解液蒸发而干涸，或者由于吸潮而使电解液变稀，外界的 $CO_2$ 也会进入锌空电池内部而使电解液碳酸盐化。这都会严重影响到锌空电池的性能和质量。

空气是无形的，不能直接构成电极，需利用多孔的石墨作为负极。空气中的氧要溶解到电解液中，随后被石墨吸附。正极锌与吸附的氧产生电化学反应，产生电流。锌不间断进行氧化，不间断释放出电流。只要有锌和空气，就能进行锌氧化"燃烧"。从理论上讲石墨电极是不损耗的，只参与工作，因此可不必更换。锌随所提供电能的增加而减少，直至耗尽，此时要换装新的锌电极。

目前，锌空电池的空气电极中的催化剂仍有待改进，因为锌电极在碱性溶液中是不稳定的，锌溶解自放电析出氢气。另外由于锌电极含有杂质，而且锌电极表面往往是不均匀的，各点的电化学活性有较大差别，各区域因电位高低不同而形成无数的微锌空电池，使锌在锌空电池中发生腐蚀。现在试验的锌空电池的电荷容量仅是铅酸动力电池的5倍，不甚理想。但5倍于铅酸动力电池的电荷量已引起了世人的关注，美国、墨西哥、新加坡及一些欧洲国家都已在邮政车、公共汽车、摩托车上进行试用。

锌空电池的潜在比能量在200W·h/kg左右，美国DEMI公司为电动汽车开发的锌空电池的比能量已达160W·h/kg左右。美国的CRX电动汽车安装的就是锌空电池，该车为弥补锌空电池的不足，还装有镍镉动力电池以帮助汽车启动和加速，CRX电动汽车上安装的锌空电池组质量为340kg，可存储45kW·h的能量，同时在CRX电动汽车上安装重达159kg的镍镉动力电池，充足电后有4kW·h的能量。充电12min可使CRX电动汽车行驶65km，充电1h则可行驶160km。

### 1.2.2.5　太阳能电池

将太阳能电池装在汽车上，太阳能电池采集阳光产生电能，再将电能转换为机械能驱动汽车行驶。采用太阳能电池驱动汽车有三种方式：直接驱动式、间接驱动式和混合驱动式。太阳能汽车主要由车身、太阳能电池板、电力系统、驱动系统、动力电池、机械系统、底盘等部分组成。太阳能汽车的车身为了安装太阳能电池，其造型与普通汽车有较大的区别，其表面积也往往大于普通汽车的表面积。

太阳光由于受到天气、季节、时间等不可抗因素影响，导致太阳能具有地域性、季节性和时域性等特点。同时太阳光的不稳定性、分散性以及太阳能电池能量密度小、转化效率低、成本高等因素，导致太阳能电池在汽车上还不能广泛使用。当前的太阳能汽车普遍采用质轻价贵的航空、航天材料，造价十分高昂。太阳能电池价格比较高，所以太阳能汽车的价格也比较高。以目前的材料应用和技术能力，太阳能转换率一般只能达到20%左右，太阳能汽车功率普遍较小、续航里程短、承重能力低。如果太阳能汽车完全由太阳能电池产生的电能驱动，太阳能电池的面积会很大（7～8$m^2$），这也是限制太阳能电池在汽车上应用的一个外在因素。

国外太阳能电池最早于1978年用在汽车上，当时的太阳能汽车时速仅为13km/h。之后世界很多国家对太阳能汽车进行了研究，但主要侧重于赛车领域。目前，太阳能汽车连续驾驶里程最大为200km。太阳能在汽车上的应用技术主要集中在两个方面：一是作为驱动力；二是用作汽车辅助设备的能源。

(1) 作为驱动力　一般采用太阳能电池板产生电能，再将电能转换为机械能驱动汽车运行。按照应用太阳能的程度又可分为如下两种形式。

① 太阳能作为第一驱动力驱动汽车，目前主要是用在太阳能赛车和短距离蓄电池车上。

② 太阳能和其他能量混合驱动汽车，相当于混合动力汽车，既可以减轻动力电池的重量，也可以适当降低环境污染。

(2) 作为汽车辅助设备的能源　由于太阳辐射到地面的功率至多为1kW/$m^2$，因此目前的光电转换效率小于30%。普通汽车的功率一般在几十千瓦左右，因此全部用太阳能电池驱动普通汽车，目前的技术还难以达到。但在普通汽车上用太阳能作为辅助动力，或者给汽车上的各种辅助设备提供电能，如利用太阳能电池为汽车的空调、风扇和车内照明设备提供能源。

随着环境污染、全球变暖以及化石能源的逐渐枯竭，完全无污染的太阳能将会引起更多企业的研发和重视。很多国家的汽车企业和光电企业已加大了对汽车和太阳能电池的研发投入，并取得了很大进展，主要表现在以下方面。

(1) 提高汽车设计技术　汽车行业的整体趋势是向更安全、更高效、更节能的方向发展。随着材料技术、工艺技术、设计理念、设计方法的进步，有关汽车车身、底盘、机械系统、驱动系统、动力电池、控制系统等将得到进一步的提高，届时汽车的重量将更轻、性能更优，从而减少对电能的需求。

(2) 提高太阳能电池的转换效率　目前，太阳能电池的最大光电转换效率已经有了比较大的提升。如澳大利亚企业用激光技术制成的太阳能电池，其光电转换率达 24.2%，日本企业已研制出光电转换率达 30% 的太阳能电池，美国企业已研制成功光电转换率达 35% 的高性能太阳能电池。

太阳能电池自诞生以来，已经在航空、航天、建筑、照明等行业获得了广泛应用。虽然太阳能电池在汽车上作为辅助能源或辅助动力已经获得应用，但由于太阳能电池存在能量密度小、转化效率低、成本高等因素，很大程度地限制了太阳能电池在汽车上的应用。在社会需求、政府的引导和技术进步等各方面共同作用下，太阳能电池将获得更好的发展，而太阳能电池在汽车上的应用也将更加广泛。

### 1.2.2.6　超级电容

超级电容是近几十年来国内外发展起来的一种介于常规电容器与化学动力电池两者之间的新型储能元件。超级电容存储和放电期间不发生化学反应，因此被归为物理动力电池的范畴。超级电容具备传统电容那样的放电功率，也具备化学动力电池储备电荷的能力。超级电容具有超级储电能力，是可提供强大脉动功率的物理二次电源。超级电容的功率密度高达 $300\sim500W/kg$，是普通动力电池的 $5\sim10$ 倍。超级电容与常规电容不同，其容量可达数万法。超级电容作为一种新型的储能元件已经引起人们的关注，并进行了广泛的研究。

超级电容是一种电化学电容，兼具了动力电池和传统物理电容的优点，超级电容往往和其他动力电池联合应用作为电动汽车的动力电源，可以满足电动汽车对功率的要求而不降低动力电池的性能。超级电容的使用将减少汽车对动力电池大电流放电的要求，达到减小动力电池体积和延长动力电池寿命的目的。根据电极材料的不同，超级电容可分为碳类超级电容（双电层电化学电容）和金属氧化物超级电容两类。

一对浸在电解质溶液中的固体电极在外加电场的作用下，在电极表面与电解质接触的界面电荷会重新分布、排列。作为补偿，带正电的正电极吸引电解液中的负离子，带负电的负极吸引电解液中的正离子，从而在电极表面形成紧密的双电层，由此产生的电容称为双电层电容。双电层电容的储能原理是：由于正负离子在固体电极与电解液之间的表面上分别吸附，造成两固体电极之间的电势差，从而实现能量的存储。双电层超级电容工作原理如图 1-8 所示。双电层由相距为原子尺寸的微小距离的两个相反电荷层构成，这两个相对的电荷层就像平板电容器的两个平板一样，能量以电荷的形式存储在电极材料的界面。

双电层超级电容在充电时，电子通过外加电源从正极流向负极，同时，正负离子在固体电极上电荷引力的作用下从溶液中分离并分别移动聚集到两个固体电极的表面，形成双电层；充电结束后，电极上的正负电荷与溶液中的相反电荷离子相吸引而使双电层稳定，在正负极间产生相对稳定的电位差。

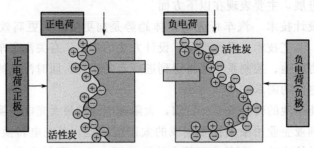

图 1-8 双电层超级电容工作原理

双电层超级电容在放电时，电子通过负载从负极流到正极，在外电路中产生电流，正负离子从电极表面被释放进入溶液中呈电中性。这种储能原理允许大电流快速充放电，其容量大小随所选电极材料的有效比表面积的增大而增大，双电层的厚度取决于电解液的浓度和离子大小。超级电容具有许多化学动力电池无法比拟的优点，如下所示。

① 循环寿命长。超级电容在充放电过程中发生的电化学反应具有很好的可逆性，充放电过程损耗极小，因此在理论上其循环寿命为无穷，其充电循环次数可达 50 万次（传统化学动力电池只有几百至几千次），循环寿命要比化学动力电池高出很多（高 10~100 倍）。

② 良好的功率密度。超级电容在充放电时的功率密度极高（为充电动力电池的 10~100 倍），瞬间可放出大量电能，可满足电动汽车更加宽泛的电力需求。超级电容最适合用于要求能量持续时间为 $10^{-2} \sim 10^{2}$ s 的情况。

③ 能量利用率高。超级电容充放电的能量利用率比动力电池充放电的能量利用率要高得多，输出相同能量时，超级电容产生的热量远小于动力电池产生的热量。

④ 充电速度快。超级电容采用大电流充电时，能在几十秒到数分钟内完成充电过程，而动力电池则需要数小时才能完成充电，即使采用快速充电，也需几十分钟。

⑤ 可承受大电流。超级电容可以在大电流（10~1000A）下充放电，同时自身调节能力强，对过充电或过放电有一定的承受能力，在短时间过压的情况下一般不会对装置产生严重影响，可稳定地反复充放电。

⑥ 低阻抗。由于超级电容等效串联电阻值很低，从而可以输出大电流，也可以快速吸收大电流，而这对具有很高内阻的动力电池来说是不可能的。

⑦ 使用温度范围宽。工作环境适应能力更佳，通常室外温度在 -40~65℃时，其都能稳定正常工作（传统动力电池一般为 -20~60℃）。低温性能较好，超级电容充放电过程中发生的电荷转移大部分都在电极活性物质表面进行，所以容量随温度衰减非常小，而锂动力电池在低温下容量衰减幅度甚至高达 70%。

⑧ 极高的充放电倍率。超级电容具备较高的功率密度，可在短时间内放出几百到几千安培的电流，充电速度快，可在几十秒到几分钟内完成充电过程。超级电容公交车和有轨电车就是利用此特性在短时间内完成充电，驱动车辆行驶的。

超级电容应用的瓶颈之一就是能量密度太低，仅为锂动力电池的 1/20 左右，约 10W·h/kg，因此不能作为电动汽车主电源，大多作为辅助电源，主要用于快速启动装置和制动能量回收装置。另外，采用超级电容作为辅助电源的电动汽车，可以具有非常高的能量回收率，汽车在行驶过程中至少有 30% 的能量因热量散发和制动而消耗掉，特别对于短途行驶的城市公交车，经常遇到红绿灯和立交桥上下坡，这样不仅造成能源浪费，而且增加环境污染。而超级电容正好可以满足在电动汽车制动或减速的时候启动制动能量回馈模式运行,回收原来白白浪费掉的能量。而且在电动汽车启动的时候启用超级电容动力,减小主电源的消耗,不仅减少了环境污染,而且也使电动汽车可行驶的里程数加长。

超级电容虽然在应用中有着明显的优势,但依然存在着一些问题。与动力电池相比,其能量密度偏低,寻找新的电极活性材料,提高超级电容器的能量密度成为根本也是难点所在。另外就是超级电容的一致性检测问题,超级电容的额定电压很低,在应用中需要大量串联。由于应用中需要大电流充放电,而过充则对超级电容的寿命有严重的影响,因此,串联中的各个超级电容单体上电压是否一致是至关重要的。如果能在超级电容分组组装前进行一致性检测,将充放电性能最接近的超级电容单体分成一组,这将能够在很大程度上解决超级电容组的均压问题。基于超级电容的纯电动汽车可以分为三类。

① 以超级电容作为唯一电源的纯电动汽车。
② 以超级电容和其他储能动力电池一起作为动力电源为纯电动汽车提供动力。
③ 以超级电容和其他燃油汽车作为混合动力的汽车。

单纯用超级电容来驱动的电动汽车具有结构简单、实用且成本低等特点,而且实现了车辆尾气的零排放。根据超级电容的特点,以超级电容为唯一能源的电动汽车适合用在短距离、线路固定的区域。例如火车站和飞机场的牵引车上;煤矿的采煤车、运输车上;学校和幼儿园的送餐车上;公园的游览车上;城市的电动公交车上。目前上海 11 路和 26 路公交车就是采用超级电容驱动的,已经取得了很好的运行效果。使用超级电容为能源的电动汽车,一次充电行驶里程可达 20km,充电时间 12~15min,在此领域将会有广阔的应用前景;而且超级电容器的低温特性优于动力电池,尤其在北方气候寒冷地区是一个好的选择。

就目前的技术来看,采用超级电容的电动汽车还不能广泛应用,根据超级电容本身的特点,超级电容更加适用于复合动力汽车和混合电动汽车技术中。复合动力汽车是靠内燃机和电动机两种方式共同提供驱动力的,在汽车正常行驶和制动的时候给超级电容充电,汽车爬坡和加速需要功率大时让超级电容放电。由于普通汽车在正常行驶的时候,功率仅为最大功率的 1/4,在复合动力汽车中加入超级电容恰好可以解决这个问题,这样复合动力汽车在设计的时候就可以不用按照汽车的最大功率来进行设计,可以避免在正常行驶的过程中出现"大马拉小车"的现象,大幅度提高汽车的性能。

超级电容储能技术的发展日新月异,随着这项技术的不断发展和造价的降低,超级电容储能技术将扩展到生活的各个领域。可以预见,不久的将来,在电动汽车中动力电池储能技术将占有举足轻重的作用,而且由于超级电容储能技术的加入,电动汽车的普及将大大加快。

目前,Zapgo 有限公司正式与株洲立方新能源科技有限责任公司(以下简称立方新能源)签订了合作协议,确定将共同开发"Carbon-Ion"石墨烯超级电容。石墨烯于 2004 年问世,是目前已知的最薄、强度最大、导电导热性能最好的一种新型纳米材料,直径是头发丝的 20 万分之一,强度是钢的 200 倍,被称为"黑金""新材料之王"。有学者曾说:"19 世纪是铁器的时代,20 世纪是硅的时代,21 世纪是碳的时代。"而石墨烯就是碳的代表材料。

此次 Zapgo 有限公司与立方新能源合作让全球新能源产业链的相关人士看到了新的曙光和新的未来,因为石墨烯具有优质的特性:坚固耐磨损、良好的导热性与导电性(充电速度会更快）、耐高温性、耐低温性。据悉，石墨烯能在-30～80℃的环境下自由工作，一旦"石墨烯超级电容"真正问世，必将全盘颠覆新能源格局。

但同时也有两个问题摆在眼前：首先是石墨烯成本高、可量产性低，石墨烯堪比黄金的价格，就算真的全部做成电极材料，其高昂的价格普通人也承担不起；其次就是是否能够提供成批稳定性的产品，量产满足行业需求。只要这两大问题解决了，新能源行业必将颠覆世人的想象。

### 1.2.2.7 新动力电池技术

一个领域最前沿的技术将引领一个行业未来的发展方向，而制约新能源汽车市场发展的重要瓶颈正是电动汽车的续航里程及安全问题，作为核心动力的动力电池也就显得尤为重要。目前传统的锂动力电池已不能满足需求，新能源车企、动力电池企业及科研界都在积极投入，研发新型动力电池技术。

目前看来磷酸铁锂、锰酸锂一类的锂动力电池仍有改进的空间，但潜力有限。各国研究机构都针对电动汽车需求加紧新动力电池的研究工作。KOLIBRI电池技术由德国DBM Energy公司研发，是一种锂聚合物电池。实际应用中动力电池组的容量高达100kW·h，质量约为300kg（比能量约为340W·h/kg），可提供55kW的功率。动力电池高性能的基础是先进的膜技术（Alpha Polymer Technology，阿尔法聚合物技术），它提高了锂动力电池的稳定性和效率；结构上单体组件呈片状，降低了高电流的发热量，使效率高达97%。

具有应用前景的还有锂硫动力电池，其由单质硫、金属锂和有机电解液组成，具有比能量高、成本低、环境友好等特点。目前已有锂硫动力电池产品面世，如由美国Sion Power公司生产的锂硫动力电池的比能量可达350W·h/kg。一种正在实验室研发中的固态锂空电池，具有较好的热稳定性和较广的工作温度范围（30～105℃），且比能量非常高，在实际使用中可以达到1000W·h/kg。内燃机和化学动力电池之间的性能差距难以完全通过新动力电池技术来解决，还需其他方法辅助，如燃料电池，这些可能完全改变现有电动汽车动力电池储能系统。

（1）石墨烯动力电池　石墨烯是目前已知最薄、最坚硬的纳米材料，具有电阻率极低、电子迁移速度极快的特点。石墨烯动力电池，就是利用锂离子在石墨烯表面和电极之间快速大量穿梭运动的特性开发出的一种新型动力电池。

石墨烯（Graphene）是一种由碳原子以sp2杂化轨道组成六角形呈蜂巢晶格的平面薄膜，只有一个碳原子厚度的二维材料。石墨烯几乎是完全透明的，只吸收2.3%的光，同时也是世界上电阻率最小的材料。作为目前新型纳米材料，石墨烯的概念自2004年问世以来一直备受关注。

以动力电池领域为例，石墨烯是具有良好应用前景的锂动力电池正负极材料。同时，石墨烯聚合材料动力电池的重量仅为传统动力电池50%，成本将比锂动力电池低77%。从性能来看，石墨烯锂动力电池充电一次，耗时也不超过10min。由于其独有的特性，石墨烯被称为"神奇材料"，科学家甚至预言其将"彻底改变21世纪"。

对于未来新能源汽车的动力电池讨论，最可靠、讨论最多的要数石墨烯动力电池，将一些专业角度的解读"翻译"一下就是：用这种材料结合锂动力电池有两种使用方法，一是用石墨烯的复合材料作为锂动力电池的导电剂；二是直接用作负极，效果都是增加锂动力电池的活性，从而提升电动汽车的续航里程和充电速度。

未来快充石墨烯动力电池实现产业化后，将带来动力电池产业的变革，从而也促使新能源汽车产业的革新。新型石墨烯动力电池实验阶段的成功，无疑将成为动力电池产业的一个新的发展点。动力电池技术是电动汽车大力推广和发展的最大门槛，而动力电池产业正处于铅酸动力电池和传统锂动力电池发展均遇瓶颈的阶段，石墨烯电池研制成功后，若能批量生产，则将为动力电池产业乃至电动汽车产业带来新的变革。

由于石墨烯拥有超乎想象的导电能力，因此石墨烯动力电池可以有效解决锂动力电池的短板，产品特质与新能源汽车用户使用直接挂钩。西班牙 Graphenano 公司（世界上第一家以工业规模生产石墨烯的公司）与西班牙科尔瓦多大学合作研究出首例石墨烯聚合材料动力电池，其储电量是市场最好动力电池产品的 3 倍，用此动力电池提供电力的电动汽车最多能行驶 1000km，而其充电时间不到 8min。虽然此动力电池具有各种优良的性能，但其成本并不高。Graphenano 公司相关负责人称，此动力电池的成本将比锂动力电池低 77%，完全在消费者承受范围之内。此外，在汽车燃料电池等领域，石墨烯还有望带来革命性进步。

目前常见的三元材料锂动力电池能量密度为 180～200mA·h/g，而石墨烯聚合材料动力电池的能量密度则可以超过 600mA·h/g。也就是说，如果将特斯拉 P85 上的动力电池替换为同等重量的石墨烯动力电池，其续航里程将达到约 1500km，是原来的 3 倍。除了能量密度高外，石墨烯动力电池的充电速度也要比锂动力电池快很多，可以有效解决充电时间长的问题。石墨烯动力电池的寿命可以达到锂动力电池的 2 倍。采用石墨烯动力电池将能够有效降低电动汽车的成本，进而提升市场竞争力。

(2) 固态锂动力电池技术　从理论的提出时间来看，固态动力电池并不是一个新的概念，但多年来，研发上的进展并没有想象的那么快速。固态动力电池不一定完全是固态电解质，还有一点液态，是液态与固态混合的。固态锂动力电池的电解质是固态，但在电芯中有少量的液态电解质。半固态就是固态电解质、液态电解质各占一半，或者说电芯的一半是固态的、一半是液态的。准固态就是主要为固态，少量是液态。简单地说，固态动力电池是一种外观上貌似固态，但实质上采用固液混合电解质的动力电池。

在固态离子学中，固态动力电池是一种使用固体电极和固体电解液的动力电池。由于固态动力电池的功率质量比较高，使用固态动力电池，电量可以提升超过 30%，所以对电动汽车来说，固态动力电池是一种很理想的动力电池。另外，固态动力电池还有安全性更高的特点，由于固态动力电池属于非易燃品，在碰撞过程中不易起火和爆炸，对电动汽车而言，是极佳的车载动力电池。此外，它还有使用寿命更长的特点，尤其是它的循环使用寿命比目前常见的 18650 锂动力电池更长，通常可充电几十万次，可以有效延长纯电动汽车的使用寿命。而它使用的材料通常也很环保，使用后进行填埋处理即可。所以，一旦固态动力电池技术发展成熟，纯电动汽车将有实力和传统燃油汽车相抗衡。

固态动力电池一般功率密度较低，能量密度较高。由于固态动力电池的功率质量比较高，所以它是电动汽车很理想的动力电池。到 2020 年，固态动力电池技术研发有望取得突破性进展，在成本、能量密度和生产过程等方面进一步赶超锂动力电池。

固态锂动力电池，顾名思义，就是不再使用液态的电解液，采用固态电解质，所有材料都以固态形式存在的锂动力电池。具体来说，它由正极材料＋负极材料和电解质组成，而液态锂动力电池则由正极材料＋负极材料＋电解液和隔膜组成。液态锂动力电池能量密度极限为350W·h/kg,而全固态锂动力电池采用固态电解质替代传统有机液态电解液,不仅有望从根本上解决动力电池的安全性问题,而且量产能量密度能够达到500~600W·h/kg。

固态锂动力电池能量密度远超现在的主流的锂动力电池,这意味着纯电动汽车有更长续航里程,甚至达到节能型汽油车的续航里程,并且充电效率相比现阶段也有着质的飞跃,据悉装备固态动力电池的电动汽车,最理想化的充电速度可达到1min增加800km,这可以说是新能源车的最佳核心部件。固态锂动力电池具有以下优势。

① 轻,能量密度高。使用了全固态电解质后,锂动力电池的适用材料体系也会发生改变,其中核心的一点就是可以不必使用嵌锂的石墨负极,而是直接使用金属锂来做负极,这样可以明显减轻负极材料的用量,使得整个动力电池的能量密度有明显提高。

② 薄,体积小。在传统锂动力电池中,需要使用隔膜和电解液,它们加起来占据了锂动力电池中近40%的体积和25%的质量。而如果把它们用固态电解质取代(主要有有机和无机陶瓷材料两个体系),正负极之间的距离(传统上由隔膜电解液填充,现在由固态电解质填充)可以缩短到甚至只有几到十几微米,这样锂动力电池的厚度就能大大降低,因此全固态动力电池技术是动力电池小型化、薄膜化的必经之路。

③ 柔性化。固态锂动力电池使用脆性的陶瓷材料,在厚度薄到毫米级以下后是可以弯曲的,材料会变得有柔性。相应地,全固态动力电池在轻、薄化后柔性程度也会有明显的提高,通过使用适当的封装材料(不能是刚性的外壳),制成的动力电池可以经受几百到几千次的弯曲而保证性能基本不衰减。

④ 更安全。排除了传统锂动力电池在下列情况可能发生的危险。

a. 在大电流下工作有可能出现锂枝晶,从而刺破隔膜,导致短路破坏。

b. 电解液为有机液体,在高温下发生副反应、氧化分解、产生气体、发生燃烧的倾向都会加剧。

采用全固态动力电池技术,以上两点问题就可以直接得到解决。

现阶段,国外的能源、科技企业,以及松下等动力电池制造商都开始了固态动力电池的研发,汽车厂商涉及这方面的有丰田、本田以及日产三大日系车企,这源于日本国家层面的助推。从已经开始研究固态动力电池的各方计划来看,预计2020年将在成本、能量密度和生产制造方面有突破性进展。到2030年才能将这项研发成果落地、在新能源汽车领域广泛普及,即离我们还有些远,这也是各大车企发布2025年全球禁售燃油车的应对战略时,并未提及固态动力电池的原因。

(3) 全固态电解质锂动力电池技术 "全固态"与"固态"是不一样的,"全固态锂动力电池"是一种在工作温度区间内所使用的固体正负极和固体电解质,不含有任何液体,所有材料都由固态材料组成的锂动力电池。全固态电解质锂动力电池的原理与液态锂动力电池相同,只不过其电解质为固态。全固态电解质锂动力电池具有的密度以及结构可以让更多带电离子聚集在一端,传导更大的电流,进而提升动力电池容量。

全固态电解质锂动力电池分为全固态电解质锂一次动力电池(全固态电解质锂一次动力电池已经有应用)和全固态电解质锂二次动力电池。全固态电解质锂二次动力电池又分为全固态电解质锂动力电池和全固态电解质锂金属动力电池。所谓全固态电解质锂金属动力电池,就是它的负极用的是锂金属,国内这类产品现在负极用的是碳、硅碳或者钛酸锂。

全固态电解质锂动力电池的概念比锂动力电池出现得更早，早期的全固态电解质锂动力电池，都是指以金属锂为负极的全固态电解质金属锂动力电池，一说全固态往往是以锂金属为负极的，这就是以前的概念。全固态电解质锂动力电池有几个潜在的技术优势。

① 安全性高。由于采用高热稳定性的固态电解质，代替了易燃的常规有机溶剂电解液，锂动力电池易燃烧问题得到解决。

② 能量密度高。固态电解质解决了电解液泄漏问题，体积比能量高。由于金属锂的超高容量，给予相同正极时，全固态电解质金属锂动力电池与常规液态锂动力电池相比，其能量密度可以得到大幅度提升。但由于固体电解质密度和使用量高于液态电解质，在正负极材料相同时，全固态电解质锂动力电池优势不明显。

③ 正极材料选择的范围宽。由于全固态电解质锂动力电池可以直接采用金属锂为负极，不要求正极结构中含锂，电解质的电压窗口会更宽，比能量也可以提高。一些高容量的贫锂态材料也可以作为正极。此外，无极固态电解质宽的电化学窗口（>5V）也为高电压正极材料的应用提供可能。

④ 由于电解质无流动性，可以方便地通过内串联组成高电压单体，利于动力电池系统成组效率和能量密度的提高。

电解质材料是全固态电解质锂动力电池技术的核心，电解质材料很大程度上决定了全固态电解质锂动力电池的各项性能参数，如功率密度、循环稳定性、安全性能、高低温性能以及使用寿命，全固态电解质锂动力电池的电解质材料应满足以下要求。

a. 室温电导率 $>10^{-4}$ S/cm。

b. 电子绝缘（$Li^+$ 迁移数近似为1）。

c. 电化学窗口宽（$>5.5V$，$Li/Li^+$）。

d. 与电极材料相容性好。

e. 热稳定性好、耐潮湿环境、力学性能优良。

f. 原料易得，成本较低，合成方法简单。

目前，全固态电解质锂动力电池存在的难点问题如下。

① 固态电解质材料的锂离子电导率偏低，现在有三种固态电解质。

a. 聚合物电解质动力电池要加热到60℃，离子电导率才上来，全固态电解质锂动力电池才能正常工作。聚合物固态电解质（SPE）由聚合物基体（如聚酯、聚醚和聚胺等）和锂盐（如 $LiClO_4$、$LiPF_6$、$LiBF_4$ 等）构成，锂离子以锂盐的形式溶于聚合物基体（固态溶剂），传输速率主要受到与基体相互作用及链段活动能力的影响。在高温条件下，聚合物离子电导率高，容易成膜，最先实现了小规模商业化生产。目前量产聚合物固态电池中聚合物电解质的材料体系是聚环氧乙烷（PEO），室温电导率一般为 $10^{-5}$ S/cm。

b. 目前，氧化物电解质的锂离子电导率比液态的要低很多，氧化物固体电解质按照物质结构可以分为晶态和非晶态两类，晶态电解质包括钙钛矿型、NASICON 型（Na 快离子导体）、石榴石型、LISICON 型等，玻璃态（非晶态）氧化物的研究热点是用在薄膜电池中的 LiPON 型电解质和部分晶化的非晶态材料。

c. 硫化物的固态电解质的锂离子电导率与液态的差不多，丰田公司生产的动力电池用的就是这种硫化物的固态电解质。硫化物主要包括 thio-LISICON、LiGPS、LiSnPS、LiSiPS、Li2S-P2S5、Li2S-SiS2、Li2S-B2S3 等，室温离子电导率可以达到 $10^{-3} \sim 10^{-2}$ S/cm，接近甚至超过有机电解液，同时具有热稳定好、安全性能好、电化学稳定窗口宽（达5V以上）

等特点，在高功率以及高低温固态电池方面优势突出。相对于氧化物，硫化物由于相对较软，更容易加工，通过热压法可以制备全固态锂电池，但还存在对空气敏感、容易氧化、遇水容易产生硫化氢等有害气体的问题。

② 固固界面接触性和稳定性差。液体与固体结合是很容易的，因为液体容易渗透到固体中，但是固体和固体结合是面或点接触，结合面是不稳定的，这是全固态电解质锂动力电池很大的一个问题。硫化物电解质虽然使锂离子电导率提高了，但是仍然有界面接触性和稳定性问题。电解质由液体换成固体之后，锂动力电池体系由电极材料-电解液的固液界面向电极材料-固态电解质的固固界面转化，固固界面之间无润湿性，界面接触电阻严重影响了离子的传输，造成全固态电解质锂动力电池内阻急剧增大、循环性能变差、倍率性能差。

③ 金属锂的可充性问题。在固态电解质中，金属锂的反复充放电的循环性，甚至安全性等还需要研究。

④ 制造成本偏高。全固态电解质锂动力电池的制备工艺复杂，且固体电解质较贵，现阶段全固态电解质锂动力电池的成本较高。

固态动力电池的研发产业化持续升温，但基于上述难点问题，特别是固态界面接触性/稳定性和金属锂的可充性问题，真正意义上的全固态电解质金属锂动力电池技术尚未成熟，还存在很大的技术不确定性。目前展现出或者有突破、有性能优势和产业化前景的，主要是固态聚合物锂动力电池和是固态锂动力电池。

总体看，固态动力电池发展的路径为：电解质可能是从液态、半固态、固液混合到固态，最后到全固态。至于负极，会是从石墨负极，到硅碳负极，现在正在从石墨负极向硅碳负极转型，最后有可能到金属锂负极，但是目前还存在技术不确定性。

(4) 锂玻璃动力电池　锂玻璃动力电池是 John Goodenough（德克萨斯州州立大学奥斯汀分校的机械工程和材料科学教授）和他的工程师团队在德克萨斯州州立大学奥斯汀分校研发出来的，John Goodenough 是锂动力电池的共同发明人。锂玻璃动力电池不仅将锂离子的能量密度翻了 3 倍，它还能在几分钟内重新快速充电，而且可充电周期超过几千次。其与三元材料锂动力电池不同的是，锂玻璃动力电池在零下的极端天气也表现出色，不会像三元材料锂动力电池一样易燃，关键之处就在于使用的是固体玻璃电解质，而不是锂动力电池常用的液态电解质。因为液态动力电池充电速度过快，容易造成短路或起火，而固体的电解质则降低了短路的风险，成为更安全的选择。锂玻璃动力电池具有以下优点。

① 能量密度更高。锂玻璃动力电池的能量密度至少是现今的锂动力电池的 3 倍，动力电池的能量密度决定了电动汽车的行驶距离，所以更高的能量密度意味着一辆汽车可以在两次充电之间行驶至更远的距离。

② 充放电循环次数更多。由于玻璃质的固态电解质很好地保证了电解离子的活性，在反复充电周期上，锂玻璃动力电池技术将锂离子提高到了一个史无前例的地步，使锂玻璃动力电池具有更多的充放电循环次数，从而使得动力电池使用更持久，并且带来了更长的循环寿命。在实验中，研究人员使用的锂玻璃动力电池可循环 1200 次且为低电阻。

③ 充电速度更快。充电时间由几小时缩短为几分钟。

④ 安全。锂动力电池使用的是液体电解质，电解液在动力电池的正负极之间输送锂离子。由于的锂动力电池液态电解液会发生锂离子晶枝沉淀，长时间使用晶枝会刺破电极隔膜，导致动力电池短路。若动力电池充电过快，从而在电解液内形成"枝晶"或者"金属晶

须",会引发短路,进一步引发起火和爆炸。如果锂动力电池放在阳光下暴晒,电解液的温度会极具升高。在高温条件下,电解液发生副反应、氧化分解、产生气体、发生燃烧的倾向都会加剧。而采用固态电解质的技术使得锂离子无法在固态电解质中发生沉降,不仅成倍地扩大了动力电池的能量密度,更让动力电池的安全性与续航里程成倍增加,使锂动力电池技术的缺陷得到了很好的弥补。

⑤ 严寒条件下运行。固态玻璃电解质可以运行在-20℃的温度条件下,具有高导电性,配备锂玻璃动力电池的汽车能够在严寒天气中良好运行。

⑥ 制造工艺简单。玻璃电解质能够在阳极和阴极上镀上或者剥落碱金属,而不出现"枝晶",这样可以"简化动力电池制造工艺"。

⑦ 材料环保且来源丰富。固体玻璃电解质所用的材料不仅成本非常低,而且还可持续利用。其材料为廉价的盐,而盐可以从广泛可得的海水中提取,这就使得锂玻璃动力电池成为一种更加环保的动力电池,一旦正式引入到动力电池市场中来,将会解决动力电池行业成本压力过高的问题。

针对锂玻璃动力电池的研究是很有前景的,但这项新技术仍需几年的时间,才能被引入商业市场。相信不久,这种新型动力电池就会得到广泛的应用。

# 第 2 章
# 电动汽车退役动力电池梯次利用技术

## 2.1 梯次利用定义及退役动力电池的目标市场

### 2.1.1 梯次利用定义及退役动力电池梯次利用的意义

#### 2.1.1.1 梯次利用的定义及与翻新的区别

（1）梯次利用的定义　梯次利用是指某一个已经使用过的产品已经达到原生设计寿命，再通过其他方法使其功能全部或部分恢复继续使用的过程，该过程属于基本同级或降级应用的方式。"梯次利用"与"梯度利用、阶梯利用、降级使用"在概念上是基本一致的，但不能视为翻新使用。

梯次利用的核心是需要对原生产品进行一系列复杂的检测和分析，科学地判断其生命周期价值以及可再使用性，从而设计出符合该产品的梯次等级和应用领域。

（2）梯次利用与翻新的区别　翻新是指产品从原厂生产出来以后，经过使用，有了一定的磨损，性能各方面与原厂刚生产出来的时候有差距，经过特殊加工，使它的外表或者性能恢复到接近原厂刚生产出来的状态。翻新使用往往是采用非常简单的方式或便捷形式去修理或掩饰原生产品，从而再以新品的方式销售给终端市场，而在翻新过程中没有科学的检测分析和评估，更没有梯次的设计和应用领域的分析，从而使该产品的再次使用会带来各方面的潜在风险。因此，梯次利用与翻新使用存在本质上的区别。

#### 2.1.1.2 退役动力电池梯次利用的意义及背景

（1）退役动力电池梯次利用的意义　梯次利用的最大社会意义是使产品得到最大限度的利用，其设计周期得到延长，为社会创造经济价值的同时，也为社会减少垃圾排放，是现代社会应大力推行的一种循环性、低碳型生产生活方式。梯次利用虽然有着遥远的发展背景，但却是一个新兴事物，因为要实现梯次利用，必须依靠科学技术的发展和进步来完成。

动力电池的性能随着使用次数的增加而衰减，当动力电池性能下降到原性能的 80% 时，将不能达到电动汽车的使用标准，但仍可用在对动力电池性能要求低的场合，即进入梯次利用阶段，如储能系统、低速电动交通工具等。当退役的动力电池性能进一步降低到不适合梯次利用后，再进入回收拆解再利用的阶段。目前在梯次利用技术方面，国内的科研院所和企业正在开展研究，包括淘汰产品生命周期诊断、可再循环性梯次设计、物理指标检测、综合性能测试等。

动力电池梯次利用一直被认为是新能源汽车动力电池退役后的主要去处，但是，也有人从安全性和经济性层面考虑，认为退役动力电池梯次利用就是一个"伪命题"。随着我国动力电池退役潮的临近，以及相关规范的连续公布，退役动力电池的梯次利用将在退役动力电池规划和政策方面取得更多支撑，即退役动力电池的梯次利用势在必行。

对于退役动力电池"拆解回收"和"梯次利用"是被业内广泛认可的两种具有互补性的方法，目前，我国已是全球最大的动力电池市场，如此大规模的动力电池集中退役，做好退役动力电池回收和梯次利用工作，无论从经济、资源安全，还是环保的角度，都有很大的必要性和现实意义。

退役动力电池梯次利用的意义在于从动力电池原材料→动力电池→动力电池系统→汽车应用→二次利用→资源回收→动力电池原材料的动力电池全生命周期使用角度考虑，可以降低动力电池成本，避免环境污染。

从环保角度来看，退役动力电池含大量重金属、有机物、电解质及其转化物产生的有毒气体，这些都会严重威胁环境和人类的健康，给社会生态环境造成巨大的压力。所以做好退役动力电池回收及梯次利用工作，也是一项重大的生态建设任务。

梯次利用不仅能从商业模式上进一步降低动力电池的成本，同时也降低储能动力电池的成本，还能推动更多的储能应用场景和市场。不同储能场景对动力电池要求不一样，所以退役动力电池梯次利用适用的场景和商业模式是下一个需要摸索的难题，国外梯次利用的创新尝试对刚刚起步的国内市场有很大借鉴意义。

退役动力电池梯次利用的发展趋势是不言而喻的，国家政策和标准相继配套出台，责任也很清晰。但是，梯次利用节奏动作缓慢，其问题是利益不够吸引、体系没有建立起来，产业链、价值链还没有形成。梯次利用将动力电池的使用价值最大化，可以延长动力电池的使用寿命，降低动力电池全寿命周期成本。退役动力电池的梯次利用和回收主要基于环境保护、资源节省、有利可图三个方面。

① 环境保护。动力电池的正极材料里包含镍、钴、锰、锂等重金属元素，这些重金属元素会对环境、水等造成污染；负极材料里面的碳材、石墨等会造成粉尘污染；此外，动力电池的电解液中含有有毒的化学成分，也会造成环境污染。

② 资源节省。动力电池中含有大量的金属元素，镍、石墨等资源我国比较多，但是像钴之类的金属元素是我国稀缺的；我国的锂元素绝对含量很多，但是开采难度比较大，一般都分布在西藏、青海、四川等条件比较艰苦的矿山；盐湖中的镁和锂含量比较高，但锂的提取难度也很大。

③ 有利可图。做退役动力电池的梯次利用及资源化回收还是能形成商业化的，因为最近几年汽车行业大量转入电动化，动力电池需求量增加，导致上游的贵金属材料价格非常高，金属钴价格为60万元/t，镍价格为10万元/t，碳酸锂价格为17万元/t，金属锂价格为90万元/t。

(2) 退役动力电池梯次利用的背景　近年来，我国新能源汽车产业快速发展，截至2017年年底，新能源汽车累计产量超过180万辆，动力电池累计装配量超过85GW·h。2018年我国退役动力电池回收量为12GW·h，2020年退役动力电池回收量将接近25GW·h，而到2022年退役动力电池回收量将接近45GW·h。随着动力电池退役潮的临近，作为新能源汽车最后一千米的退役动力电池回收及梯次利用将会成为下一个"蓝海"。

大量退役的动力电池如处置不当，既给社会带来环境和安全隐患，也会造成资源浪费，同时制约新能源汽车产业健康、可持续发展。国务院高度重视新能源汽车退役动力电池回收利用，曾召开专题会议进行研究部署。推动新能源汽车退役动力电池回收利用，不仅有利于保护环境和社会安全，而且能有效提高资源循环利用水平，促进我国新能源汽车产业健康发展，对于加快绿色发展、建设生态文明和美丽中国具有重要意义。

从资源利用角度来看，直接将退役的动力电池作为原材料回收，其实是变相浪费。在国家多部委联合出台的《新能源汽车动力电池回收利用管理暂行办法》中，提出退役动力电池的利用应遵循先梯次利用，后再生利用的原则。即退役动力电池经过梯次利用后，再进行再生利用。如果说无害化处理和资源再生是必须做的，那么梯次利用是充分发挥了动力电池的价值，但只有保证经济性，这件事才是值得去做的。梯次利用不仅可以解决成本问题，还可为电动汽车动力电池退役谋出路。

梯次利用主要针对动力电池容量降低，致使动力电池无法使电动汽车正常运行，但是动力电池本身没有报废，仍可以在别的途径继续使用，例如用于电力储能、通信基站后备电源等用途。如果能做好退役动力电池的梯次利用，不仅可以降低动力电池的成本并延长使用寿命，还可以有效降低储能成本，并对可再生能源的发展起到帮助作用。

通常来讲，动力电池平均使用年限为5～8年，其性能随着充电次数的增加而衰减，动力电池剩余容量降低到初始容量的70%～80%时便无法满足电动汽车车载动力使用要求，这意味着其在电动汽车上的使用寿命终止。如果直接将动力电池淘汰，必将造成资源的严重浪费，同时也会导致环境污染。

从电动汽车上退役下来的动力电池，经过测试、筛选、重组等环节，完全可以继续满足分布式发电、微网、移动电源、后备电源、应急电源等中小型储能设备和大型商业储能及电网储能市场的使用，如果退役动力电池梯次利用技术提高、经济成本下降，在梯次利用领域，动力电池的全生命周期、使用价值将会得到充分利用。当退役的动力电池无法进行梯次利用时，则需要进行拆解回收，进行资源化处理。随着动力电池性能的提升以及成本大幅下降并趋稳，让现有及未来退役动力电池梯次利用的价值大大提高，国内企业也开始在退役动力电池回收和梯次利用领域展开布局。

通过对退役动力电池的梯次利用，可以缓解大批量退役动力电池进入回收阶段的压力，同时有效减少国家相应资源的消耗量，提高资源的使用效率。目前退役动力电池的梯次利用在国内外均处于开始研发试点阶段，但已经可以看出，这将是电动汽车退役动力电池的主要落脚点。

电动汽车退役动力电池梯次利用会在相当长的一段时间内成为一个热门问题，一方面是动力电池在整车的成本上居高不下；另一方面是环境担忧问题。如果，国家在政策方面多倾斜，鼓励并协助这个薄弱环节，同时企业为了降低成本，积极地去探索延长动力电池服役时间。到那时候，动力电池成本需要看企业梯次利用程度和深度，这种多赢的局面、新能源良性发展的局面也就形成了。

动力电池的质量是梯次利用的前提，要求动力电池成组后的外形、安装、动力接口、信号接口以及各种协议、电压等级等都必须统一起来。2014年以前生产的动力电池很难实现梯次利用，是因为2014年以前生产动力电池的工艺水平还不够高，动力电池的一致性差，品质不高,未能大规模批量化生产,生产规范和自动化生产水平都还未得到发展,因而产品品质也较难保障,一些动力电池虽然参数合格,但实装使用后容量衰减得非常快。在容量衰减到80%退役以后,继续使用会出现"跳水",即容量急剧下降,缺乏安全性和稳定性,难以再次利用。

在2015年以后投运的动力电池则有所改善,由于具备了更为严谨的设计体系以及大规模自动化的生产工艺,生产的动力电池品质有了较大的提升,保守预计能够进入梯次利用的动力电池容量比例可达60%~70%。动力电池容量的衰减能够保持线性,因此梯次利用在技术上才具备了可行性。所以,对动力电池梯次利用解决方案供应商来说,对退役动力电池进行筛选是第一步。

目前,退役的动力电池大概只有一半可以利用,随着动力电池质量的提升,未来可利用比例将可能提高到60%~70%,乐观的话可以到80%。从退役动力电池梯次利用行业对于梯次利用技术的实践来看,目前国内动力电池型号众多,不同企业所生产的动力电池在材料、结构和组装工艺上都千差万别。这使得拆解难以通过流水线完成,不得不借助于人工。这既提高了梯次利用的技术难度,也提高了再次利用的成本。退役动力电池梯次利用行业希望通过标准化的提高使得梯次利用更具可行性。总体来讲,需要关注以下三个方面的问题。

① 技术性可行性方面。包括老化程度、后期衰退、安全性、可靠性,涉及老化、失效机理、后续寿命、安全性、可靠性检测、分级筛选技术、工况测试、重组与管理技术等方面,但相关标准目前仍缺失。

② 经济可行性方面。退役动力电池梯次利用的成本包括退役动力电池成本、运输成本、检测成本、重组成本,由于新动力电池成本的快速降低,退役动力电池的再利用生存空间,可能会随着新动力电池成本的下降而逐渐被挤压。当新动力电池与退役动力电池的差价接近检测、再加工、设备更换、旧动力电池维护维修等二次利用动力电池的综合成本以后,就可能出现退役动力电池没有再利用价值的情况。

如果可以利用退役动力电池的历史数据,则可省去部分检测成本。退役动力电池电芯二次处理以及统一规格、模组设计、动力电池组运营模式等,对退役动力电池电芯级别的二次利用都有影响,还需要观察相关技术发展情况,加工成本的降低趋势。

③ 退役动力电池回收市场方面。退役动力电池所有权复杂,退役动力电池残值、风险责任、应用市场等方面还需要政府支撑与扶持,产业界的积极响应。

总体来说,随着动力电池技术进步和性能的提高,相关标准的逐步完善,都利于退役动力电池梯次利用,而退役动力电池梯次利用的经济性随着储能市场的发展及退役动力电池梯次利用规模化的应用也逐渐显现。

## 2.1.2 退役动力电池的特性及目标市场

### 2.1.2.1 退役动力电池的特性

根据电动汽车车载动力电池容量来区分,动力电池容量在80%~100%区段时可满足电动汽车动力使用;动力电池容量在20%~80%区段时可满足梯次利用;动力电池容量在20%以下应进行报废回收,如图2-1所示。

就目前动力电池市场情况而言,相较三元材料锂动力电池,磷酸铁锂动力电池循环寿命更

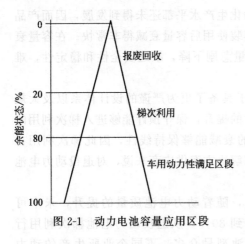

图 2-1 动力电池容量应用区段

长，80%循环寿命可达 2000～6000 次。由于资源价格因素，磷酸铁锂动力电池回收价值很低。但其自身容量保持率和电解液保有率较三元材料锂动力电池高，可充电次数更多，更安全，使用价值也更高，所以磷酸铁锂动力电池更适合梯次利用。

目前，磷酸铁锂动力电池在性能和成本方面改善的空间有限，所以磷酸铁锂动力电池会更适合并先于三元材料锂动力电池在储能行业的梯次利用。综合考虑储能设备的使用条件，退役后的动力电池可继续作为储能电池使用至少 5 年。可充分发挥退役动力电池的剩余价值，实现循环经济最大化，降低储能系统的建设成本。退役动力电池的特性如下。

① 由于新能源汽车用户个体使用习惯的差异，以及地区使用环境（温度等）差异，每个托盘中动力电池的衰减情况各不相同，即使是同一厂家生产的同一批动力电池也是如此。

② 动力电池不仅有使用寿命，同时也存在日历寿命，退役动力电池再利用的使用寿命都不会太长，很多动力电池甚至无疾而终，瞬间失效。

③ 退役动力电池参数可追溯性普遍较差，再利用的使用寿命（充放电次数）很难评估准确。

④ 价格便宜甚至是零价格。

⑤ 因为是退役动力电池，所以一般都没有质保期或质保期较短（通常不超过 2 年）。

动力电池技术的进步和性能的提高利于动力电池梯次利用，电动汽车动力电池的相关标准化也有助于梯次利用。目前，整个行业标准和技术体系有待完善，国内 PACK 和 BMS 技术可以与动力电池结合得更加紧密。车厂对 BMS 技术和动力电池管理技术的要求越来越高，完善和提升技术水平是市场的客观需求，退役动力电池梯次利用企业与车企结合得越紧密，越能适应市场的需求。

### 2.1.2.2 退役锂动力电池梯次利用的优势

退役锂动力电池相对于传统铅酸动力电池具有以下优势。

① 梯次利用的锂动力电池自放电率低、循环次数多。退役的锂动力电池梯次利用后理论上仍能有 6 年的实际寿命，有 400 次以上的深度循环次数，较传统铅酸动力电池的 5 年使用寿命、100 次左右的深度循环次数有大幅提高。

② 耐高温能力强。锂动力电池可满足 $-5\sim45$℃ 的使用环境，目前通信基站常用的铅酸动力电池的温度上限仅为 30℃。

③ 放电特性好，可大电流放电。

④ 自放电效率低，可减少动力电池长时间浮充损耗的电能。

⑤ 占地小、重量轻、运输成本低，锂动力电池的重量和体积为同容量铅酸动力电池的 $1/2\sim2/3$。

### 2.1.2.3 退役动力电池的梯次利用的目标市场

电动汽车的车载动力电池退役后进行梯次利用必须找到适合的市场，并能够产生良好的经济效益，这样才能推动产业化发展，实现真正的变废为宝，最大限度地挖掘剩余价值。这个市场，不能是远期的市场，而应该是当前存在的市场，且退役的动力电池在该市场中具备一定的产品竞争优势，使得该市场中的相关企业有足够的利益驱动，采用退役的动力电池组作为部件。

目前，我国退役动力电池梯次利用存在的 3 个潜在市场（电动自行车市场、微型电动汽车市场、电能存储市场），这些市场既有足够大的规模，也与动力电池产业息息相关（其主要部件就是动力电池组），退役动力电池的梯次利用技术可以与这些市场实现无缝对接，快速实现产业化。

电动汽车的快速发展让退役动力电池的梯次利用有了"现实需求"，退役动力电池梯次利用的经济性随着储能市场的发展及退役动力电池梯次利用规模化的应用，将逐渐显现。梯次利用不仅能从商业模式上进一步降低动力电池成本，同时由于储能电池成本的降低，也能推动更多的储能应用场景和市场。不同储能场景对储能电池要求不一样，所以退役动力电池梯次利用适用的场景和商业模式是需要摸索的难题，退役动力电池的梯次利用目标市场如图 2-2 所示。

图 2-2　退役动力电池的梯次利用目标市场

目前，当动力电池到了国家规定的使用寿命之后，便可以进行梯次利用，比如用于供家庭、移动电源、后备电源、应急电源等的储能。但是这种方法还存在一定的技术障碍，如不同动力电池之间差别很大，所以退役动力电池并不是组合起来就能使用的。同时，退役动力电池在进行梯次利用时，其容量、电压、内阻等通常会在很少的循环次数下形成"断崖式"下跌，给后续使用带来极大的困难。将退役动力电池回收利用在一些小型的家庭电动车、UPS（不断电系统）等中是可行的，但如果想将其用于储能电站等大型设施中，还需要考虑其循环性、安全性等问题。目前，退役动力电池梯次利用的主要目标如下。

① 48V 通信备份动力电池，这是目前铁塔公司主导的模式。

② 太阳能分布储能电池，风能的波动太大，相对而言太阳能的分布式储能系统比较可行一些，一定程度的梯次利用有益于解决分布式发电随机性波动所面临的一系列并网和调度难题。

③ 直流充电站的蓄能电池，平滑直流充电站的功率需求。

④ UPS 储能电池，这个领域与铅酸动力电池的竞争，胜算不大。

⑤ 低速电动工具市场、低速电动车与电动自行车主要采用铅酸动力电池，相比锂动力电池，铅酸动力电池价格更为便宜 [0.6元/(W·h)]，但问题在于污染大。如果采用退役的锂动力电池，可以在价格、行驶里程（能量密度）和寿命之间达到一个较好的平衡，从而更快速地推动锂动力电池在低速车与电动自行车市场的应用。

目前，退役动力电池梯次利用不具备经济性的主要原因在于梯次利用的退役动力电池一致性差，不仅种类复杂，而且即使是同一型号的退役动力电池其使用寿命及状况也相差很大，进行二次利用必须经过大量的检测、挑选、重组等环节，因此在现有的技术阶段梯次利用的成本较高。此外，在采购梯次利用相关设备时还需要增加一部分成本，用于采购加强系统稳定性的设备，这些成本都是制约退役动力电池在储能产业推广发展的重要因素。

在退役动力电池可用的前提下，通过拆解、检测、筛选、重组等步骤可以使退役动力电池再次运用于新的使用场景。在业内人士看来，梯次利用从技术上说并不难，难点在于成本控制。即使是电芯成本远低于新动力电池，拆解、筛选、重组等步骤都会增加梯次利用的成本，另外退役动力电池的寿命较短，如果用于储能也难以像新储能电池一样实现无人值守，综合来看总成本可能并不低。同时，新储能电池的成本也在不断下降，退役动力电池的梯次利用也面临和新储能电池之间的竞争。

梯次利用的退役动力电池系统与新动力电池系统成本之差是梯次利用能否实现经济性的关键，新动力电池性能快速提升和成本快速下降无疑成为影响退役动力电池梯次利用市场发展的最大竞争因素。若要确保梯次利用实现经济效益，退役动力电池的回购价格应当低于新动力电池成本的 30%。因为退役动力电池的容量是要打折的，使用时的充放电倍率也要受到限制，再将重组过程中发生的测试筛选和辅助材料成本包括在内，如若退役动力电池回购成本不能足够低，梯次利用的经济性将无法得到保证。

## 2.2 退役动力电池梯次利用的储能市场及产业链

### 2.2.1 退役动力电池梯次利用的储能市场和储能系统

#### 2.2.1.1 储能市场

储能即能量的存储，具体到电能存储上是指利用化学或者物理的方法将产生的电能存储起来并在需要时释放的过程。作为解决新能源消纳、增强电网稳定性、提高配电系统利用效率的合理解决方案，储能在我国的发展稍微落后于发达国家，在储能的全球化应用趋势之下，我国储能产业的发展急需提速。目前，储能在我国虽然未得到大规模发展，但在全球已经得到了快速的发展，而且伴随着储能的成本逐步下降，依托我国庞大的市场容量和规模优势，我国储能市场将迎来发展的机遇。

近年来，以光伏发电、风电为代表的新能源发电获得了迅速的发展。然而由于不稳定、消纳难等原因，弃风、弃光也成为了制约行业发展的一大难题；此外，在分布式光伏、海上风电等多样性发电模式的兴起之下，市场上对电力储存的需求正越来越大。这都刺激了储能技术的发展，使得储能成为新能源市场未来发展的关键。

储能技术在电力系统中主要集中应用在可再生能源发电移峰、分布式能源及微电网、电力辅助服务、电力质量调频、电动汽车充换电等方面。在新能源电力持续高增长的同时，储能技术也开始越来越成为新能源产业突破瓶颈的关键。储能有望彻底解决弃风、弃光问题，光伏、风电的未来发展需要储能。从目前我国的能源供给形式来看，在能源互联的大趋势之下，分布式电力的发展成为未来的潮流。同时这也是光伏、风电突破当前发展瓶颈的关键。而在分布式光伏发电以及海上风电等分布式电力模式下，储能的地位显得异常重要，与储能相结合才能发挥光伏、风电等新能源电力的巨大优势。可以说，储能是光伏、风电等新能源产业未来发展的基础。

近几年，分布式光伏的发展大大刺激了储能的需求，而储能技术的进步和成本的降低也在促进分布式光伏的发展。根据《可再生能源"十三五"规划》的目标，到2020年，我国光伏发电装机将达到105GW（目前已经提前完成任务），风电达到210GW。根据预测，按照平均10%左右的储能配套来估计，在"十三五"期间我国仅风、光电站配套储能的市场空间就有30GW以上；加上更大规模的用户侧及调频市场，储能市场规模有望超过60GW。

目前，储能主要应用于分布式发电及微网储能系统，占总装机规模的56%，其次是可再生能源开发。在集中式可再生能源发电领域，储能主要应用于解决弃风、弃光问题，跟踪计划出力、平滑输出和参与调峰调频辅助服务。

退役动力电池的梯次利用将成为储能市场的一大机遇，随着技术的提高与政策的指引，退役动力电池的梯次利用有望进一步打开储能的应用空间。储能应用前景广阔，未来将为我国经济增长、绿色能源发展创造巨大的价值，但作为一个新兴的技术产业，现阶段发展仍然面临一些问题。技术经济性的提升、应用市场机制和定价体系的完善都是未来的工作重点，而最亟待解决的是需要各方合力为储能产业探索和挖掘多个可实现商业盈利的市场，实现产业健康、持续的发展。

在电力领域，储能技术已逐渐在电力系统移峰填谷、可再生能源发电并网、电力调频等辅助服务、分布式能源及微电网等方面体现出多重应用价值，正在成长为电力系统转型的重要支撑，如图 2-3 所示。在退役动力电池的梯次利用示范工程应用方面，国家电网建有

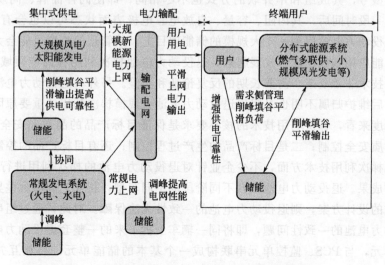

图 2-3 储能在电力系统中的多个环节起到支撑作用

30kW/1MW·h梯次利用锰酸锂动力电池储能系统和250kW/1MW·h梯次利用磷酸铁锂动力电池储能系统。

在新能源发电领域，储能系统的作用体现在可保障大型太阳能、风能等新能源发电大量接入与充分利用，同时又提高了输配电设备的利用率，提高电网安全裕度；另外相关的技术突破和产业化还将带动采矿、动力电池制造、电力电子设备等产业的进一步发展。

### 2.2.1.2 退役动力电池储能系统

根据退役动力电池储能系统的规模和层次结构，退役动力电池储能系统主要包括储能单元、储能支路和储能回路这三个方面。储能单元是退役动力电池储能系统的基本组成部分，由一台储能变流器（PCS）、退役动力电池堆（BP）和动力电池管理系统（BMS）构成；储能支路由1个低压开关柜和1个储能单元构成；储能回路由1个升压变单元、多条并联储能支路和储能回路监控系统构成，其中储能支路是储能回路的最小组成单元，可以独立形成一个储能系统。

动力电池堆作为实现电能存储和释放的载体，它通过集成多个电芯（Cell）并联构成单元动力电池（Unit）；多个单元动力电池串联构成动力电池模块（Block）；多个动力电池模块（Block）串联构成动力电池串（BS）；多个动力电池串并联组成动力电池堆，大容量储能电站需要成千上万个动力电池单体。

在退役动力电池再利用领域，由于在对退役动力电池进行检测和重组时，设备和人工投入成本较高，用于储能并不具有经济性。根据中国科学电力研究院的数据，2015年退役动力电池储能综合用电成本为0.73元/(kW·h)，而参与铅酸储能电池、抽水蓄能用电成本目前已经接近0.4元/(kW·h)，目前退役动力电池储能经济成本还不具备优势，还因为存在诸多障碍，所以在国内还未大规模推广。

目前，我国动力电池还未正式进入大批量退役阶段，所以可梯次利用的动力电池数量还不够多。而且早期的动力电池性能、质量和成本都不如现在生产的动力电池，这也是制约储能产品大规模应用的最大障碍。无论是集中式储能，还是目前比较流行的分布式储能，其能量规模都是比较大的。通过回收得到的退役动力电池，可能是来自不同厂家、不同车型的不同规格、不同型号，其成组和串并联的方式也不尽相同，即使同样品牌、同规格的动力电池，由于使用一段时间后，其内阻、容量、自放电、电极表面状态可以也会有较大的差异。如此杂乱的退役动力电池用到一个大规模的储能项目上，其管理的难度可能会大大增加。

我国的储能应用领域还没有发展起来，退役动力电池梯次利用在储能领域还没有开始，相关的参数和技术非常复杂，需要长期的反复论证和实验。另外，退役动力电池梯次利用的安全责任和售后维护归属不明也是阻碍退役动力电池大规模梯次利用的重要原因。

从技术角度来看，梯次利用技术的核心要求是保证目标产品的品质和安全。具体而言，一是来料的品质安全控制；二是目标产品的生产过程控制；还有目标产品的控制和设计。在退役动力电池梯次利用技术方面，不少企业针对退役动力电池的梯次利用进行了种种尝试，也有了可喜的成果。退役动力电池来自不同阶段的不同车型，相互之间参数差异较大，如采用并联集中式的设计方案，则退役动力电池的一致性无法保障。对此，通过组串分布式架构来解决退役动力电池的一致性问题，即将同一辆车上拆下来的一整套退役动力电池作为一个基本的储能单元，与PCS、监控单元串联构成一个基本的储能单元，再相互并联构成功率不等的中大型储能系统，可大幅减少检测成本；同时通过浅充浅放的运行策略避免退役动力电池容量到后期"断崖式"衰减，保障退役动力电池安全和可靠的长时间使用寿命。

## 2.2.2 退役动力电池梯次利用的产业链

### 2.2.2.1 梯次利用的产业化

梯次利用更能发挥产品的最大价值，实现循环经济的利益最大化，是更为绿色和环保的做法。但梯次利用所面临的难题和挑战也非常多，如果不能有效解决，就不能实现真正的产业化。退役动力电池性能和规格参差不齐，以及检测配比难度高等因素，也增加了退役动力电池梯次利用产业化的难度。

梯次利用被认为是退役动力电池价值得以最大发挥的有效途径，但理想与现实之间往往会存在很大差距。因为退役动力电池性能、规格等方面存在的差异，退役后的动力电池需要经过多重检测等工序才能进行梯次利用，这成为困扰退役动力电池梯次利用的最大障碍。再加上商业模式、流通机制等方面的问题，真正实现梯次利用还面临着不少困难。

退役动力电池的梯次利用产业链涉及用户（车主或商业运营单位）、车企、动力电池企业、梯次利用企业，如何创造一个共生共赢的产业链生态圈，是必须要考虑的。如果仅仅是后端的梯次利用企业获利，那么用户、车企以及动力电池企业，就没有足够的动力去参与和推动退役动力电池的梯次利用，产业规模就难以形成。

目前，退役动力电池梯次利用项目大部分都处于探索验证阶段，退役动力电池梯次利用的理论易于理解，但在实际应用场景中常遇到一系列问题，问题出在动力电池的产品结构和生产工艺设计上，很多企业为提高动力电池组工作的可靠性，采用激光焊接工艺将动力电池串联起来，或者采用螺栓紧固方法。这样的连接结构造成退役动力电池梯次利用的难度，用户采用退役的动力电池重新组装成动力电池组的成本过大，阻碍了退役动力电池的梯次利用。因此要在动力电池产品结构设计上和生产工艺方面进行大胆创新，方便退役动力电池组的拆装以及维修保养，通过自动化组装设备缩短退役动力电池组装的时间。随着技术进步，多项问题正在逐步解决，助推其商业化应用。

毫无疑问，成本是退役动力电池梯次利用的最大优势，也是退役动力电池梯次利用经济效益的来源。那么如何做到良好的成本控制，将系统成本做到新动力电池产品的 1/3，甚至 1/5，将直接决定退役动力电池梯次利用是否能够发展成为一个庞大的产业。这既需要政府层面建立相关规范和标准，也需要产业链各环节的企业一起紧密合作，尝试成立电动汽车后市场的产业联盟，大家一起来参与，才能推动产业健康发展。目前，制约退役动力电池梯次利用产业化的主要问题如下。

（1）技术方面　目前退役动力电池梯次利用技术还不成熟，退役动力电池梯次利用需要不断进行技术积累，以确保梯次利用的退役动力电池的安全性及稳定性。退役动力电池梯次利用最大的难点是对退役动力电池品质的分选，动力电池企业对自己生产的退役动力电池品质的分选，有不可比拟的优势，可以把分选技术做得很好。因动力电池生产厂商比较了解本厂退役动力电池组的电芯，并有相应的检测设备，可使电芯得到比较好的分选，从而保证退役动力电池梯次利用的寿命和较低的成本。

（2）动力电池标准化方面　在电动汽车产业发展初期，动力电池的电芯种类多，量又不大，而对动力电池电芯的检测要面对不同类型的动力电池电芯，参数个性化很强。因此，需要重视动力电池单体和动力电池组标准化，在一个企业内部尽可能采用较少规格的动力电单体,既可以提高生产自动化水平以降低成本和提高产品一致性,又便于今后梯次利用时的拆解和重组。所以,在动力电池设计阶段就要为后续的梯次利用和拆解回收做准备。

促进动力电池标准模块的平台化使用和研究,在动力电池系统设计时,应把动力电池模组标准化、平台化作为降低成本的手段之一。模组的标准化同样有利于梯次利用的降低成本,模组的标准化难度在于车辆空间、平台对动力电池模组的差异需求。设计人员一直在这方面做着努力。德国在这方面比较重视,做得比较出色。其通过标准化模块的应用,成本可以降低30%左右。同样,模块的标准化后,加上梯次利用环节,降低成本的幅度是非常乐观的。

(3) 责任监管方面　动力电池厂商不愿意承担退役动力电池梯次利用后的安全风险,不希望退役的动力电池再次流入市场,现有的BMS都是针对某一个电动汽车而进行的设计,大部分采用一些主从式或集中式的动力电池管理系统模块,而这又不适用于储能应用。后期的规划分布式的动力电池管理系统,在模组梯次利用时,匹配一个相对来说扩展性比较好的主板,就可以实现对整个储能应用系统的管理。

(4) 商业化应用方面　退役动力电池梯次利用目标市场的匹配性,即如何找到匹配的市场来使用退役动力电池组或动力电池模组(不需要拆解到电芯就能得到应用)。

### 2.2.2.2　梯次利用的运营模式

在退役动力电池梯次利用和回收尚未发展成熟的情况下,运营模式就显得尤为重要,这关乎成本和盈利等企业切身利益。目前,国内已有企业在退役动力电池的梯次利用和回收方面展开布局,运营模式也各有不同。

对于退役动力电池梯次利用的衍生产品,客户在知情的情况下,会对产品的性能、寿命、可靠性、安全性等心存疑虑,产品的推广会存在一定阻碍。在产品的推广和应用方面,要充分考虑客户的现状和诉求,多种商业运作方式相结合,在充分帮助客户获利的基础上,获得自己的利益。可充分借鉴其他行业的一些成功经验,如分期付款、分时租赁、盈利后结算、托管运营甚至免费供货(靠后续增值服务)等,探索退役动力电池梯次利用方面的有效运营模式。

① 在回收环节,如何以较低的成本拿到退役动力电池,如何降低退役动力电池和模组的拆解难度,如何针对不同PACK流水线和工艺生产的退役动力电池,如何简化测试,如何建立退役动力电池模型等,都会影响后续退役动力电池梯次利用产品的成本。

② 在产品开发环节,在退役动力电池的梯次利用过程中,系统集成是关键,退役动力电池模组的混用、系统柔性化设计、BMS鲁棒性设计等,都能有效降低退役动力电池梯次利用产品的物料成本。

③ 在产品的运维环节,如何确定合理的质保年限,做到智能化的管理,远程诊断和维护等,都会影响退役动力电池梯次利用产品的生命周期成本。

自2016年起,我国开始针对电动汽车动力电池回收利用发布专项政策和相关技术标准。在《电动汽车动力电池回收利用技术政策(2015年版)》中明确提出,新能源汽车实施生产者责任延伸制度,电动汽车生产企业应承担电动汽车退役动力电池回收利用的主要责任,动力电池生产企业应承担电动汽车生产企业售后服务体系之外的退役动力电池回收利用的主要责任,梯次利用动力电池的企业应承担梯次利用后动力电池回收的主要责任,报废汽车回收拆解企业应负责回收报废汽车上的动力电池。

新能源汽车生产运营企业、动力电池制造企业、BMS和PACK企业、储能系统集成商、退役动力电池回收企业由于在梯次利用产业链中所处位置和动力电池资产所有权形式的不同，在开展梯次利用业务过程中选取的商业模式、面临的问题和承担的回收责任也有所差异。一方面，新能源汽车生产企业在开展退役动力电池回收再利用时希望掌握动力电池原始工艺的PACK企业更多地参与其中；另一方面，专业化退役动力电池梯次利用系统集成商还会面临来自退役动力电池回购规模和成本的压力，以及难以获取准确动力电池历史运行数据的困扰。

从技术、市场角度看，整车企业、动力电池企业在退役动力电池梯次利用中的潜在优势如下。

① 整车企业在技术方面具有优势，整车企业的优势还在于，回收网络非常成熟，能够有效实现规模和统一回收，也能成为防止流入失控渠道的有效阀门。具体实施的方法和模式，在做好主业的同时，完全可以捆绑配套"三产"副业，像配套零部件企业管理模式一样，形成一种相对固定、自循环的小产业链形式。缩短产业链条，更容易知根知底，保障再利用产品的安全。同时，动力电池在流通区段得到延长，应用领域拓宽，自然分摊了前端动力电池成本。

② 动力电池企业，本身就是整车厂配套体系内资源，技术优势更为明显，利用自身测试和原始数据优势，更有条件回收整车企业的退役动力电池。同时，将彻底报废的动力电池出售给第三方回收企业，实现材料良性循环，也是非常有效的降本途径。

所以，整车企业和动力电池企业，建立梯次利用体系的能力都是具备和成熟的。就看国家层面如何引导，企业如何去尝试，承担起社会责任。同时，让利益最大化，有利可图，这是企业行动的基本动力。

由于商业模式不同，拥有动力电池资产所有权的新能源汽车生产运营企业或动力电池生产企业对于梯次利用有着更加长远的规划和更为乐观的态度。采用动力电池换电模式的车载动力电池系统运行2~3年后退役，退役动力电池系统的运行数据存储在云端，通过大数据技术对退役动力电池系统的性能和健康状态进行在线监测，据此分析并筛选退役动力电池组，通过多车并联和灵活控制系统构建比较大规模的储能系统，并选择合适的场景开展示范应用。

### 2.2.2.3 数据平台

退役动力电池梯次利用在实际应用场景中常遇到一系列问题，随着技术进步，多项问题正在逐步解决，助推其商业化应用。要开展退役动力电池的梯次利用，首先要了解退役动力电池的品质和安全性能。动力电池企业要建立大数据追溯系统平台和对动力电池检测评价方法。该平台包括三套数据系统，分别是电芯研发生产数据系统、动力电池组研发生产数据系统、动力电池组车载运行监控数据系统。三套数据系统对退役动力电池进行系统分析，以此获得能否进入梯次利用市场的大数据，数据包括设计信息、性能数据安全、来料检测等。大数据追溯系统平台包括的数据如下。

(1) 电芯研发的生产数据　电芯研发生产数据包括初步检测数据和深层过程控制数据，在初步检测数据方面，每一个电芯都有唯一代码，通过代码可以找到初始的设计信息和生产信息。模组信息包括所有的梯次列表，从这里能够查出电芯在装配过程中具备哪些参数。

(2) 动力电池组研发生产数据　动力电池组研发生产数据包括初步检测数据和深层过程

控制数据，在初步检测数据方面，每一个动力电池组都有唯一代码，通过代码可以找到初始的设计信息和生产信息。模组信息包括所有的梯次列表，从这里能够查出动力电池组在装配过程中具备哪些参数。

（3）动力电池组车载运行监控数据　动力电池组车载运行监控数据是至关重要的，因为其实时监控动力电池组在实际使用过程中的数据及运行状态。这些数据，除了帮助动力电池企业做好监控预警之外，对企业能否开展梯次利用业务非常有意义。

通过大数据对退役动力电池进行健康评价，包括电芯评估、动力电池组电性能检测、动力电池组的可靠性检测、动力电池组及模组外观检测，以确定退役动力电池能否进入梯次利用市场。梯次利用的解决方案是从车联系统中的动力电池数据库里面，根据已经算出的变量和部分原始数据进行回归性分析，根据IT网络系统和BMS车载算法结合的方式来判断车辆动力电池是需要维修还是需要退役。这么做的好处，就是每个动力电池单体和模组在下车之前就有考虑，进行服务器虚拟分组，配合之后再做个实验即可。

通常情况下，动力电池电芯的性能评估分为寿命评估、安全性评估和可靠性评估，包括动力电池组的可靠性、动力电池组连接件可靠性以及管理系统硬件的可靠性等。通过对退役动力电池组电性能检测能够排除安全隐患，此外，直流内阻的变化、电压差的变化以及动力电池组外形的变化等，都在健康指数的评估内容中。其中，从动力电池组的外形来看，在车载过程中难免会发生意外，比如车祸、内涝，都会引起一系列外部构件的变化，因此动力电池组外形变化也需要评估。

## 2.3 退役动力电池梯次利用面临的主要问题及技术难点

### 2.3.1 退役动力电池梯次利用面临的主要问题

#### 2.3.1.1 退役动力电池回收

在我国2016年发布的《电动汽车动力电池回收利用技术政策（2015年版）》中，虽然明确退役动力电池回收利用的责任，但由于该政策并不是强制性管理且缺乏明确的奖惩机制，加上退役动力电池回收再利用经济性不高，目前各级动力电池相关主体对政策的执行并不乐观。

由于国内退役动力电池回收在法律、渠道、成本等诸多方面存在问题，阻碍了回收市场的快速发展。动力电池生产企业的动力电池回收业务尚处于规划与试验阶段，随着我国电动汽车数量的不断增多，退役动力电池的数量也在持续增长，这意味着有必要建立合适的退役动力电池处理方案。因此，开展退役动力电池的回收研究对我国实现循环经济和可持续发展具有深远意义。

目前，退役动力电池回收产业还未形成规模效应，国内还未建立成熟的回收体系，一些企业虽然涉及了退役动力电池回收业务，但是回收效率较低，投入超出回收退役动力电池价值，缺乏盈利点。在我国，部分地方政府也通过补贴等方式鼓励梯次利用的进行，在补贴的驱动下，退役动力电池梯次利用的成本有望进一步降低，回收退役动力电池的企业将更有动力对退役动力电池进行梯次利用。

目前，我国退役动力电池的回收渠道主要以回收小作坊为主，专业回收公司和政府回收中心较少，体系有待重整。地方各政府依照国家相关法律设置的国家回收中心，有利于科学规范地管理退役动力电池回收市场、完善回收网络、合理布局回收网络和回收市场，提高正规渠道的回收量。目前我国还没有退役动力电池的政府回收中心，但未来可以根据我国现实情况，有选择地进行发展。

### 2.3.1.2　动力电池组拆解

动力电池梯次利用的解决方案有两种：单体拆分和保持原动力电池箱。从重量、容量、兼容性、拆分、管理成本等角度对比分析，两种方案各有利弊。动力电池厂应当优先通过运用大数据及可追溯体系选择动力电池模块应用，因为PACK自动化主流技术已逐渐转变到激光焊，如果拆解退役动力电池后打磨再焊接，则单体方案可行性差。

在动力电池退役时，是将整个PACK从电动汽车上拆解下来的。不同车型的动力电池有不同的PACK设计，其内外部结构设计、模组连接方式和工艺技术各不相同，意味着不可能用一套拆解流水线适合所有的退役动力电池PACK和内部模组。那么，在退役动力电池的拆解方面，就需要进行柔性化的配置，将拆解流水线进行分段细化，针对不同的动力电池PACK，在制定拆解操作流程时，要尽可能复用现有流水线的工段和工序，以提高作业效率，降低重复投资。如果进行自动化拆解，对生产线的柔性配置要求比较高，从而导致处置成本过高。目前国内只有极少数企业自主研发了机械自动化拆解设备，尚不足以支撑起退役动力电池梯次利用的市场。

在进行退役动力电池的拆解作业时，不可能完全实现自动化，必然存在大量的人工作业，而退役动力电池本身是高能量载体，如果操作不当，可能会发生短路、漏液等各种安全问题，进而可能造成起火或爆炸，导致人员伤亡和财产损失。因此，采取什么样的措施和方法，确保退役动力电池拆解过程中的安全作业，是退役动力电池梯次利用的一个重点。

从电动汽车上拆解下来的退役动力电池复杂程度很高，包括不同类型动力电池制造和设计工艺的复杂性、串并联成组形式、服役和使用时间、应用车型和使用工况的多样性。动力电池有方形、圆柱形等不同类型，其叠片、绕组形式也不同，由于集成形式不同，成组后动力电池组也各异，这些复杂性导致退役动力电池回收再利用或者拆解时极为不便。

在退役动力电池的拆解环节，由于动力电池内部连接方式复杂且各不相同，目前自动化水平较低，还存在容易拆坏、引发安全事故以及拆解效率低下三大问题。因此，在目前自动化水平不高的情况下，多数工序是人工完成的，工人的技能水平可能会影响着退役动力电池回收过程中的成品率。同时在手工拆解过程中，动力电池短路、漏液可能导致起火或者爆炸，对人身和财产有潜在安全隐患。

由于不同动力电池企业生产的动力电池从使用的材质、外形、组合方式和冷却方式不尽相同，因此拆解过程也需根据实际情况，采用不同的拆解方式。拆解过程均应采用专用设备和工具，按照科学合理的拆解流程，在保证拆解过程安全、环保、高效的前提下进行拆解，避免拆解过程中损伤动力电池模块或动力电池单体。

动力电池单体是动力电池的基本构成单位，动力电池单体通过串并联形成动力电模组，再通过配备动力电池管理系统、热管理系统等装置，最终构成动力电池组（Pack）。退役动力电池的拆解则是反向进行的。但由于拆解和重新配组的成本过高，已在推进这一项目的公司都不再拆解到动力电池单体这一层级，而是选择直接处理整个退役动力电池组。

不要试图通过拆解退役动力电池组来进行动力电池单体的分容分组，因为动力电池组拆解工作量大，会引入新的安全风险，应当以动力电池组的形式进行梯次利用。

① 退役动力电池组拆解工作量大、成本高，与之相比，换掉其中的短板动力电池后继续以动力电池组方式进行梯次利用是更为经济的方案。

② 不同动力电池组的使用环境和控制策略差异极大，拆解后重新配组的难度非常大。

③ 退役动力电池组从车上退下来不拆，在车上它的安全性是得到验证的，拆解以后对动力电池的安全性也带来了新的问题。

④ 拆解过程会导致大量物理废弃，而重组又会引发新的物料成本。

### 2.3.1.3 动力电池筛选

退役动力电池的测试与评估在电动汽车退役动力电池梯次利用产业的发展过程中至关重要，尤其是如何测试与评估退役动力电池组的性能。目前国内外在该领域的研究刚刚起步，尚有很多问题需要解决，具体来说，包括以下几方面。

(1) 动力电池系统性能测试与评价　现有的动力电池方面的相关测试方法或各类国家标准、行业标准更多针对动力电池单体或小模块，仅考核动力电池本身或多动力电池模块性能，尚没有对整个动力电池系统的测试方法和评估标准。

(2) 动力电池系统安全性能测试与评价　动力电池系统的安全性能对纯电动汽车产业化至关重要，如何考核与评价其安全性能，是目前产业界关注的热点，也是亟待解决的问题。针对拆解后的退役动力电池模组，仅通过目视检查是无法发现一些安全缺陷的，如轻微胀气、漏液、内短路、外壳破损、绝缘失效、极柱腐蚀等。如果这些安全缺陷不被检查出来，相关模组用到新产品中，那么会导致新产品存在较为严重的安全隐患。采取简单、快速而有效的检查措施为拆解后的退役动力电池模组进行安全"体检"，这是非常重要的测试工序。

(3) 动力电池系统加速寿命测试方法　循环寿命是关系整车寿命与价格的重要指示，目前的循环测试结果距离整车实际应用工况尚有一定的差距。动力电池通常有10~15年的使用寿命，因此通过对不同电化学体系，在不同使用环境、不同使用条件下的失效机理分析，结合相关电化学模型确定加速寿命试验方法，成为纯电动汽车动力电池研究开发领域非常活跃的分支。

对达到使用寿命需要退役的动力电池，可通过退役动力电池回收中心进行统一收集，建立完善的退役动力电池收集网络。对收集到的退役动力电池，通过对退役动力电池特性的诊断，分为三类进行处理。

(1) 进入维修体系　对退役动力电池进行充放电试验和相关信息的读取，如退役动力电池整体状况良好，只是个别动力电池单体到达使用寿命，则对这些动力电池单体更换后重新组装动力电池组，可以作为置换动力电池重新应用于电动汽车上。

(2) 梯次利用　通过检测，如果回收的退役动力电池还剩余规定容量，则可以进行梯次利用，应用于分布式储能系统，用来平抑、稳定风能、太阳能等间歇式可再生能量发电的输出功率；或者应用于微电网，实施削峰填谷，减轻用电负荷供需矛盾。

（3）拆解　对于完全丧失再利用价值的退役动力电池，则对退役动力电池进行拆解和化学处理，完全回收镍、钴等金属，用于生产新的动力电池，实现循环利用。

退役动力电池的再利用必须经过品质检测，包括安全性评估、循环寿命测试等，将退役动力电池分选分级，再重组后才可以被再利用。由于动力电池的设计寿命、产品品质和使用情况的不同，动力电池退役时的状态也参差不齐。检测和筛选环节是梯次利用的关键，由于回收到的退役动力电池的不一致性，进行梯次利用时需要对其剩余使用价值和健康状态进行检测，对于使用情况类似、可以成组的退役动力电池进行筛选。此外，在动力电池的正常使用期间，BMS检测系统能够记录较为完整的充放电运行数据，有助于在其退役时准确评估其剩余容量，降低退役动力电池检测成本。检测筛选环节需要综合应用软件技术、测控技术、制程工艺等，涉及光、机、电等跨行业多学科技术，技术门槛非常高，目前国内正处于起步阶段。

针对退役动力电池的梯次利用，必须把有问题的退役动力电池筛选出来，或做安全分级处理，才有可能继续流通到后面的市场中去。无论是整个退役动力电池组原封不动地使用，还是拆解出模块再用，安全筛选都必不可少。怎样用简单的方法鉴别出存在安全隐患的退役动力电池，甚至能把鉴别结果呈现为风险性高、中、低，是当前行业最主要的瓶颈。这个过程既要考虑筛选的准确性，还要考虑成本。根据动力电池的外特性，筛选出可使用的动力电池单体分为两种情况考虑。

① 动力电池在服役期间，其相关运行数据有完整记录，那么当梯次利用的厂家拿到这些数据之后，结合动力电池的出厂数据，可以建立动力电池模组的简单寿命模型，能够大致估算出在特定运行条件下动力电池模组的剩余寿命（根据所设定的终止条件）。

对于有历史数据的退役动力电池，动力电池从出厂到回收所经历的使用过程、充放电容量总体变化情况、电压等都记录在案。借助对电芯外部特性与内在结构之间关系的研究成果，不用拿到退役的动力电池就可以先进行初步的一致性评价、剩余价值评价和安全性评价。

② 动力电池的使用情况并无数据记录，仅有出厂时的原始数据（如标称容量、电压、额定循环寿命等），使用过程未知，当前状态未知。当梯次利用的厂家拿到退役动力电池后，要判断其健康状态和剩余寿命就必须对每个模组进行测试，先明确其当前的健康状态，然后要根据测试数据和出厂时的原始数据，建立一个对应关系，根据不同的材料体系，大致估算其潜藏的剩余价值。

针对在服役期间没有完整的数据记录的退役动力电池，梯次利用的成本会提高很多，测试设备、测试费用、测试时间、分析建模基于有限的数据等，都会增加不少成本，导致梯次利用的经济价值降低。再利用过程进行动力电池寿命预测时，准确度可能会下降，动力电池的一致性无法保障，这无疑又会增加梯次利用产品的品质风险。如何做到快速无损的检测，是该种情况下梯次利用的关键所在。由于不同动力电池的内阻特性、电化学特性、热特性不同，退役动力电池的不一致性和可靠性可能也无法保证，如果一些存在问题的退役动力电池在筛选过程中没有被检验出来，而再次被使用，会增加其他整个动力电池系统的安全风险。

退役动力电池梯次利用最为关键的问题就是检测环节，只有正确判断退役动力电池单体或动力电池模组的工作状态，才能进行相匹配的梯次利用。退役动力电池梯次利用必须经过品质检测，包括安全性评估、循环寿命测试等，将退役动力电池分选分级，再重组后才可以被再利用。为此，应建立了一套以梯次利用信息系统为核心的综合评估体系，对退役动力电池进行检测。该系统综合了数据库、模型与评估方法、物料管理三个重要环节，可对退役动力电池的残值、信息追溯、梯次利用方案等进行全方位支持。

群菱能源研发的退役车用动力电池余能检测试验平台可实现100路电动汽车退役动力电池余能检测，可实现自动导出测试报告，对退役动力电池的电性能指标实现自动化测试，满足车用动力电池回收利用一键测试的要求，为电动汽车退役动力电池余能检测与回收利用提供可靠的依据。退役车用动力电池余能检测试验平台的三层拓扑结构如图2-4所示。

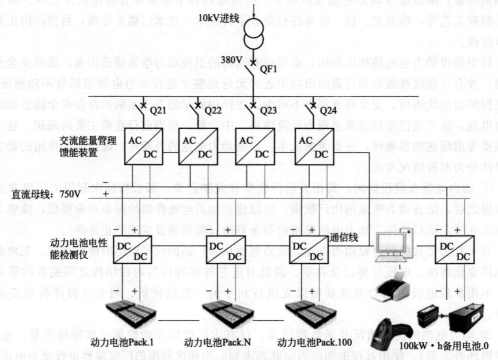

图2-4 退役车用动力电池余能检测试验平台的三层拓扑结构

① 最上层为能量调度层，由4台250kW交流能量管理馈能装置及光伏发电系统接入，实现检测系统最大程度利用新能源发电，降低对负荷变压器用电需求。

② 中间层为检测层，由50台30kW和50台50kW动力电池电性能检测仪、100kW·h动力电池储能系统组成，满足混合动力汽车、纯电动乘用车、大巴车等不同种类动力电池余能检测需求，100kW·h储能系统可以平滑多台检测仪同时工作时的瞬时功率波动。

③ 最下层为动力电池接入层，实现被测动力电池及BMS系统电气和通信即插即用。

在《车用动力电池回收利用余能检测》中，规定退役动力电池的作业程序应按照严格检测流程和高安全性的要求来进行。检测流程是进行动力电池余能检测的最重要过程，包括外观检查、极性检测、电压判别、充放电电流判别、余能测试等步骤。车用动力电池的余能检测应按图2-5所示的作业流程进行。

图2-5中：Ya为动力电池满足企业技术规定条件中的外观条件；Na为动力电池不满足

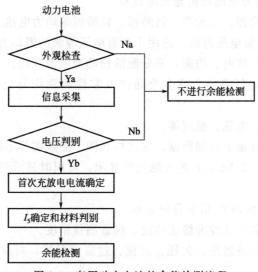

图 2-5 车用动力电池的余能检测流程

企业技术规定条件中的外观条件;Yb 为动力电池满足企业技术规定条件中的电压限值条件;Nb 为动力电池不满足企业技术规定条件中的电压限值条件。

退役车用动力电池余能检测试验平台依据国家标准 GB/T 34015—2017《车用动力电池回收利用余能检测》,主要完成以下功能。

① 动力电池单体、模块的外观检查、信息采集、电压判别、首次充放电电流确定、$I_5$ 确定、材料判别。

② 动力电池单体室温下的放电容量检测,动力电池模块的室温放电容量检测。

③ 退役动力电池梯次利用储能项目采用削峰填谷的运行策略,谷电价阶段厂区低压侧电网向储能系统充电,峰电价阶段储能系统向用户负载供电,以合同能源管理的商务模式与客户分享峰谷价差带来的收益。

(1) EPCI 系列动力电池电性能检测仪　EPCI 系列动力电池电性能检测仪的输出特性具有高精度及高动态响应特性,电压输入范围大,产品输出具备管理多种动力电池的充放电的特性功能,内部集成多种动力电池组通信协议,专用动力电池组连接端口,可适配市面上主要厂家动力电池组接口。采用全范围、高精度测量模块,可精确测量各类动力电池电压、电流、容量值,电压电流测量精度大于 0.5 级,温度精度±0.5℃,时间、尺寸、质量测量精度高达±0.1%。

(2) ACST 系列交流能量管理馈能装置　ACST 系列交流能量管理馈能装置是动力电池能量测量专用四象限运行的能量管理专用仪器设备,ACST 系列交流能量管理馈能装置具有完备的能量管理功能,集成计算机控制技术、电源变换技术、能量管理控制技术及多机并联拓展的能量自动分配等动力电池检测专用测量技术;系统采用高效隔离方案,安全可靠,电磁噪声低,效率高;基于直流母线智能功率与能量管理,多机并联运行模式下自动实现功率能量均衡管理;产品控制电压高精度及高动态响应特性,并具有双向电网能量管理功能;采用全数字高性能 DSP+FPGA 及全新一代功率器件,控制精度高、响应速度快、效率高、输出调节范围广;配备专用计算机管理软件,可对数据自动进行存储控制,可进行计算机编程,实现自动运行管理。

（3）DCLT系列锂动力电池均衡充放电设备

① 适用动力电池：铁锂、三元锂、锰酸锂、钛酸锂等动力电池。

② 宽电压范围：5V宽电压范围，适用于所有电压等级的锂动力电池测试。

③ 工作方式：充电、放电、均衡，充分激活锂动力电池性能。

④ 智能均衡：可指定任意单个或多个通道电芯检测及均匀充电，不发生过充和过放情况。

⑤ 参数采集：电压、电流、温度等。

⑥ 数据分析：可在设备上查询数据，支持柱状图、曲线图等不同方式查看。

⑦ 显示：10in（1in＝2.54cm）超大触摸屏显示，可同时显示所有工作单元的工作参数状态。

⑧ SOC显示：可定制SOC信息分析显示。

⑨ 校准：带有电压和电流校准修正功能，保证测量精度。

⑩ 多重安全保护：具备过压、欠压、过流、过温等保护，对放电过程中的各种异常状况提供充分保护措施。

## 2.3.2 退役动力电池梯次利用的技术难点

目前，退役动力电池梯次利用所面临的技术难点和挑战非常多，如果不能有效解决，就不能实现真正的产业化。退役动力电池梯次利用的流程可以分为三步：对回收到的退役动力电池进行筛选；对筛选合格的动力电池进行重组；对重组的动力电池组进行充放电的管理。目前，我国正处于退役动力电池梯次利用的起步阶段，技术难点有寿命预测技术、重组技术和离散整合技术等。

### 2.3.2.1 寿命预测技术

梯次利用的前提首先是从动力电池全生命周期追溯，动力电池全生命周期追溯技术的实现主要依托其BMS技术的成熟度。通过BMS系统提供的精确SOC、SOH以及SOP等指标估算，可以快捷容量达到80%额定容量的退役动力电池，同时该技术也是离散整合技术实现的基础。以动力电池编码为信息载体，构建"新能源汽车国家监测与动力电池回收利用溯源综合管理平台"，实现动力电池来源可查、去向可追、节点可控、责任可究，对退役动力电池全生命周期实施信息化管控。

如果不了解动力电池使用过程中到底怎么使用的、使用状况是什么样的，梯次利用也无从谈起。寿命预测是整个梯次利用产品技术的关键点，所以从动力电池企业的角度出发，攻克寿命预测技术是梯次利用项目的重中之重。当然，寿命预测技术之所以难，是由于很多关键技术集中体现，如衰减机理、检测、消耗量等。为确保梯次利用系统有效运行，并且尽可能弱化动力电池一致性和寿命问题，需要对梯次利用的运行控制策略和系统集成方式进行恰当设计。

退役动力电池剩余寿命预测的关键点在于全生命周期监测，即要建立大数据追溯系统平台对退役动力电池进行系统分析，以此获得能否进入梯次利用市场的大数据，数据包括设计信息、性能数据安全、来料检测等。而在未建立全生命周期检测系统的情形下，如何做到快速无损的检测来预测退役动力电池剩余寿命，是梯次利用的关键所在。

对于判断一个退役动力电池组的可用性，有人把希望寄托于挖掘历史运行数据上。因为历史数据能够详细记录动力电池组的充放电电流、电压、温度等重要参数，以及每次的故障码，确实是当前能够想到的最好的筛选资源。但每家主机厂和动力电池厂的起点不同，在车辆运行之初，有些厂家并没有意识到积累运行数据的重要性，历史数据不全并不是个别现象。在短期数据的基础上进行数据处理，不管这个动力电池组经历了什么，只针对当前退役动力电池状态做判断，可能是比较现实的路径。

#### 2.3.2.2 重组技术

退役动力电池梯次利用的技术难点如下。

① 探索最佳配组方案。标准模组直接梯次利用是最佳方案，若单个动力电池单体有问题，将导致动力电池模组需要拆解并重新组合。

② 集中式大型储能电站安全性。目前在储能领域中大规模梯次利用磷酸铁锂动力电池是可行的，退役的三元材料锂动力电池的集中式储能方案不现实，适合直接资源化回收。

③ BMS元器件老化。BMS的电子元器件老化失效需要技术验证。

考虑到动力电池单体、动力电池单体模组、动力电池组等动力电池系统多级结构，在开展梯次利用时，通常会面临以何种级别的动力电池进行重组的问题，这也直接影响到梯次利用的技术难度和相关成本。应当基于不同车型采取不同的梯次利用重组策略，乘用车动力电池组系统设计对空间利用率要求高，不同车型动力电池组形状差异较大，动力电池组级别的直接梯次利用难度稍大，而实现动力电池模块或单体级别的梯次利用则比较容易。大巴车动力电池箱标准化程度高，在保证一致性的前提下，可实现多箱动力电池组级别的梯次利用，有利于低成本梯次利用。

退役动力电池梯次利用最合理的应用是拆解到动力电池模组级，而不是动力电池单体级，因为动力电池单体之间的连接通常都是激光焊接或其他刚性连接工艺，要做到无损拆解，难度极大，考虑成本和收益，得不偿失。不同批次的动力电池模组，甚至来自不同厂家的动力电池模组，如何在同一系统中混用就必须着重考虑系统集成解决方案。组串分布式是做梯次利用储能的核心要点，将一辆电动汽车上退役的动力电池串联在一起，配上一个储能变流器，做串联不做并联，再加上监控单元，形成一个储能系统，可以最大化地保证退役动力电池的一致性。对梯次利用的退役动力电池组要求如下。

① 梯次利用的退役动力电池组表面应清洁，无明显变形，无机械损伤，接口触点无锈蚀。

② 梯次利用的退役动力电池组表面应有必需的产品标识，且标识清楚。

③ 梯次利用的退役动力电池组的正、负极端子及极性应有明显标记，并保证正、负极之间留有足够的操作安全间距。

④ 接线方式应为前出线方式，接线柱或端子的载流量应满足6组同规格动力电池的并联要求，便于连接和紧固。

⑤ 梯次利用的退役动力电池组的电源接口、通信（或告警）接口应有明确标识，且同一功能接口类型应统一。

⑥ 梯次利用的退役动力电池组内的所有动力电池应是由同一厂家生产的化学成分相同、类型相同、结构相同、规格尺寸相同的动力电池单体组成的产品。

⑦ 梯次利用的退役动力电池单体的容量需达到动力电池初始标称容量的75%以上。

⑧ 梯次利用的退役磷酸铁锂动力电池组应采用16个3.2V单体以串联的方式组成，磷

酸铁锂动力电池组标称电压为 51.2V。钛酸锂动力电池组应采用 22 个不低于 2.3V 单体以串联的方式组成，钛酸锂动力电池组标称电压为 50.6V。

动力电池在不同的情况、不同的地区环境和工况下消耗速率并不一样，同一时间退役的一批动力电池，将出现不同的衰减速率，而将分布不均匀的动力电池重新应用于一个产品中，对于整个行业来讲，这是一个难点。

退役动力电池的一致性已经成为困扰梯次利用项目顺利运行的关键，退役动力电池的一致性是相对的，不一致性是绝对的。动力电池出厂时，它的一致性是由生产线保证的，这是它先天的特质。在使用过程中出现的不一致现象则是由车主驾驶习惯、充电方法、温度场均匀性、自放电差异等多重因素共同造成，这是车企和动力电池企业无法控制的。由此也造成了电动汽车动力电池在退役时其容量分布极不均匀，呈现出从初始容量的 80% 到 50% 的巨大跨度。退役动力电池的不一致性将大幅度增加后期的运行维护成本。同时，为了弥补退役动力电池不一致性带来的缺陷，必然增加设计冗余量，这又增加了项目初投资。

动力电池在使用时，其容量、内阻、电压、自放电等参数都会影响动力电池的一致性，同时在动力电池使用过程中 PACK 技术的不一样，也会造成动力电池参数不一样。由于一致性差异的存在，使得成组动力电池的性能可靠性都低于动力电池单体的值。动力电池一致性问题将会导致增加动力电池的生产成本、使用成本、维护成本以及梯次利用成本。

从 2014 年起，我国开始布局开展动力电池梯次利用示范研究项目。2015 年，中国电科院启动了兆瓦时梯次利用退役动力电池储能技术的研究，研发了 1.2MW·h 梯次利用储能试验系统，并于 2016 年在国家风光储示范电站投入试运行，这是我国第一个兆瓦时梯次利用退役动力电池的储能系统。根据梯次利用储能示范项目的实际运行数据，退役动力电池一致性问题成为项目运行中面临的最大挑战。即使经过千挑万选的退役动力电池构建梯次利用储能系统，仍然无法避免在储能系统运行过程中动力电池的一致性再次发生离散。

动力电池在容量、内阻、电压等方面表现出来的不一致问题，与动力电池自身的充放电反应机理密切相关。若要真正破解一致性问题，还需要在动力电池性能衰减机理和动力电池健康状态评价等方面开展大量研究工作。目前，动力电池和 BMS 企业也都在积极布局及开展相关工作，具体包括研究动力电池在不同衰减寿命区间的电性能衰减趋势，构建合理的动力电池健康状态评价指标，研究退役动力电池的性能状态分布，构建模块化能量管理系统对不同性能的动力电池进行分级管理，建立动力电池全寿命周期的监测和管理数据库等。

在优化梯次利用退役动力电池的成组过程中，需要对不同的退役动力电池模组建立数据库，根据材料体系、容量、内阻、剩余循环寿命等参数重新分组。分组参数设定要合理，过大不好，模组离散性大，成组为系统后对系统性能和寿命影响很大；过小也不行，分组过于严格会导致可匹配的模组少，系统集成困难，产品成本很高。

什么类型的退役动力电池模组可以成组为系统，这需要结合产品定位和目标市场（高端、中端、低端），结合现有退役动力电池模组等级和类型，以及产品开发具体目标（性能、寿命等），建立一个系统级模型，推算出相关的匹配系数，确定产品的总体方案。

在系统集成方式方面，小功率、多分支结构成为梯次利用系统的优选集成方案。为避免并联动力电池之间充放电影响系统效率，动力电池组之间采用彼此串联的策略构建储能系统。将退役的车载动力电池系统做成低压模组，避免大规模串并联，由此确保不同类型、不同批次、不同性能状态的动力电池系统可以在同一个系统中协同运行，每个动力电池模组充入电量和放出电量完全受控。此种电路结构，可以在不改变电流总体方向的情况下，控制每个动力电池模块的电流方向、选择流入流出动力电池，也可以选择电流不经过动力电池，以此确保动力电池衰减不再是瞬间崩塌，而是一个逐渐衰减的过程。

即使经过严格筛选的退役动力电池模组，在重新配对成组为系统后，由于大多数动力电池单体都已进入生命周期的中后期，其老化（劣化）速度不一，并且情况较刚出厂的动力电池要恶劣得多，突出表现为容量和内阻的差异越来越大，导致系统在可用容量和充放电功率方面越来越弱，可靠性问题严重。

这种老化速度的离散性变化趋势，严重时会使得产品的性能和寿命远低于预期，增加产品的售后风险。那么在技术研究上面，除了上述已经谈到了的分组和成组技术外，还需要结合BMS的智能化管理和电力电子的功率变换技术，通过BMS在运行过程中去"感知"这种变化趋势，并找出系统的短板，再通过电力电子技术去平衡或弥补"缺陷"，在一定程度上可以延缓这种加速老化的趋势，延长梯次利用退役动力电池的使用寿命。

### 2.3.2.3 离散整合技术

离散整合技术主要包括退役动力电池组拆解和系统集成两个关键技术点，离散整合技术的关键点就是在管理系统里如何让系统更有效地应用剩余的能量，目前业内都在集中力量攻克这个难点，重点解决不同离散程度的退役动力电池组如何在一个系统里高效运行。从离散整合技术的本质来说，关键在退役后的动力电池单体直流内阻的变化，若能控制退役动力电池单体的直流内阻变化，就能够有效降低离散整合的成本。

退役动力电池单体之间存在差异，尤其是均匀性，有时候能量的衰减是非线性、断崖式的，如同木桶理论——最短的木板起决定作用，最差的退役动力电池则决定了整个梯次利用系统的性能。

关于退役动力电池以整组形式梯次利用，有的企业提出了自己的构想：如果能够开发一套比较通用的储能系统架构，未来只需要把不同状态的动力电池系统关联进去并建立相应的通信系统即可。在内部本身有一套完整系统的基础上，即使动力电池组多次更换，仍然可以确保系统长期稳定运行。若想使整个退役动力电池组拿来就用，需要解决的问题就是高低压接口和通信协议匹配。对于大规模储能电站，将多个具有独立动力电池管理系统的退役动力电池组并联在直流母排上使用，是可能的。高低压接口、硬件可以更换或者转接，但通信协议是一个问题。是否有这种可能，每个厂家的动力电池管理系统都预留一个"后门"，使得动力电池组从汽车上退役以后，"后门"程序触发，使得不同厂家的动力电池组，统一执行一个储能通信协议。

### 2.3.2.4 动力电池管理系统设计

在梯次利用市场，BMS的安全检测功能显得尤为重要。动力电池管理系统的设计一直是个世界级的难题，直到目前为止，也没有哪个公司在这个领域做到相当的成熟，最多只是实现了产业化而已。针对动力电池组的优化管理，尚无非常有效的解决方案，因为动力电池单体并不是一个特性比较明确的物理系统，而是一个在不断变化的化学系统，其各项参数都与运行工况、外部环境、内部劣化速度相关，随时间在不断变化。国外在算法和理论研究方面起步比较早，在工程方面也有深厚积累，所以产业相对成熟。国内在BMS软硬件研发方面，起步较晚（最近几年的事情），理论研究不足，工程应用是"小步快跑"，整体资源投入不足，各家企业都还没有非常稳定可靠的解决方案。

在梯次利用领域，BMS 所要面对的情况比汽车领域更为复杂。面对各种化学体系、各种规格和批次、各个生产厂家、各种健康状态的退役动力电池模组，对退役动力电池模组的有效管理，是确保退役动力电池模组在新的应用中能安全可靠运行的必要手段。

在硬件方面，应确保 BMS 的硬件归一化设计，兼容各种不同的模组，而不必针对不同的模组和产品开发多种规格的硬件产品，这样可以简化 BMS 的硬件开发、升级和维护，降低产品的成本。在软件方面，需要做到底层软件模块化、标准化和固定化，应用层软件做到模块化、标准化和智能化，能够自适应各种类型的动力电池模组，并能够自我学习，在运行过程中为动力电池模组和动力电池单体建立模型，做到智能化的监控、预测、诊断、报警和各类在线服务。软件的升级可在线进行，并可远程升级。

梯次利用的动力电池管理系统应采用分布式拓扑结构，系统由一个主控单元（Battery Control Unit，BCU）和多个检测单元（Battery Measure Unit，BMU）构成，各个单元之间通过高速 CAN 总线进行互联，完成数据的实时传输与控制。

主控单元作为动力电池管理系统的控制中心，负责系统运行过程的监控、数据处理、控制策略实现和外界通信控制、动力电池组工作电流测量、充放电量（A·h）累计、总电压检测、绝缘检测、SOC 估算。主控单元通过 CAN 总线收集动力电池系统的数据，并在线分析动力电池系统的工作状态，根据分析结果进行动力电池组故障报警、动力电池组最大允许充放电功率预测、动力电池组 SOC 估算、充放电管理。主控单元提供 2 路独立的高速 CAN，分别与功率控制系统（Power Control System，PCS）、监控系统等通信，以供外部设备更合理地管控动力电池组的充放电，优化电能的使用调度，提高动力电池组的整体性能；同时，在系统运行过程中，实时监控动力电池组的详细状态。

检测单元是获取动力电池状态最直接和最重要的部分，通常检测单元被安装在动力电池箱内部，靠近动力电池附近，负责该箱动力电池单体电压检测、温度检测、均衡控制、风机控制等，并将采集的动力电池数据和检测动力电池单体的实时工作状态，通过 CAN 总线发送给主控单元或其他监控设备。

① 梯次利用退役动力电池组的 BMS 外观应符合以下要求。
a. BMS 布局合理、质量可靠，无明显变形，无机械损伤。
b. BMS 导线线径、载流量满足充放电和均衡的要求。
c. 与 BMS 有关的通信接口、告警指示、状态指示应有明确标识。
d. BMS 电路板应进行"三防"（防潮湿、防霉变、防盐雾）处理，工作温度应与电池可工作温度保持一致。
e. 动力电池单体个数管理范围。BMS 系统应能管理 16 个磷酸铁锂动力电池单体或 22 个钛酸锂动力电池单体。
f. 工作电压。BMS 的额定工作电压为直流 48V，工作范围为 36～60V。
② 梯次利用退役动力电池组的 BMS 应具有的休眠功能如下。
a. 运输、储存或离线状态下，动力电池组 BMS 应处于彻底断开状态。
b. 动力电池组的 BMS 系统应具备手动启动和手动彻底断开的功能。
c. 当动力电池组由在线状态（即动力电池组输出端正负极、通信接口与外界连通的状态）转入离线状态（即动力电池组输出端正负极、通信接口与外界断开的状态）时，BMS 应具有甄别功能，根据电力及动力电池组状况自动进入休眠，休眠延迟时间宜在 1～30min 可调。

d. 当动力电池组由离线状态（即动力电池组输出端正负极、通信接口与外界断开的状态）转入在线状态（即动力电池组输出端正负极、通信接口与外界连通的状态）时，BMS应能判别并自动激活，且根据电力及动力电池组状况调整工作状态。

③ 梯次利用锂动力电池组的 BMS 应具有的保护功能如下。

a. 充电限流保护。具有的自主限流充电功能，保证工作范围内的电压输入时，动力电池组能够正常充电。充电电流范围≤$3.3I_3$（$10I_{10}$）（充电限流情况除外），充电电流默认值为 $0.33I_3$（$1.0I_{10}$）～$0.66I_3$（$2.0I_{10}$）；梯次利用锂动力电池充电电流默认值为 $0.33I_3$（$1.0I_{10}$）～$0.66I_3$（$2.0I_{10}$）。

b. 充电总电压高保护。动力电池组充满电后，逐步增大充电电压，记录高告警电压和保护动作电压，当总电压下降到恢复点时恢复充电，记录恢复充电电压。充电总电压高的告警值范围是 57.00～57.60V，默认值为 57.00V；保护值范围是 57.00～57.60V，默认值为 57.60V；恢复值范围是 52.00～57.00V，默认值为 56.60V。

c. 充电单体电压高保护。动力电池组充满电后，逐步增大充电电压，记录单体高告警电压和保护动作电压，电压下降到恢复点时恢复正常状态。充电单体电压高的告警值范围是 3.50～4.50V，默认值为 3.60V；保护值范围是 3.50～4.50V，默认值为 3.85V；恢复值范围是 3.00～3.90V，默认值为 3.60V。

d. 放电总电压低保护。在开放环境下对动力电池组进行放电，使其进入放电截止状态，BMS 应切断放电电路并告警。连接外部电源对动力电池组进行充电，使其电压升高到恢复门限，BMS 应能自动消除告警，并自行恢复到正常工作状态。放电总电压低的告警值范围是 36.00～50.00V，默认值为 43.20V。

e. 放电单体电压低保护。动力电池组充满电后，以 $2.0I_{10}$（A）电流放电，记录单体低告警电压和保护动作电压，放电后充电到电压设定值恢复工作状态。放电单体电压低保护的告警值范围为 2.00～2.90V，默认值为 2.50V；保护值的范围为 2.00～2.90V，默认值为 2.00V；恢复值的范围为 2.00～3.60V，默认值应为 2.90V。

f. 放电过流保护。延时保护设置范围应为 $5I_{10}$～$11I_{10}$（可调），延时时间应为 0～60s（可调），瞬时保护设置范围为 $10I_{10}$～$30I_{10}$（可调），且瞬时保护值应大于延时保护值；进入保护后 2min（可调）后，BMS 应自动重启正常输出功能，连续 3 次过流保护动作后，BMS 不再自动重启正常输出功能，而应能通过人工重启正常输出功能。

g. 锂动力电池低温、高温保护。正常工作温度范围：磷酸铁锂动力电池为 $-5$～$45$℃，钛酸锂动力电池为 $-30$～$55$℃。当锂动力电池组用于 $-5$℃及以下的场景时，应配置直流电加热装置（电加热功率不小于 100W）。锂动力电池组应有专门的散热设计，以保证加热均匀，使得设备正常工作。

h. BMS 电路板充放电温升保护。BMS 安装在锂动力电池模块箱体内，具有连续记忆功能的点温计探头贴在 BMS 电路板上放电 MOSFET 外侧表面。在锂动力电池组完全充满电后，将锂动力电池组放置在高低温箱内。将高低温箱内温度设置为 25℃±2℃，静置 4h，记录放电 MOSFET 温度为 $T_1$。再以 $10I_{10}$（A）的电流放电，记录放电 MOSFET 温度。当电池组电压降至 43.2V 时，记录的放电 MOSFET 最高温度为 $T_2$。计算其温升值 $\Delta T_{放} = T_2 - T_1$。

④ 梯次利用动力电池组的 BMS 信息精度及接口协议要求如下。

BMS 应能测量动力电池组的充放电状况，动力电池单体电压，动力电池组总电压、电流,动力电池组工作环境温度、容量、告警信息等各种参数值,且与动力电池组实际参数值之间的误差应符合表2-1的要求。

表2-1 动力电池组实际参数值之间的误差

| 参数名称 | 技术要求 |
| --- | --- |
| 电压 | 50%量程以上单体电池充放电电压误差≤10mV |
| 电流 | 50%量程以上充放电电流误差≤2% |
| 容量 | 50%量程以上电池组容量误差≤5% |
| 工作环境温度 | 50%量程以上温度显示误差应≤2℃ |

通信协议应符合通信行业YD/T 1363的相关要求,上传通信接口应采用RS485口,信息传输方式为异步方式,起始位1位,数据位8位,停止位1位,无校验位,数据传输速率为9.6kbit/s。

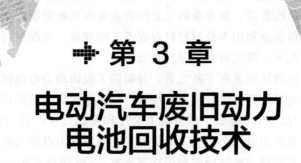

# 第 3 章
# 电动汽车废旧动力电池回收技术

## 3.1 废旧动力电池回收的意义及国家政策

### 3.1.1 废旧动力电池拆解回收的定义及回收中的资源

#### 3.1.1.1 废旧动力电池拆解回收定义

废旧动力电池拆解回收是指将回收到的废旧动力电池拆解后以提炼稀有金属的方式进行再次利用,是将废旧动力电池进行资源化处理。目前市场上废旧动力电池回收方式主要以拆解为主,一方面是因废旧动力电池的梯次利用需要相关的技术积累和相关的实验验证,目前还很不成熟,仍在探索之中;另一方面是废旧动力电池的数量还较少,梯次利用形成规模有一定难度。

废旧动力电池拆解回收主要针对动力电池容量损耗严重,无法继续使用,只能通过拆解的方式回收有利用价值的资源,比如钴、镍等稀有金属。将废旧动力电池中的镍、钴、锂等有价金属进行提取进行循环再利用,能够在一定程度上规避上游原材料稀缺和价格波动的风险,降低动力电池生产成本。

近年来,我国新能源汽车的产量和保有量不断攀升,到 2020 年,动力电池批量退役问题将逐渐显现。工业和信息化部等部委已相继出台可以约束和规范废旧动力电池回收利用的政策文件,部分企业也在废旧动力电池回收领域积极布局。然而,目前规范化的废旧动力电池回收利用体系尚未形成,产业发展模式、标准、技术等方面均有不小的完善空间,废旧动力电池回收利用成为动力电池产业链乃至新能源汽车产业链绿色发展的薄弱环节。考虑到废旧动力电池对环境的巨大影响,加快废旧动力电池回收利用产业规范化发展已是迫在眉睫。

随着新能源汽车的快速发展,我国动力电池退役也将成规模,车用动力电池退役后,如果不进行必要的回收和处理,不仅会造成资源的浪费,也会对环境造成一定的污染。政府、企业及消费者应该积极发挥联动机制,推动退役动力电池回收和再利用产业的发展,减少动力电池的污染和浪费问题,延长动力电池使用寿命和价值链。

动力电池的生命周期包括生产、使用、报废、分解以及再利用,在回收利用环节,资源回收利用企业和材料生产企业更具优势。从回收渠道看，废旧动力电池回收来源主要是汽车维修企业、动力电池生产企业以及废旧汽车拆解企业，动力电池生产企业与整车厂一般只针对自己生产的型号建立回收渠道，而专业第三方回收企业在回收渠道的布局更为全面。从技术支撑的角度来看，材料企业利用本身对材料合成工艺的理解，深挖材料回收处理技术，在金属价格居高不下的情况下，降低材料的原材料成本。

我国废旧动力电池回收体系正在不断完善，并明确了废旧动力电池回收责任主体，各城市对废旧动力电池回收利用政策也进行了积极探索，但在落实方面差距甚远。为推进废旧动力电池回收工作有序进行，2017年初，国务院办公厅印发的《生产者责任延伸制度推行方案》中指出，电动汽车及动力电池生产企业应负责建立废旧动力电池回收网络。此后，国家标准委员会又发布了《车用动力电池回收利用拆解规范》《电动汽车用动力蓄电池产品规格尺寸》《汽车动力蓄电池编码规则》《车用动力电池回收利用余能检测》等国家标准，使废旧动力电池回收向前迈进一大步。目前，我国新能源汽车的发展已经处于重要时期，完善的废旧动力电池回收利用技术体系，可解决废旧动力电池退役后所带来的潜在环境污染和资源浪费，已是刻不容缓。

从发达国家的废旧动力电池回收经验来看，在建立废旧动力电池回收模式时，动力电池生产商承担废旧动力电池回收的主要责任。回收流程为动力电池生产商利用整车厂的销售网络，以逆向物流的方式回收废旧动力电池。消费者将废旧动力电池交回附近的整车厂的销售网点，动力电池生产商指定废旧动力电池回收企业对废旧动力电池进行拆解，提炼稀有金属，再根据协议价格转运给动力电池生产商。以动力电池厂为核心的回收模式产业链如图3-1所示。

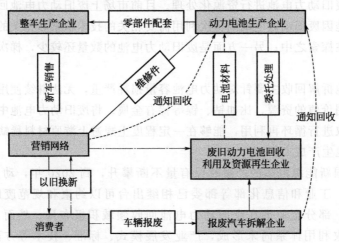

图3-1 以动力电池厂为核心的回收模式产业链

### 3.1.1.2 废旧动力电池中的资源

废旧动力电池中有多种重金属污染物，但是这些污染物大多是有经济价值的。最常用的钴酸锂动力电池（消费市场和上代特斯拉所使用的电池）的钴含量大约占15%，天然钴矿石品位较低，绝大多数的钴与其他金属形成共生矿，矿石中钴的含量仅为0.01%～0.20%，冶炼成本高，并且我国是个贫钴的国家，自身的资源远远不能满足市场的需求，需要大量地进口钴料。如果对废旧动力电池不加以回收利用，势必会造成资源的极大浪费，给大量需要钴酸锂材料的锂动力电池行业带来巨大的经济压力，相比之下，废旧锂动力电池中的钴具回收价值。

废旧锂动力电池中不仅含有钴，还含有铁、铝、铜等金属，以及有机电解液（技术上有一定难度），其中有机电解液回收具有更高的价值。比较有前景的三元材料锂动力电池和磷酸亚铁锂动力电池中同样含有不少有价金属，因此回收各种废旧锂动力电池有一定的经济效益。

除了动力电池内部的价值成分外，动力电池的外壳通常也是由铝材或是塑料制成的，同样具有高的回收价值。另外，值得一提的是，动力电池和消费市场使用的电池是有一些区别的，往往要将动力电池单体经过串并联成组后再使用，也会大量地使用铜、铝、钢板等有回收价值的原材料。

在废旧的镍氢动力电池中，镍的含量高达30%~50%，钴含量为2%~5%，稀土含量为5%~10%，具有非常高的回收价值。由于镍氢动力电池中以使用混合稀土金属为主，负极是通过熔融的形式形成的储氢合金，相比镍镉动力电池，其回收分离难度也要相应大一些。

不同类型的动力电池中金属含量各不相同，根据权威机构对各类电动汽车占比以及单车动力电池容量的预测，对于我国未来动力电池的报废量进行了预测。在2018年，我国新增报废的动力电池容量将达到11.8GW·h，对应可回收利用的金属为镍1.8万吨、钴0.3万吨、锰1.12万吨、锂0.34万吨；预计到2023年，新增报废的动力电池容量将达到101GW·h，对应可回收利用的金属为镍11.9万吨、钴2.3万吨、锰7.1万吨、锂2万吨。

## 3.1.2 废旧动力电池回收的意义及国家政策

### 3.1.2.1 废旧动力电池回收的意义

动力电池是指具有较大电能容量和输出功率，可配置在电动自行车、电动汽车、电动设备及工具上作为驱动电源的电池。国内外动力电池的研发种类大致为铅酸动力电池、镍氢动力电池、锂动力电池、燃料电池等。动力电池之所以成为当今世界的研究热点，主要是由于电动汽车的大量增加，环境污染的日益加剧，同时石油资源匮乏，迫使各国寻找新的能源，发展新的交通工具，因此，动力电池和动力交通工具的发展被放在更加重要的位置，电动自行车和电动汽车成为动力电池的主要消费对象。

随着新能源汽车产业的快速发展，我国已成为世界第一大新能源汽车产销国，动力电池产销量也逐年攀升，废旧动力电池回收利用迫在眉睫，社会高度关注。目前，截止到2017年年底累计推广新能源汽车180多万辆，装配动力蓄电池容量约86.9GW·h。据行业专家从企业质保期限、动力电池循环寿命、车辆使用工况等方面综合测算，2018年新能源汽车动力电池已进入规模化退役，预计到2020年累计将超过20万吨（24.6GW·h），如果按70%可用于梯次利用，大约有累计6万吨动力电池需要资源化回收。

动力电池退役后，如果处置不当，随意丢弃，一方面会给社会带来环境影响和安全隐患；另一方面也会造成资源浪费。我国高度重视新能源汽车动力电池退役后的回收利用，国务院召开专题会议进行研究部署。推动新能源汽车动力电池退役后的回收利用，有利于保护环境和社会安全，推进资源循环利用，有利于促进我国新能源汽车产业健康持续发展，对于加快绿色发展和建设生态文明具有重要意义。

废旧动力电池作为一种危险废弃物,对环境和人类健康有潜在威胁,如果处理不当不仅会污染环境,还会影响到人和动植物的健康。同时,废旧动力电池中含有大量的有价金属(Co、Ni、Li、Mn、Al、Cu、Fe 等),回收废旧动力电池中的有价金属能带来很好的经济效益,实现资源的可持续发展。

废旧动力电池回收与处理的目的是有效分离动力电池各组分,提取动力电池中的有价金属,同时减小废弃物对环境的污染。目前,废旧动力电池处理方式主要是资源化回收,但目前我国废旧动力电池资源化回收的能力有限,大部分废旧动力电池没有得到有效的处置,将会给自然环境和人类健康带来潜在的威胁。

虽然推广应用的动力电池中不包含汞、镉、铅等毒害性较大的重金属元素,但也会带来环境污染。例如废旧动力电池电极材料一旦进入到环境中,动力电池正极的金属离子、负极的炭粉尘、电解质中的强碱和重金属离子,都可能造成重环境污染等,包括提升土壤的 pH 值,处理不当则可能产生有毒气体。此外,废旧动力电池中的金属元素和有机电解液会危害人体健康,例如钴元素可能会引起人们肠道紊乱、耳聋、心肌缺血等症状。

拆解利用则是将废旧动力电池进行资源化处理,回收有利用价值的再生资源,如钴、锂等有价金属。废旧动力电池电浆中的镍、钴、锂的纯度相比于矿石和矿物盐中提取的原料纯度会高出许多,这也是废旧动力电池拆解利用市场获利的根本原因。

废旧动力电池回收问题影响到了社会经济的可持续发展,电动汽车有应对环境污染和能源短缺的优势,如果动力电池在其退役之后不能得到有效回收,会造成环境污染和资源浪费,违反了发展电动汽车的初衷。对企业来说,废旧动力电池回收蕴藏着巨大的商机,经过回收处理,可以为动力电池生产商节约原材料成本。此外,废旧动力电池回收还关系到政府建设低碳经济和环境友好型社会。

随着大量动力电池退役进入废旧动力电池回收市场,引导废旧动力电池回收行业向规范化、集中化发展。随着废旧动力电池回收处理技术的提升和成本的降低,势必带来更大的机遇。毋庸置疑,具备核心优势的废旧动力电池回收企业才可能是最后的赢家。未来随着新能源乘用车市场规模的扩大,三元材料锂动力电池覆盖率的进一步提升,必将拉动相关金属原材料需求的快速增长,钴、镍等贵金属价格有望维持高位,废旧动力电池回收的经济效益得以凸显。环保需求、废旧动力电池回收的经济性和政策支持是驱动废旧动力电池回收业务发展的三大主要动力。

(1) 环保方面　废旧动力电池材料可能造成重金属污染或有机物污染,并最终通过食物链最终进入人和动物体内,严重影响环境质量以及人类和动物的健康。

(2) 经济性方面　通过回收废旧动力电池,将镍、钴、锂等有价金属进行提取进行循环再利用,是规避上游原材料稀缺和价格波动风险的有效途径,经济效益显著。

(3) 政策导向明确　在废旧动力电池回收模式、责任划分等政策层面要求逐步完备,梯级利用、生产者责任延伸和废旧动力电池回收利用体系建设为今后发展的重点。国家各部委在政策层面由浅入深、由弱转强,逐步规范和完善废旧动力电池的回收市场,至今已累计发布十余项与废旧动力电池回收相关的政策法规。

相关政策指出要强化汽车生产企业在动力电池生产、使用、回收、再利用等环节的主体责任,并指出汽车生产企业应建立新能源车产品售后服务承诺制度(包括动力电池回收),实施新能源汽车动力电池溯源信息管理,跟踪记录动力电池回收利用情况。2017 年 5 月,国家标准化管理委员会发布《车用动力电池回收利用拆解规范》，这是首个动力电池回收利用的国家标准，对回收拆解企业应具有的相关资质做了明确要求。

### 3.1.2.2 国家政策

2009年6月，在工信部出台《新能源汽车生产企业及产品准入管理规则》中，首次对新能源汽车企业提出了废旧动力电池回收的要求，将其作为行业的准入条件，开启了废旧动力电池回收产业的发展序幕。2014年以来，工业和信息化部、科技部、国家发改委、财政部等部门先后发布了一系列政策文件，积极布局和筹划废旧动力电池回收工作，地方政府也在大胆探索废旧动力电池回收的补贴奖励机制。

目前，我国新能源汽车的发展已经处于重要时期，需要加快废旧动力电池回收利用产业的规划和布局，尽快出台相关回收利用的法规和技术标准，构建完善的废旧动力电池回收利用体系，解决动力电池退役后所带来的潜在环境污染和资源浪费，以支持我国新能源汽车产业的快速以及可持续地发展。2015年3月，在工信部发布的《汽车动力蓄电池行业规范条件》中，鼓励回收企业应会同整车企业研究制定回收再利用方案。

国家已出台了包括《节能与新能源汽车产业发展规划（2012～2020年）》《电动汽车动力蓄电池回收利用技术政策（2015年版）（征求意见稿）》《新能源汽车动力蓄电池回收利用管理暂行办法（征求意见稿）》《车用动力电池回收利用拆解规范》《车用动力电池回收利用余能检测》《电动汽车用动力蓄电池产品规格尺寸》等多个相关政策，明确了废旧动力电池回收利用的责任主体、专业性技术、回收体系和发展方向等。

上述政策的实施将有利于建立上下游企业联动的废旧动力电池回收利用体系、回收利用及拆解、专业性技术，指明行业发展方向等，从而推动废旧动力电池回收再利用的产业化发展。

为加强新能源汽车废旧动力电池回收利用管理，规范行业发展，推进资源综合利用，保护环境和人体健康，保障安全，促进新能源汽车行业持续健康发展，工业和信息化部、科技部、环境保护部、交通运输部、商务部、质检总局、能源局联合制定了《新能源汽车动力蓄电池回收利用管理暂行办法》。目前，结合我国的国情落实《新能源汽车动力蓄电池回收利用管理暂行办法》要开展的工作如下：

① 确立生产者责任延伸制度，建立废旧动力电池回收利用体系。全面落实汽车生产企业的生产者责任延伸制度，汽车生产企业作为废旧动力电池回收的主体应加快建立废旧动力电池回收渠道，公布回收服务网点信息，通过售后服务机构、动力电池租赁企业等回收废旧动力电池，形成回收渠道，汽车生产企业还应落实废旧动力电池回收利用相关信息发布等责任要求。

引导汽车生产、动力电池生产、综合利用等企业加强合作，通过多种形式形成跨行业联合共同体，建立有效的市场化机制，也可以与有关企业合作共建、共用回收渠道，提高回收率。充分发挥社会组织作用，推动成立退役动力电池回收利用产业联盟，积极鼓励创新商业模式。

从技术支撑的角度来看，动力电池材料生产企业可利用本身对材料合成工艺的理解，深挖材料回收处理技术，优势更为明显。尤其在上游原材料普遍涨价的背景下，通过"回收+生产"锁定重要原材料价格具有重要的战略意义，预计未来这种模式将得到进一步推广。梯次利用企业作为梯次利用产品生产者，要承担其产生的废旧动力电池的回收责任，确保规范移交和处置。

加快建立经济激励下的废旧动力电池回收管理体系，鼓励动力电池生产厂商利用销售网络，以逆向物流的方式回收废旧动力电池。探索建立第三方回收、行业联盟回收等回收模式，鼓励多家企业通过委托代理或与回收企业、再生利用企业合作等形式，共建、共用退役动力电池回收网络。

制定和实施废旧动力电池回收再利用奖惩措施，对未按照回收政策履行责任义务的企业进行必要的行政处罚或经济处罚，甚至与车辆公告和电池目录挂钩。对废旧动力电池回收企业和废旧动力电池再利用企业按照回收的废旧动力电池套数、容量等方式进行补贴和税收优惠，保证回收再利用企业的经济利益。通过提高环境保护标准、征收附加环境费、押金制度、"以旧换新"等手段，激励和约束动力电池生产厂商、整车企业和消费者等市场主体，间接推动废旧动力电池回收产业的规范化发展。

虽然我国制定了《危险废物污染防治技术政策》《废电池污染防治技术政策》等法规，但我国针对废旧动力电池的回收利用领域，只有《固体废物污染环境防治法》《循环经济促进法》与废旧动力电池的回收利用有关系。废旧动力电池的回收利用缺乏专业的法律法规，技术标准也处于相对落后的位置。同时缺乏回收利用企业准入条件和管理体系，这些都制约着废旧动力电池有效回收利用，因此很有必要借鉴国外相关经验建立一套完善的废旧动力电池回收利用体系。

② 开展动力电池全生命周期及溯源信息管理系统。在《新能源汽车动力蓄电池回收利用管理暂行办法》中，充分体现了产品全生命周期管理的理念，构建全生命周期管理机制，推动建立完善的标准和监管体系，促进废旧动力电池回收利用健康持续发展。针对动力电池设计、生产、销售、使用、维修、报废、回收、利用等产业链上下游各环节，明确相关企业履行废旧动力电池回收利用的相应责任，保障废旧动力电池的有效利用和环保处置，构建废旧动力电池闭环管理体系。

对动力电池进行统一编码，并开展全生命周期溯源管理，是废旧动力电池回收利用管理的重要手段。实施动力电池生产、销售、使用、报废、回收、利用的全生命周期信息采集，做好各环节主体履行回收利用责任情况的在线监测，建立健全监管制度。

以动力电池编码标准和溯源信息系统为基础，实现动力电池产品来源可查、去向可追、节点可控、责任可究。通过构建废旧动力电池回收利用过程的数字化溯源体系，电动汽车及动力电池生产企业、梯级利用企业通过扫码，能将废旧动力电池的类型、型式、重量、去向等信息实时传输到信息系统中。

动力电池生产企业应对所有动力电池产品进行数字化信息编码，电动汽车生产企业将装配在整车上的动力电池产品编码与整车建立对应关系，确保动力电池在全生命周期中流向可追溯。以动力电池编码为信息载体，构建"新能源汽车国家监测与废旧动力电池回收利用溯源综合管理平台"，借助物联网，详细记录动力电池从生产、使用、梯级利用、再生利用、废旧回收到最终处置等全生命周期信息，以实现每一组废旧动力电池的完整回收。对废旧动力电池回收利用全过程实施信息化管控，是《新能源汽车动力蓄电池回收利用管理暂行办法》的核心管理措施。在《新能源汽车动力蓄电池回收利用管理暂行办法》中，对汽车生产、动力电池生产等企业明确提出溯源管理要求，各相关企业应及时上传相关信息。

③ 推动市场机制和回收利用模式创新，实现资源综合利用效益最大化。在《新能源

汽车动力蓄电池回收利用管理暂行办法》中，重视发挥企业的主导作用，鼓励企业探索新型商业模式，如发起和设立产业基金以及研究废旧动力电池残值交易等，加快形成市场化机制，推动关键技术和装备的产业化应用。同时，支持开展废旧动力电池回收利用的科学技术研究，引导产学研协作，以市场化应用为导向，开展废旧动力电池回收利用模式创新。

为最大化利用废旧动力蓄电池的剩余价值，在《新能源汽车动力蓄电池回收利用管理暂行办法》中，鼓励先梯次利用，后再生利用。对具有梯次利用价值的废旧动力电池可用于储能、备能等领域；不具有梯次利用价值的废旧动力电池可再生利用提取有价金属。通过对退役动力电池的多层次、多用途合理利用，提升综合利用水平与经济效益。同时，与已实施的《新能源汽车废旧动力蓄电池综合利用行业规范条件》等管理政策相衔接，推动产业规范化、规模化发展，实现环境效益、社会效益和经济效益有机统一。

④ 明确监督管理措施，完善标准体系。在《新能源汽车动力蓄电池回收利用管理暂行办法》中，明确要求制定拆卸、包装、运输等相关技术标准，构建标准体系，并建立梯次利用废旧动力电池产品的管理制度。同时，各有关管理部门要建立信息共享机制，形成合力，在各自职责范围内，通过责令企业限期整改、暂停企业强制性认证证书、公开企业履责信息、行业规范条件申报及公告管理等措施对企业实施监督管理。

在已发布的动力电池产品规格尺寸、编码规则、拆解规范、余能检测4项国标基础上，加快废旧动力电池回收利用有关标准的研究和立项工作，加快建立指南规程，制定废旧动力电池回收利用安全指南与梯级利用导则。推动发布一批梯次利用、动力电池拆卸、动力电池拆解指导手册编制规范等国标，并支持开展行业、地方和团体相关标准的制定。

a. 完善动力电池的基础标准，包括动力电池领域的框架模型、型号规格尺寸、分类编码，以及动力电池在整个生命周期中的技术要求、安全要求、回收利用要求、报废要求和拆卸要求等标准。

b. 完善管理规范，包括动力电池测试、动力电池成组技术、动力电池存储、动力电池回收利用、包装运输等各方面的规范，以及动力电池管理系统技术规范。

c. 完善方法标准，包括动力电池的电性能测试方法、循环寿命测试方法、高功率高能量测试方法、动力电池组组件检修标准等。

d. 完善信息与服务标准。

⑤ 抓好试点示范，营造发展环境。在近期发布的新能源汽车废旧动力电池回收利用试点实施方案中，启动试点示范，支持有条件的地区和企业先行先试，开展梯次利用重点领域示范。通过试点示范，发现问题，寻求解决方案。培育一批废旧动力电池回收利用标杆企业，探索形成技术经济性强、资源环境友好的多元化回收利用模式。加强与已出台的新能源汽车等有关政策衔接，研究财税、科技、环保等支持政策，鼓励社会资本投资或设立产业基金，推动关键技术和装备的产业化应用。

⑥ 鼓励回收再利用关键技术研发和建立技术联盟。鼓励废旧动力电池回收企业、整车企业积极开发废旧动力电池回收利用技术，为废旧动力电池大规模商业回收提供有力的技术支持。

a. 依托业内骨干企业，组建国家级的工程研究中心，破解技术瓶颈，建立技术支撑体系。

b. 鼓励废旧动力电池回收企业、梯级利用企业、再生利用企业不断开发和推广新技术。加大对废旧动力电池拆解、重组、测试和寿命预测等关键技术的攻关力度，提高废旧动力电池拆解、重组及回收技术的工艺水平、自动化水平和效率，使废旧动力电池的回收再利用具有经济可行性和安全性。

c. 鼓励汽车企业通过与第三方专业冶金回收公司或拥有先进废旧动力电池回收技术的企业开展长期战略合作等模式，破解废旧动力电池回收利用的技术、成本、模式等方面的难题，推动废旧动力电池回收产业的发展。

推动废旧动力电池回收利用是落实国务院决策部署，践行生态文明建设要求，保障新能源汽车产业可持续发展的重要举措。废旧动力电池回收利用是一项系统工程，需要社会各界的广泛参与和积极支持。同时，也需要社会各界参与，提出好的意见和建议，共同推动新能源汽车废旧动力电池回收利用工作的顺利进行。

## 3.2 废旧动力电池回收产业面临的问题及痛点

### 3.2.1 废旧动力电池回收产业面临的问题

废旧动力电池回收利用作为一个新兴领域，在我国尚处于起步阶段，市场规范、回收网络建设、回收效率等方面尚有不足之处。废旧动力电池回收的前景固然可观，但现状也不容忽视。目前，废旧动力电池回收市场不规范、循环体系不完善，导致废旧动力电池未能进入正规渠道；企业多扎堆于利润较高的产销端而不重视回收利用环节的投入；回收利用技术薄弱；二次污染现象时有发生……市场紊乱，且存在安全与环保隐患。

目前，我国废旧动力电池回收行业尚处于发展初级阶段，未来必将向规模化、品牌化方向发展。虽然工信部发布的新能源汽车废旧动力电池回收利用的政策在一定程度上进行了引导，然而在具体执行的时候，实施的难度还是比较大的。由于国内新能源汽车废旧动力电池回收技术及配套设施还没有跟上电动汽车的发展节奏，新能源汽车废旧动力电池回收利用还面临着许多的问题等待解决。

#### 3.2.1.1 回收利用体系不健全

由于废旧动力电池回收利用链条长、环节多、范围广，涉及管理制度、政策衔接及市场机制等诸多方面。完整的废旧动力电池回收利用产业链涉及动力电池设计、动力电池制造、电动汽车制造、汽车消费、废旧动力电池收集、废旧动力电池运输、废旧动力电池评价、废旧动力电池二次利用、拆解回收等环节，我国的废旧动力电池回收利用体系还需要系统的完善。

国内废旧动力电池整体的回收网络体系还不健全，尚未形成完整的废旧动力电池收集、运输、存储、梯次利用、再生处理的回收利用体系。以动力电池生产企业或新能源车企为主体的回收体系尚未建立，废旧动力电池极易流入个体私营者、零售商、汽车维修店等非专业回收利用机构。

近年来我国先后出台了《电动汽车动力蓄电池回收利用技术政策》《新能源汽车废

旧动力蓄电池综合利用行业规范条件》《新能源汽车废旧动力蓄电池综合利用行业规范公告管理暂行办法》等多项政策文件。这些文件虽在加强废旧动力电池梯级利用和回收管理、研究制定回收利用政策、建立健全废旧动力电池循环利用体系、加强行业管理与回收监管等方面做了规定，但由于政策并不具有强制性，且缺乏明确的奖惩机制，因此上述政策未能得到有效落实。在落实生产者责任延伸制度方面，还需要进一步细化完善相关法律支撑。

### 3.2.1.2 废旧动力电池回收利用各环节缺乏有效协同

废旧动力电池回收利用是一个复杂、相互制约的产业，动力电池非标准化设计会导致废旧动力电池再重组的高成本、高风险，以及拆解难度加大，动力电池生产企业或新能源车企承担回收责任但可能不掌握废旧动力电池的拆解回收技术，动力电池的非标准化测试和评价不利于废旧动力电池规范化梯次利用，我国废旧动力电池回收产业需要系统协调产业链各相关主体，以形成良性互动循环。

目前绝大部分电动汽车车载动力电池尚未退役，汽车生产、动力电池生产、综合利用等企业之间未建立有效的合作机制。汽车生产企业、动力电池生产企业、回收服务网点、废旧汽车回收拆解企业、综合利用企业、梯次利用企业和再生利用企业协同联动的废旧动力电池回收体系，目前还远未建立。

### 3.2.1.3 废旧动力电池回收利用缺乏监管

我国已明文规定了废旧动力电池回收产业链各主体的相关责任，但由于缺乏明确的奖惩机制，且缺乏及时有效的监管手段，导致目前各相关主体对政策执行不到位。因对于废旧动力电池回收的行政监管力度相对欠缺，虽然制定了相关的回收法规制度，但是对于违规的行为处罚尚无明确定论，导致相当一部分废旧动力电池无法实现定点收集、定向流动、专业化回收，形成了个体粗放回收模式。

### 3.2.1.4 激励政策措施保障少

受技术和规模影响，目前市场上回收有价金属收益不高，经济性较差。相关财税激励政策不健全，市场化的回收利用机制尚未建立。国内还没有出台对新能源汽车废旧动力电池回收的激励政策和补贴机制，企业见在回收方面无利可图，自然而然就没有什么兴趣去对废旧动力电池进行有效的回收。

### 3.2.1.5 废旧动力电池回收利用标准尚待完善

目前，《车用动力电池回收利用拆解规范》《车用动力电池回收利用余能检测》《电动汽车用动力蓄电池产品规格尺寸》《汽车动力蓄电池编码规则》等标准已经发布，退役动力电池的拆卸要求、包装运输等规范也在积极制定中，这些标准的发布实施，将使我国废旧动力电池回收利用初步实现有章可循。但是，动力电池还未实现标准化，动力电池的形状、极芯构成、外壳材料等均不相同，这给回收利用工作带来巨大的难度。由于不同汽车厂家的动力电池结构差异较大，材料体系和应用载体也不同，其回收利用过程也不一样，还需要从动力电池生产、回收流程上设定更完善的标准体系，为回收作业和经营管理提供安全、环保、高效、系统的指导规范，便于废旧动力电池的规模化重组和拆解回收，减少回收过程中造成的污染。

### 3.2.1.6 废旧动力电池回收处理技术滞后，回收利用成本较高

目前，我国废旧动力电池回收循环体系尚不完善，国内无论是废旧动力电池拆解回收还是梯次利用，都还未真正形成规模，技术仍不成熟。企业技术储备不足，动力电池标准化设计、梯次利用、有价金属高效提取等关键共性技术和装备有待突破。废旧动力电池放电、存储以及梯次利用产品等标准缺乏。

目前，我国废旧动力电池的回收技术和工艺水平有待提高，因为我国针对废旧动力电池的回收工艺路线仍处在探索阶段，以循环制造为目标的回收技术还未开展。此外，废旧动力电池回收处理仅停留在废物处理阶段，再利用以及循环再制造技术的研究尚未开展，废旧动力电池回收涉及的生产安全和环境保护也没有具体的工艺措施和装备保证。

国内废旧动力电池回收从业者面临回收利用成本高、盈利难的困境，由于废旧动力电池回收需要经过放电、拆解、粉碎、提取等多个环节，设备和人力成本投入较大，在没有形成规模效应的情况下，企业很难盈利。此外，不同汽车企业的动力电池结构差异较大，材料体系也不同，使得回收难度增加和回收成本上涨。

在拆解回收方面，目前国内废旧动力电池回收的各环节关键性技术还不够成熟，一些废旧动力电池回收企业仍采用手工拆解或者传统回收工艺，由于拆解技术不成熟，导致废旧动力电池拆解成本较高，因为废旧动力电池回收工艺落后，导致资源的大量浪费。造成了当前我国废旧动力电池回收产业的尴尬局面：不回收则对环境造成污染；回收则因成本较高，没有企业愿意去做。

针对动力电池容量损耗无法继续使用的情况进行拆解回收，目前主要采用湿法工艺、火法工艺或机械法提取镍、钴、锰、稀土元素等有价值的金属，因为回收工艺成本高，甚至投入会超出预期回收价值。现阶段我国废旧动力电池回收技术和工艺水平也存在争议，回收利用成本居高不下也在考验着企业的技术水平和盈利空间。美国、日本、德国等国家都在积极支持和推动废旧动力电池回收利用共性关键技术工程化的研究开发，我国在这方面明显滞后。

### 3.2.1.7 动力电池没有标准化

由于动力电池没有标准化，影响了其回收和再利用过程中拆解、检测等装备复杂程度、一致性、安全性和经济性，因此有必要对动力电池的结构设计、连接方式、工艺技术、集成安装等标准化进行研究。作为产业链最上端的动力电池生产者，目前国内生产企业数量众多，各自技术路线、工艺不同，原材料应用和成本也各有高低。在市场上存在标准不一的废旧动力电池，使废旧动力电池回收行业处理起来极其困难。

目前，国内每年从消费生活中回收的废旧动力电池数量很少，绝大部来自于 PACK 厂商产生的废料或库存旧动力电池，而且我国电动汽车车载动力电池尚未出现大规模退役。目前废旧动力电池回收的来源如下。

① 生产中的 B 品以下的动力电池，包括研发过程中需报废的动力电池包。
② 电动汽车退役下来的动力电池组。

这两部分的状态存在量小且产品型号参差不齐的状况，废旧动力电池回收企业很难实现

大规模、批量化拆解。目前废旧动力电池的复杂程度很高,包括不同类型动、不同设计、不同生产工艺的复杂性、串并联成组形式、服役和使用时间、应用车型和使用工况的多样性。比如,动力电池有方形、圆柱形不同类型,其叠片、绕组形式也不同,由于集成形式不同,成组后动力电池包也各异。这些复杂性导致动力电池回收再利用或者拆解时极为不便。如果进行自动化拆解,对生产线的柔性配置要求比较高,从而导致处置成本过高。因此,在目前自动化水平不高的情况下,多数工序是人工完成的,工人的技能水平可能会影响着动力电池回收过程中的成品率,同时在手工拆解过程中,废旧动力电池短路、漏液可能导致起火或者爆炸,对人身和财产有潜在安全隐患。

### 3.2.1.8　环保风险大

根据国家法律规定,企业需要获得危险废物经营许可证方能从事废旧动力电池回收和处理业务。由于目前市场行业不成熟等问题,正规且符合条件的企业不愿意冒险进入废旧动力电池回收业务,真正有资格且具备规模化的企业并不多,这就给部分技术低下的小公司提供了机会,不仅扰乱市场,还带来了严重的环境和安全隐患。

目前国内的废旧动力电池回收规模较小,工艺水平不健全,资源回收效率较低;且存在资质不全的企业参与,安全和环保隐患较大。在回收处理过程若处理不当,很可能造成二次污染和安全事故,若失活不当,可能在废旧动力电池拆解过程中产生起火或爆炸。如果想安全环保地回收处理废旧动力电池,是要设有技术门槛的。

## 3.2.2　废旧动力电池回收产业的痛点

废旧动力电池拆解回收稀有金属要真正大规模应用,面临着早期动力电池由于厂家不一、型号繁杂、拆解技术复杂而导致成本较高、回收政策体系产业链不完善等难关。目前我国废旧动力电池回收产业闭合度不高,整体效率偏低,废旧动力电池回收产业的痛点主要体现在以下几个方面。

### 3.2.2.1　市场混乱

国内法规对废旧动力电池回收企业有严格规定,需要申请许可证,才能从事废旧动力电池回收和处理。尽管国内出台了相关政策、法规等,但毕竟处于起步阶段,关于废旧动力电池回收利用的法律法规体系尚不完善、成熟,废旧动力电池回收网络建设也处建设过程中,不排除二次污染等市场乱象出现。

由于技术和资金所限,真正具有资质的企业并不多。相反,许多个人和无资质企业,不仅技术落后,而且不顾环境污染处理废旧动力电池,任意排放。个人和无资质企业以更高价格回收废旧动力电池,不仅扰乱本来就不成规模的市场,而且埋下极大的环境和安全隐患。国内在回收新能源汽车废旧动力电池方面,还没有监管部门对其环节进行有力的监督。没有有力的监管部门,那么最后的回收执行的结果可能会并不乐观。

### 3.2.2.2　渠道难题

车企能否通过其售后渠道把退役的动力电池收回来,是行业面临的一个主要问题,因为动力电池卖出后产权属于用户,从某种意义上说,把其从用户手中收回来,比后续处理还要难。如果废旧动力电池的流向是非正规处理企业,或被不恰当地处理,风险不可控,因此回收环节应把回收渠道建设、管理放在第一位。

废旧动力电池回收渠道比较复杂，涉及汽车厂、动力电池厂等相关方比较多，且不同汽车厂家的动力电池结构差异较大，材料体系和应用载体也不同，其生命周期截止模式也不一样，加之钴、镍、锂等战略资源的国际化杠杆作用，使得废旧动力电池回收难以"如法炮制"其他回收模式。想要建立一个完善的回收渠道，急需汽车企业、动力电池企业、回收企业以及政府部门的相互协作。目前，废旧动力电池回收产业还未形成规模效应，国内还未建立成熟的回收渠道，一些企业虽然涉及了废旧动力电池回收业务，但回收效率较低，投入超出回收废旧动力出电池产值，缺乏盈利点。

### 3.2.2.3 市场难以产生规模效应

在 2015 年之前，新能源电动车销量非常有限，因此目前可回收利用的废旧动力电池也有限，导致企业难以形成规模化效应。相比国外的废旧动力电池回收机制，国内的废旧动力电池回收工作还没有形成产业化供应链。大部分整车厂和动力电池厂在废旧动力电池回收过程中存在经验缺乏、专业能力不够、没有废旧动力电池回收专业处理设备等问题。国内在废旧动力电池回收技术上还不够全面，回收成本比较大，从而形成投入较高，产出不足的现状。

虽然我国废旧动力电池回收的规模化未至，管理尚缺位，但依然没有削减各方势力的热情。到 2020 年，电动汽车车载动力电池退役会迎来大规模增长期。那时除目前的车企、动力电池企业、原材料回收企业，投资公司也大举进军该领域，其原因是正在谋求这一领域的新机遇。

### 3.2.2.4 废旧动力电池利用成本高于采购新电池

在我国传统的废物（废塑料、废纸、废水金属等）回收，从生产到回收到再利用已经构建完整的产业链，形成了闭环，而废旧动力电池回收远远没有达到这个程度。拆解回收废旧动力电池内的金属物质也是一样，目前比采购碳酸锂等纯原材料的价格还要高。更何况，资本都是逐利的，由于缺乏行之有效的盈利模式，回收企业的热情很难被调动起来。

### 3.2.2.5 拆解回收资质少

目前市场上既有的回收主体还面临无资质的尴尬境地，虽然已经开始切入废旧动力电池回收业务，但事实上，他们并没有获得开展这一业务的"身份证"，对废旧动力电池进行回收是有相关的资质要求。在对含有某些重金属（如镍、钴、锰等重金属元素）的废旧动力电池行资源化处理，应具备危险废物经营许可证。对于新能源汽车、汽车拆解厂则要将退役的动力电池拆解下来，交给具有专业资质的废旧动力电池回收厂来处理。实际上具有这种资质的回收厂数量并不多。当下电动汽车废旧动力电池的回收处理则由工信部负责，换句话说就是，目前，具有铅酸动力电池回收资质的工厂，是没有回收处理动力电池的资质的。此外，汽车动力电池原材料回收行业仍属高污染行业，目前不少一线城市已经不再审批此类高污染项目，这对回收处理企业的进入也是个不小的障碍。

## 3.3 废旧动力电池拆解回收规模化的瓶颈及市场规范

### 3.3.1 废旧动力电池拆解回收模式及规模化的瓶颈

#### 3.3.1.1 废旧动力电池回收模式

我国废旧动力电池的回收管理政策密集出台，反映出建立回收体系的迫切性。国务院办公厅出台《生产者责任延伸制度推行方案》，要求电动汽车和动力电池生产企业负责建立废旧动力电池回收网络。市场刚需逐渐加大，国家政策也打出"组合拳"，加强对废旧动力电池的综合管理。2018 年初，七部委联合发布了《新能源汽车动力蓄电池回收利用管理暂行办法》，强调落实生产者责任延伸制度，要求汽车生产企业承担废旧动力电池回收的主体责任，该办法将从 2018 年 8 月 1 日起施行。业内预测，随着相关技术的不断突破，政策发布速度将加快，相关细化标准也将陆续发布。

目前拆解回收废旧动力电池存在的主要问题在于难以形成规模化效应，在 2018 年之前，由于新能源汽车的动力电池还未进入废旧端，可供回收利用的废旧动力电池十分有限，导致企业难以实现批量化的回收利用。随着废旧动力电池回收相关政策的实施，在庞大的市场诱惑以及必须承担的回收主体责任双重作用下，车企和动力电池厂纷纷着手布局废旧动力电池回收业务，加速跑马圈地并绑定回收渠道。

考虑到新能源汽车产业是近几年刚刚兴起的新兴产业，大部分新能源车企仍把主要精力聚焦在车辆的研发和生产、销售上，车企要做到"承担动力电池回收主体责任"，仍任重道远。目前仅有少数车企在探索废旧动力电池回收渠道等问题，如车企能自主打造废旧动力电池回收闭环，通过授权经销商，当客户更换车辆废旧的动力电池时，将废旧动力电池运回动力电池工厂进行检测，检测之后再进一步做出废旧拆解或梯次利用的处理方式，也有车企通过与动力电池企业合作来解决废旧动力电池回收问题，共同推进新能源汽车废旧动力电池回收再利用。

按规定，车企要承担废旧动力电池回收的主体责任，但面对目前规模相对小众的新能源汽车市场，不少整车厂还在做售前的准备，对于动力电池回收利用这样的新课题，相关的布局动作并不多，仅有少数"先试先行"的代表。应主动从整车企业、4S 店、服务站，采用逆向物流方式将废旧动力电池进行回收，并完成动力电池溯源管理。目前的废旧动力电池回收模式主要有两种。

（1）动力电池生产商回收模式　动力电池生产商利用电动汽车生产商的销售网络，以逆向物流的方式回收废旧动力电池；消费者将废旧的动力电池交回附近的电动汽车销售服务网点，依据动力电池生产商和电动汽车生产商的合作协议，电动汽车生产商以协议价格转运给动力电池生产企业，由其进行专业化的回收处理，动力电池生产商可以继续利用回收的金属材料生产新动力电池。

（2）第三方为主体回收模式　第三方通过自建回收网络和相关物流体系，负责回收委托企业售后市场的废旧动力电池，之后运回回收处理中心，进行专业化的回收处理；在电动汽车最终废旧进入汽车拆解企业后，汽车拆解企业可以将废旧动力电池销售给第三方回收企业。

我国当前倡导废旧动力电池先梯次利用，再回收拆解的原则，并且要求整车企业作为动力电池回收主体，承担动力电池回收责任。但是，由于整车企业大多仅是电动汽车的"组装厂"，而动力电池则由专门的动力电池企业提供的，这就出现了废旧动力电池回收三类主体并存的现象：第一类是整车企业；第二类是动力电池生产企业；第三类是动力电池废旧回收处理企业及原材料企业。

目前，应在开展技术经济分析和评价的基础上开展创新商业模式试点，积累经验之后，对具有推广价值的循环经济发展模式进行复制，避免一哄而上。落实废旧动力电池回收再利用体系建设，并利用补贴机制和优惠政策提高企业及消费者的积极性，但要避免一些投机企业为了补贴跟风进入这个行业，形成公平和良性的竞争机制，以有利于产业健康发展。

### 3.3.1.2 废旧动力电池回收规模化

规模效应是降低成本的重要方式，除政策约束不到位以外，收购价格也是造成废旧动力电池回收市场秩序混乱的原因之一。由于个体经营商或非法企业回收工艺简单，资本开支较小，而成熟企业的回收成本、研发成本、运输与储存成本等均较高，由此造成的收购价格缺少竞争力。在此种情况下，通过扩大回收体量实现规模效应是降本升效的重要途径。

规模化、高效化的废旧动力电池回收利用管理体系应包含整车企业、销售企业、消费者、废旧动力电池回收企业、动力电池生产企业等。生产者责任延伸制度应得到有效落实，汽车生产企业应在销售新能源汽车时对废旧动力电池的回收利用负责。在公众教育方面，可通过押金制度和开展宣传教育等方式，提高消费者对废旧动力电池的回收意识，积极引导其参与废旧动力电池回收工作。

废旧动力电池回收技术水平的高低，在一定程度上限制了废旧动力电池回收行业的良性运转。纵观国内废旧动力电池回收现状，确实受规模的限制，尚未形成回收规模化市场的瓶颈如下：

(1) 硬件层面　废旧动力电池的回收处理工艺技术复杂，流程比较长，且在业内没有成熟的成套现成设备商。应加大废旧动力电池回收再利用关键技术的研发，研发废旧动力电池单体、模组、电池组的自动化拆解技术和设备，实现高效率、智能化拆解，提高对于铜、铁、铝等金属回收率。开发正、负极材料回收技术，提升对镍、钴、锰、石墨等的回收率。

(2) 理论层面　废旧动力电池回收处理比小型电池的处理技术复杂程度要高很多，涉及的专业技术学科也更广，包括化学、材料工程、电化学、机械、车辆等交叉学科，过去只需要对动力电池行业有所了解，现在还要了解汽车行业，原来企业沉淀的基础理论的东西需要进一步提升。

(3) 技术层面　无论是物理技术、化学技术还是后端的合成技术都需要不断地升级，要有创新，原来的传统湿法冶炼和手工拆解技术，已解决不了废旧动力电池复杂结构所带来的环保问题和安全问题及材料的动力级再定向合成问题。应开展废旧动力电池的循环技术研究，为其生产提供安全和环保方面的工艺措施及装备保证。此外，还应建立准确度高、应用范围广的废旧动力电池健康状态评估技术，对其寿命进行精准评估。

(4) 回收体系层面　如何建立一个可满足多方利益群体需求，安全、环保、低成本的回收体系，这是汽车企业、动力电池企业、回收企业以及政府都急需考虑的。

目前，在电动汽车废旧动力电池回收上，电动汽车生产企业、动力电池生产企业、废旧汽车回收拆解企业都未找到合适运营模式，急需积极探索技术经济性强、资源环境友好的多元化回收利用市场模式。政府应进一步完善相关政策，在政策上给予废旧动力电池回收利用试点相应的支持和补贴。

## 3.3.2　废旧动力电池拆解回收的市场规范

如果市场秩序不能保证，回收企业不能在回收过程中获利，整个废旧动力电池回收产业的发展就是空谈；反之，如果市场秩序良好，回收企业能在回收过程中获利，废旧动力电池回收产业的产值将是非常可观的。随着技术的发展，废旧动力电池回收产业的回报率也会逐渐提高。届时，借鉴废旧动力电池回收的商业模式、流通渠道、先进技术、成功经验，将废旧动力电池回收产业辐射到汽车启动电池、移动与消费产品的电池回收产业上来，让电池行业成为真正的绿色产业。

当前，国内的工业化废旧动力的电池回收产业仍处于"空白区"，为了保证废旧动力电池回收产业迅速起步和发展，应在以下几个方面开展工作。

(1) 严格的市场准入机制，严厉打击非法企业　废旧动力电池回收产业需要更加集中化和规模化的产业形式，对排放物集中处理，减少二次污染。因此严格准入门槛，让有实力的企业进入是必须的。完善的回收体系是规范行业秩序、降低回收处理过程中造成的环境污染的重要方式。回收废旧动力电池中具有较高提取价值的元素，进而形成废旧动力电池的闭环产业链，使得资源最大化利用，从最大限度上降低对环境的污染。

对非法回收处理废旧动力电池的企业必须严厉打击，首先是保持合法企业正当权益；其次，增加非法企业的违法成本，规范市场秩序。现阶段我国关于废旧动力电池回收利用的相关法律法规还有待完善，政府还未对废旧动力电池的回收利用专门立法。

(2) 补贴机制和优惠政策　补贴的原则一定是补贴给有资质的业内企业，提高这些企业的积极性，同时形成竞争机制，有利于行业的健康发展。同时，一定要避免一些投机企业为了补贴跟风进入这个行业。注重政策的整体协调性，目前相关政策对废旧对动力电池的无害化、资源化回收处置作出了明确要求，但配套的税收优惠等激励政策并没有落实到地，且废旧动力电池回收资质认证周期长、难度大，部分企业积极性未得到有效激发，行业活力仍有一定提升空间。

对废旧动力电池回收产业进行财政补贴之路不可持续，通过税收调节让正规企业收到更多废旧动力电池货源才是问题的解决之道，促进示范城市的相应地方企业去做废旧动力电池回收，待规模效应形成后再由市场自然选择。政府应制定和实施废旧动力电池回收奖惩措施。

(3) 推动废旧动力电池回收利用商业化发展　首先应制定废旧动力电池回收利用的激励实施细则，建立明确的赏罚机制。在《电动汽车动力蓄电池回收利用技术政策》中明确了废旧动力电池回收责任主体和追责方式，但是对新能源汽车废旧动力电池的回收，目前尚未有明确的赏罚机制，企业也没有将废旧动力电池回收看成是有利可图的事情。

（4）对新技术扶持　动力电池技术处于发展阶段，随着动力电池的种类和工艺的进步，回收技术也需要与时俱进。同时，许多高校和研究机构也开发了不少新的废旧动力电池回收技术，但是由于缺乏工艺和工程经验，这些技术可能止步于实验室，无缘转化。因此要在政策上给予一定的扶持，支持开展废旧动力电池回收利用的科学技术研究，引导产、学、研协作，鼓励开展梯次利用，推动废旧动力电池回收利用模式创新。

需要加大对废旧动力电池拆解、重组、测试和寿命预测等关键技术进行攻关，提高其技术成熟度和生产过程的安全性；同时提高废旧动力电池拆解、重组及回收技术的工艺水平和自动化水平，提高拆解、重组和回收过程的效率。

（5）加快废旧动力电池回收利用相关法律法规的制定　在实际废旧动力电池回收业务中，不同厂家的动力电池结构差异较大，材料体系不同，这使得回收难度增加和回收成本上涨。虽然可以利用综合回收的方式加以处理，但这种方式难以充分回收。做好废旧动力电池回收，还须通过建立统一的标准体系和统一的动力电池标准，并加大投入提升废旧动力电池回收领域的基本技术。

对动力电池结构设计、连接方式、工艺技术、集成安装的标准化做系统梳理和规定，确保在拆解、检测环节的一致性、安全性和经济性。强化对废旧动力电池回收、运输、储存等，制定相应的法律法规，积极引导相关企业参与标准制定。要进一步落实动力电池编码制度及可追溯体系，从而确保动力电池全生命周期的信息记录，提高监测评估的准确性和便利性，规范和引导回收利用产业规模化、有序化发展。

当前，我国废旧动力电池回收产业仍处于起步阶段，国家在不断出台政策，规划和引导发废旧力电池回收产业健康有序发展。国家正在进行废旧动力电池回收利用管理标准体系建设，规范管理制度（溯源管理、梯级产品管理、报废）、出台废旧动力电池回收激励政策等，继续推动废旧动力电池回收产业的发展和政策体系的完善。目前我国政府持续不断的支持主要体现于三方面。

① 完善技术标准，实现动力电池全生命周期的规范化、标准化。

② 细化管理要求，通过强制等刚性手段鞭策废旧动力电池回收利用管理标准体系建设。

③ 加强市场引导，通过补贴等柔性手段促进废旧动力电池回收市场的形成。

作为废旧动力电池回收责任主体的车企，也在不断加强与动力电池生产企业、废旧汽车回收拆解企业与综合利用企业等通过多种形式，合作共建、共用废旧动力电池回收渠道。这必将会促进我国废旧动力电池回收再利用相关产业的发展，但商业模式仍需要进一步探索和创新，在政策支持和制度保障基础上，走出一条符合新能源汽车产业链健康发展和生态环保需求的市场化"回收之路"。

针对动力电池设计、生产、销售、使用、维修、报废、回收、利用等产业链上下游各环节，明确相关企业履行废旧动力电池回收利用相应责任，保障废旧动力电池的有效利用和环保处置，构建闭环管理体系。通过打通废旧动力电池回收环节，将新能源产业链各环节连接成闭环，实现各环节利益共享，同时以开放的姿态与新能源行业上下游积极展开合作，从而为新能源行业的绿色、可持续发展贡献力量。

## 3.4 废旧动力电池回收技术路线

### 3.4.1 废旧动力电池的资源化技术

废旧动力电池的资源化技术是将废旧动力电池中的有价值成分,依据其各自的物理性质和化学性质,将其分离。针对废旧动力电池回收的需求,目前有代表性的定向循环工艺和废旧动力电池材料再合成工艺如下。

① 定向循环工艺(邦普为代表):产品-废弃物-再生资源-原产品。首先通过物理拆解得到废旧动力电池单体,然后切割得到外壳、电芯;对电芯部分进行球磨、破碎、热解、浸出等预处理工艺得到镍、钴、锰、锂的精料溶液,再经特制萃取剂萃取,可将锂离子萃出。剩余镍、钴、锰通过化工盐和煅烧等手段制备镍钴锰酸锂三元材料,此种方法镍、钴、锰综合回收率达98.5%,经济性显著。

② 废旧动力电池材料再合成工艺:机械拆解-粉碎分选-分别处理-材料修复-动力电池再制造。在自动化程度较高的情况下,将废旧动力电池分解为壳体、电解液、隔膜、铜粉、铝粉、正极废粉、负极废粉。其中,电解液以混合溶液形式回收,正负极材料进行材料修复,最终重新制备为生产动力电池能用的材料。

废旧动力电池的资源化技术是将废旧动力电池彻底放电,然后对废旧动力电池进行拆解,依据其各自的物理性质和化学性质,将其分离出正极、负极、电解液和隔膜等各组成部分,再对电极材料进行碱浸出、酸浸出,除杂后进行萃取,以实现有价金属的富集。一般而言,整个回收工艺分为4个部分。

(1) 预处理　预处理的目的是初步分离回收废旧动力电池中的有价部分,高效选择性地收集电极材料等高附加值部分,以便于后续回收过程顺利进行。预处理过程一般结合了破碎、研磨、筛选和物理分选法。

① 破碎。废旧动力电池在进入最终的处理之前需要对其进行破碎处理,为后续的处理降低难度。破碎是指破坏废旧动力电池中各材料的完整形态,由于破碎过程不可能在完全密闭的环境下进行,破碎过程中有机物的挥发会污染生产线周边的环境,从而危害工人健康。

② 研磨。用棒磨机将破碎后的废旧动力电池碎片研磨至10mm以下,以通过筛选实现各材料的分离和回收。

③ 筛选。将经研磨后的废旧动力电池碎片置于筛孔为0.211mm的振动筛中,筛下物为$LiCoO_2$和石墨的混合物。将筛上物置于水力淘洗床中,水力淘洗与振动筛分作用相结合,将废旧动力电池碎片中各成分一一分离,最后可分别得到正极、负极、隔膜、外壳。

④ 物理分选。物理分选过程主要用来分选破碎后废旧动力电池碎片中的外壳和隔膜。根据外壳和隔膜与正负极密度、可浮性、磁性等性质的差异,采用不同的物理分选方式分选出外壳和隔膜。通过物理分选优先回收隔膜和外壳,得到的正负极在破碎过程中由于机械和物理作用会造成部分正负极材料从基底上脱落下来,但是大部分材料还附着在基底上。

（2）电极材料分离　预处理阶段收集得到了正极和负极的混合电极材料，为了从中分离回收 Co、Li 等有价金属，需要对混合电极材料进行选择性提取。材料分离的过程也可以采用干法回收、湿法回收和生物回收。

（3）有价金属浸出　无机酸浸出；生物浸出；机械化学浸出。

（4）化学纯化　化学纯化的目是对浸出过程得到的溶液中的各种高附加值金属进行分离和提纯并回收。浸出液中含有 Ni、Co、Mn、Fe、Li、Al 和 Cu 等多种元素，其中 Ni、Co、Mn、Li 为主要回收的金属元素。通过调节 pH 值将 Al 和 Fe 选择性沉淀出后，再对浸出液中的 Ni、Co、Mn 和 Li 等元素进行下一步的处理回收。常用的回收方法有化学沉淀法、盐析法、离子交换法、萃取法和电沉积法。

废旧动力电池拆解回收具体采用哪种方法，根据废旧动力电池种类不同，会有不同的工艺流程，同时也有不少新技术和新工艺涌现出来。但是值得注意的是，任何工艺，每一步、每一个细节，如果处理不当，都可能会涉及废旧动力电池安全和处理过程中的二次污染问题。

目前，我国已基本掌握废旧动力电池的回收处理技术，但是回收工艺水平较低，国外研究汽车废旧动力电池回收再资源化的主要研究机构如下。

① 荷兰汽车回收协会 ARN 下属的分支机构 ARNAdvisory，正在密切监控废旧动力电池回收这一领域的发展状况。

② 美国托斯寇（Toxco）公司目前掌握废旧锂动力电池回收技术，也正在加紧研究电动汽车废旧动力电池回收和再资源化。

③ 日本矿业金属公司也在计划从废旧的电动汽车动力电池中回收锂资源，计划在其研发中心建立一个实验工厂。

④ 美国杜克能源与日本伊藤忠集团也签署协议，将共同着手开展电动汽车废旧动力电池回收利用的评估与测试工作。

## 3.4.2　废旧动力电池回收工艺

废旧动力电池的回收处理过程主要包括预处理、二次处理和深度处理。目前，国内外对废旧动力电池的回收过程是：首先彻底放电，然后对废旧动力电池进行拆解，分离出正极、负极、电解液和隔膜等各组成部分。再对电极材料进行碱浸出、酸浸出、除杂后进行萃取，以实现有价金属的富集。

目前，废旧动力电池回收技术按照不同的提取工艺分为干法回收工艺、湿法回收工艺和生物回收工艺，各种回收工艺都有各自的优缺点。湿法回收工艺为目前的主要工艺，其回收率高，且能够对贵金属进行定向回收；干法回收工艺一般作为湿法回收工艺的配套工艺，主要用于金属的初步处理；而生物回收工艺尚处于初级阶段，技术发展仍不成熟。根据工信部 2016 年发布的《新能源汽车废旧动力蓄电池利用行业规范条件和行业规范公告管理暂行办理》，鼓励综合使用干法回收工艺和湿法回收工艺对废旧动力电池进行回收利用。

目前，工业上应用的回收废旧动力电池的方法以火法冶金工艺和湿法冶金工艺为主。为提高废旧动力电池回收的经济性，国家在《新能源汽车废旧动力蓄电池综合利用行业规范条件》中规定，湿法冶炼条件下，镍、钴、锰的综合回收率应不低于 98%；火法冶炼条件下，镍、稀土的综合回收率应不低于 97%。因此，有研究通过优化采用联合回收工艺的方法，可以发挥各种基本工艺的优点，尽可能回收可再生资源和能量，提高回收的经济效益。

### 3.4.2.1 干法回收工艺

干法回收工艺是指不通过溶液等媒介，直接实现各类废旧动力电池材料或有价金属的回收，干法回收主要包括机械分选法和高温分热解法（或称高温冶金法）。干法回收工艺处理量大、工艺简单、工艺流程较短，回收的针对性不强，能处理种类繁杂的废旧动力电池，是实现金属分离回收的初步阶段。在对废旧动力电池破碎时进行粗筛分类，或高温分解除去有机物，以便于进一步的元素回收。但干法回收工艺成本高、对设备的要求高、处理过程中会产生大量的有害气体。

（1）机械分选法  机械分选法是指将废旧动力电池拆解分离，利用废旧动力电池不同组分的密度、碱性等物理性质的不同，对电极活性物、集流体和废旧动力电池外壳等电池组分经破碎、过筛、磁选分离、精细粉碎和分类，实现不同有用金属的初步分离回收。由于废旧动力电池的结构比较特殊，或性材料和集流体黏合紧密，不易解体和破碎，在筛分和磁选时，存在机械夹带损失，因此很难实现金属的完全分离回收。

（2）高温分热解法（或称高温冶金法）  高温热解法主要通过高温焚烧分解去除废旧动力电池电极材料中的有机黏结剂，使材料实现分离，同时经过高温焚烧，废旧动力电池中的金属会氧化、还原并分解，形成蒸气挥发，以冷凝的形式回收低沸点的金属及其化合物，对炉渣中的金属采用筛分、热解、磁选或化学方法等进行回收。该方法虽然工艺简单，但产物单一，能耗高，比较适合预处理过程，高温分热解法流程如图3-2所示。

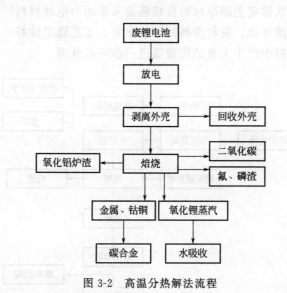

图 3-2  高温分热解法流程

高温热解法工艺简单，可有效去除动力电池中的电解液、黏结剂等有机物质，但操作能耗大，而且如果温度过高，铝箔会被氧化成为氧化铝，造成价值降低和收集困难。高温热解法对原料的组分要求不高，适合大规模处理较复杂的废旧动力电池，但燃烧必定会产生部分废气污染环境，且高温处理对设备的要求也较高，同时还需要增加净化回收设备等，处理成本较高。

### 3.4.2.2 湿法回收工艺

湿法冶金处理技术是通过创造条件使破碎后的废旧动力电池电极材料中的目的组分在溶液中稳定，然后分别采用溶剂萃取、化学沉淀、电解沉积等方法使目的组分以化合物或金属态形式得以回收。即将废旧动力电池破碎后，用合适的化学试剂选择性溶解，分离浸出液中的金属元素。由于处理设备投资成本低，适合中小规模废旧动力电池回收。为了提高金属的提取效率，该工艺要求废旧动力电池在破碎前要根据废旧动力电池材料化学组成的不同进行精细分类，以配合浸出液的化学体系。

湿法回收工艺是以各种酸碱性溶液为转移媒介，将金属离子从电极材料中转移到浸出液中，再通过离子交换、沉淀、吸附等手段，将金属离子以盐、氧化物等形式从溶液中提取出来。其回收过程是将废旧动力电池分类破碎后，置于浸取槽中，加入酸（碱）等溶液进行金属浸出，然后过滤残渣。针对不同金属离子的性质，利用萃取剂、沉淀剂等从滤液中分离出不同的金属。

湿法回收工艺相对比较复杂，但该技术对锂、钴、镍等有价金属的回收率较高；得到的金属盐、氧化物等产品的纯度能够达到生产动力电池材料的品质要求，也是国内外技术领先回收企业所采用的主要回收工艺。当前回收效率更高也相对成熟的湿法回收工艺正日渐成为专业化处理阶段的主流技术路线。湿法回收工艺进行有价金属回收后再造得到的正极材料，其比容量这一关键性能指标均优于干法回收工艺得到的正极材料。

废旧动力电池湿法回收的一般工艺流程如图 3-3 所示，拆解回收是目前废旧动力电池回收的主要现行途径，其中湿法回收的商业化程度最高，在原材料价格普遍上涨的背景下，通过"回收＋生产"的方式锁定上游原材料价格将是未来动力电池材料厂商降低成本的重要途径。湿法回收工艺处理成本低、有价金属的回收率高、工艺稳定性好；但湿法冶金工艺流程长，处理量小，处理过程中产生大量的废液需进一步环保处理。

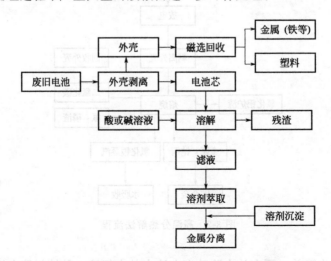

图 3-3　废旧动力电池湿法回收的一般工艺流程

由于使用盐酸浸出金属离子时，会在反应中生成有害的氯气，因此目前使用较多的浸出体系是硫酸与双氧水的混合体系。针对酸浸后的浸出液，可采用沉淀法、萃取法、盐析法、电化学法等方式实现金属离子的提纯。

由于废旧动力电池的正极材料不会溶于碱液中，而基底铝箔会溶解于碱液中，因此常用碱-酸浸法来分离铝箔。废旧动力电池中的大部分正极活性物质都可溶解于酸中，因此可以将预先处理过的电极材料用酸溶液浸出，实现活性物质与集流体的分离，再结合中和反应的原理对目的金属进行沉淀和纯化，从而达到回收高纯组分的目的。

萃取法是利用某些有机试剂与要分离的金属离子形成配合物，然后利用适宜的试剂将金属分离出来。这种方法对设备的防腐要求高，同时要使用大量的有机溶剂，对环境有二次污染，且成本高。利用离子交换树脂对要收集的金属离子配合物的吸附系数的不同来实现金属分离提取，具有工艺简单、易于操作等特点。

湿法回收相对比较成熟，回收率高，但一般得到的是金属氧化物，并不能直接用来作为动力电池正极材料，后续利用回收得到的金属氧化物制备正极材料工艺比较复杂，成本较高。

### 3.4.2.3 生物回收工艺

目前成熟的湿法冶金，一般采用强酸对废电池材料进行酸浸，但后期环境处理压力较大，因此，人们研究了更环保的生物冶金技术。微生物浸出技术是一种利用微生物自身的生命活动直接从矿石中提取有价金属元素的方法，其大致工艺为：酸性条件下将含有废旧动力电池材料的固体作为微生物的培养基，经过微生物的耐受和富集，得到浸出的含金属溶液。实现目标组分与杂质组分分离，最终回收锂、钴、镍等有价金属。

目前，关于生物回收技术处理废旧动力电池的研究刚刚起步，还有许多难题需要解决，如培养微生物菌类要求条件苛刻养、周期过长、浸出条件的控制困难、浸出效率低、回收工艺有待进一步改进等。生物回收工艺具有工艺简单、能源消耗低、成本低，且微生物可以重复利用、污染很小、环境友好等优点，是未来废旧动力电池回收技术发展的理想方向。

在废旧动力电池回收过程中产生的二次污染是回收企业面临的巨大挑战，回收过程中使用的萃取剂、回收过程中产生的废气以及金属提炼后的残渣都会对环境造成污染。将回收金属后的残渣与煤矸石、页岩等进行混合、焙烧、压型成环保砖，最大限度地对资源进行循环利用；同时，在液体污染物处理及水生态修复方面，应建立一套完整的环境生态修复体系。

随着国家环保力度的不断加强，以及有价金属资源的不断匮乏，废旧动力电池的资源化回收技术将沿着绿色回收、高效回收的方向发展，主要关注以下几个方面。

(1) 预处理步骤中的安全问题　废旧动力电池属于危险废弃物，处理过程中存在爆炸的危险，因此需要在绝对安全的环境中自动高效处理。同时，由于废旧动力电池中电解液含有大量有机物以及 $LiPF_6$ 等有毒有害物质，在处理过程中需要进一步防治这些潜在危害。

(2) 二次处理步骤中的污染防治　在二次处理步骤中，热处理法会产生 $SO_2$、$NO_2$、$NO$ 等有害气体；有机溶剂溶解法溶解后的余液中含有大量而且成分复杂的有机物；碱液溶解法要求使用强碱溶液进行溶解，得到的余液 pH 值高，需要进一步处理。对于热处理法中的有害气体进行无害化处理，对于有机溶剂余液和碱液余液则需考虑循环利用。

(3) 深度处理步骤中的完全回收　采用合适的浸出剂进一步提高废旧动力电池中有价金属的浸出率，通过将化学沉淀法与溶剂萃取法结合，以提高浸出液中有价金属离子的回收率，得到符合要求的金属化合物产品。

(4) 废旧动力电池中各成分的综合回收利用 目前回收的重点是电极材料,有价金属含量高,经济价值大。但是对于动力电池中的其他成分,如隔膜、电解液、电极活性材料等物质的回收,需要加强对这些成分的回收研究。

在废旧动力电池循环再生的过程中,通过采用先收锂、后回收钴和镍的回收新工艺,可大大提高锂的回收率。废旧动力电池再生过程的成本主要包括原材料成本、辅助材料成本、燃料动力成本、设备维护成本、环境处理成本、人工成本等。其中,随着液碱等辅料成本的不断上涨,辅料成本占比在不断增大。

### 3.4.3 国外废旧动力电池回收公司的工艺及经验

#### 3.4.3.1 国外废旧动力电池回收公司采用的主要工艺

国外废旧动力电池回收公司采用的主要工艺见表 3-1,比较国外主流废旧动力电池回收公司的废旧动力电池回收工艺可以发现,目前主流废旧动力电池回收工艺以湿法工艺和高温热解为主,且很大一部分已经投入了工业生产阶段。

表 3-1 国外废旧动力电池回收公司采用的主要工艺

| 国家 | 公司 | 主要工艺过程 |
| --- | --- | --- |
| 英国 | AEA | 废旧动力电池在低温下破碎,分离出钢材后加入乙腈作为有机溶剂提取电解液,再以 $N$-甲基吡咯烷酮(NMP)为溶剂提取黏合剂(PVDF),然后对固体进行分选,得到 Cu、Al 和塑料,在 LiOH 溶液中电沉积回收溶液中的 Co,产物为 CoO |
| 法国 | Recupyl | 在惰性混合气体保护下对废旧动力电池进行破碎,通过磁选分离得到纸、塑料、钢铁和铜,以 LiOH 溶液浸出部分金属离子,不溶物再用硫酸浸出,加入 $Na_2CO_3$ 得到 Cu 和其他金属的沉淀物,过滤后在滤液溶液中加入 NaClO 氧化处理得到 $Co(OH)_3$ 沉淀和 $Li_2SO_4$ 的溶液,将惰性气体中的二氧化碳通入含 Li 的溶液中得到 $Li_2CO_3$ 沉淀 |
| 日本 | Mitsubishi | 采用液氮将废旧动力电池冷冻后拆解,分选出塑料,破碎、磁选、水洗得到钢铁,振动分离,经分选筛水洗后得到铜箔,剩余的颗粒进行燃烧得到 $LiCoO_2$,排出的气体用 $Ca(OH)_2$ 吸收得到 $CaF_2$ 和 $Ca_3(PO_4)_2$ |
| 德国 | IME | 通过分选废旧动力电池外壳和电极材料后,将电极材料置于反应罐中加热至 250℃ 使电解液挥发后冷凝回收,再对粉末通过破碎、筛选、磁选分离和锯齿形分类器将大颗粒(主要含有 Fe 和 Ni)及小颗粒(主要含有 Al 和电极材料)分离。采用电弧炉熔解小颗粒部分,制得钴合金;采用湿法溶解烟道灰和炉渣制得 $Li_2CO_3$ |
| 芬兰 | AkkuserOY | 先对废旧动力电池进行破碎研磨处理,然后采用机械分选出金属材料、塑料盒纸等 |
| 瑞士 | Batrec | 将废旧动力电池进行压碎,分选出 Ni、Co、氧化锰、其他有色金属和塑料 |

#### 3.4.3.2 国外废旧动力电池回收利用的经验

发达国家主要以法律作为防治废旧动力电池污染和实现循环利用的重要保障,通过建立健全完善的法律机制,充分实施"延伸生产者责任"制度,利用法律强制力对各个环节进行规定,约束整个动力电池全生命周期的各个相关主体,使其必须按照法律规定承担责任和履行义务，并对违反法律规定的主体进行严厉的惩罚。政府政策的扶持和补贴是美国、日本、欧盟等废旧动力电池回收再利用得以快速发展的重要原因。

(1) 美国　美国政府推动建立废旧动力电池回收利用网络，采取附加环境费的方式，通过消费者购买动力电池时收取一定数额的手续费和动力电池生产企业出资一部分回收费。作为产品废旧回收的资金支持，同时废旧动力电池回收企业以协议价将提纯的原材料卖给动力电池生产企业，此种模式既能让电池生产企业很好地履行相关责任义务，在一定程度上又保证了废旧动力电池回收企业的利润，落实了生产者责任延伸制度。

美国历来相当重视环境管理方面的工作，针对废旧动力电池的生产、收集、运输和储存等过程提出技术规范，并采取生产者责任延伸和押金制度。针对废旧动力电池立法涉及联邦、州和地方3个层面，其中《资源保护和再生法》《清洁空气法》《清洁水法》从联邦法规角度，废旧动力电池回收企业采用许可证管理办法，加强对电池生产企业和废旧电池资源回收利用企业的监管。

《含汞电池和充电电池管理法》（简称"联邦电池法"）主要针对废旧二次电池的生产、收集、运输、储存等过程提出相应技术规范，同时明确了有利于后期回收利用的标识规定。纽约和加利福尼亚州的产品管理法案中覆盖到锂离子电池产品，要求制造商在不牺牲消费者和零售商利益的前提下制订废旧电池收集和回收的计划。美国国际电池协会制定了采用押金制度促使消费者主动上交废旧电池产品的管理法。

(2) 日本　日本是在废旧动力电池回收利用方面做得较好的国家，同时，日本健全的循环经济发展法律法规体系，也为动力电池的回收利用提供了良好规范。从1994年10月起，日本动力电池生产厂商就开始采用了废旧动力电池收回计划，建立起"动力电池生产销售-回收-再生处理"的废旧动力电池回收利用体系。这种回收再利用系统是建立在每一位厂家自愿努力的基础上。零售商家、汽车销售商和加油站免费从消费者那里回收废旧动力电池。废旧动力电池遵循与其分布路线相反的方向，由回收公司进行分解。

日本在回收处理废旧动力电池方面的相关法律法规可以分为三个层面：第一层指基本法，即《促进建立循环型社会基本法》；第二层指综合性法律，包括《固体废弃物管理和公共清洁法》《资源有效利用促进法》《节能法》《再生资源法》等；第三层指专门法层面，包括根据各种产品的性质制定的专门法规。

(3) 欧盟　欧盟从2008年开始强制回收废旧动力电池，回收费用则由生产厂家来负担。并对动力电池使用者提出了法定义务。自1990年开始，欧洲的汽车厂已开始强调在汽车中使用可回收的材质及零组件的再利用，2000年欧盟通过2000/53/EC《关于废弃汽车的技术指令》（即ELV指令）。目标在于建立收集、处理、再利用的机制，鼓励将废弃汽车的部件重复利用，减少汽车产品对环境的破坏，并致力于环境保护、资源保护以及能源节约。欧盟2006/66/EC电池指令与电池回收直接相关，该指令涉及所有种类的电池，并要求汽车动力电池生产商应建立汽车废旧动力电池回收体系。

以欧盟中在废旧动力电池回收领域较为成熟的德国为例，德国已建立较完善的回收利用法律制度，依据欧盟和德国关于废旧动力电池回收法规的规定：在德国，动力电池生产和进口商必须在政府登记；经销商要组织收回机制，配合生产企业向消费者介绍在哪能免费回收废旧动力电池；最终用户有义务将废旧动力电池交给指定的回收机构。其次生产者责任延伸制度得到落实和建立了完善废旧动力电池回收体系，并且开展废旧动力电池回收不同技术路径的比较。

德国环境部资助的两个废旧动力电池回收利用示范项目（LiBRi 项目和 LithoRec 项目），分别用火法冶金和湿法冶金两种技术对废旧动力电池进行资源化利用，对比不同技术的回收利用效果。然后采用生命周期分析法（LCA）对回收废旧动力电池的环境影响和经济效益等进行了评估。

通过对比美国、日本、欧盟等废旧动力电池回收利用的现状可以看到，这些国家和地区拥有相对健全的法律法规保障和完整便利的废旧动力电池回收网络、先进的废旧动力电池回收利用技术，其动力电池生产企业能够承担主要责任，能够对废旧动力电池进行有效的回收利用。

# 第 4 章
# 废旧镍氢动力电池资源化技术

## 4.1 镍氢电池的工作原理及分类

### 4.1.1 镍氢电池的工作原理及结构

#### 4.1.1.1 镍氢电池的工作原理

镍氢（MH-Ni）电池是 20 世纪 90 年代发展起来的一种新型绿色电池，具有高能量、大功率、长寿命、无污染等特点，因而成为世界各国竞相发展的高科技产品之一。在美国、日本等发达国家的混合动力汽车上，目前使用最多的是镍氢动力电池。

镍氢电池的诞生应该归功于储氢合金的发现，早在 20 世纪 60 年代末，人们就发现了一种新型功能材料——储氢合金，储氢合金在一定的温度和压力条件下可吸放大量的氢，因此被人们形象地称为"吸氢海绵"。其中有些储氢合金可以在强碱性电解质溶液中，反复充放电并长期稳定存在，从而为电池提供了一种新型负极材料，人们在此基础上发明了镍氢电池。

这里所谓"储氢合金"是指具有很强"吸收"氢气能力的金属镍，其单位体积储氢的密度相当于储存 1000 个大气压的高压氢气。储氢合金能稳定地储气和放气，其工作原理是利用水的氢离子移动反应来获得电流，这时氢气在负极上被逐渐消耗掉。其能量密度（电动汽车的续航能力）与普通的锂电池差距并不大，为 70~100W·h/kg。

储氢合金的主要来源是稀土，而我国的稀土资源占世界总储量的 70% 以上，发展镍氢电池具有得天独厚的优势。因此我国镍氢电池的研制与开发，受到了国家"863"计划的大力支持，被列为"重中之重"项目。在"863"计划"镍氢电池产业化"项目的推动下，我国的镍氢电池及相关材料产业实现了从无到有，赶超世界先进水平的奋斗目标。

镍氢电池是一种碱性电池，镍氢电池正极材料是氢氧化镍（NiOH），负极材料采用由储氢材料作为活性物质的氢化物电极，即储氢合金（MH），电解质为氢氧化钾水溶液，充放电时的电化学反应如下。

(1) 充电时

正极反应：$Ni(OH)_2 + OH^- \longrightarrow NiOOH + H_2O + e$

负极反应：$M+H_2O+e \longrightarrow MH+OH^-$

总反应：$M+Ni(OH)_2 \longrightarrow MH+NiOOH$

（2）放电时

正极反应：$NiOOH+H_2O+e \longrightarrow Ni(OH)_2+OH^-$

负极反应：$MH+OH^- \longrightarrow M+H_2O+e$

总反应：$MH+NiOOH \longrightarrow M+Ni(OH)_2$

式中，M代表储氢合金；MH代表吸附了氢原子的金属氢化物。

镍氢电池的工作原理为：充电的时候，正极发生 $Ni(OH)_2 \longrightarrow NiOOH$ 转变，负极则发生水分解反应，合金表面吸附氢，生成氢化物。放电过程是充电过程的逆反应，即正极 NiOOH 转变为 $Ni(OH)_2$，负极储氢合金脱氢，在表面生成水。

镍氢电池具有不明显的"记忆效应"，所谓电池的"记忆效应"是指若电池每次没有放完电，如只放出 40%，那么长期使用后，剩下的 60% 容量就无法放出，这就大大缩小了电池的储存电容量，直接影响电池的使用。即电池在循环充放电过程中容量会出现衰减，而过度充电或放电，都可能加剧电池的容量损耗。

### 4.1.1.2 镍氢电池结构

（1）镍氢电池的物理组成部分　镍氢电池由氢氧化镍的阳极和由钒、锰、镍等金属形成的多成分合金阴极组成，密封镍氢电池的主要组件包括正极板（氢氧化亚镍板）、负极板（储氢合金板）、隔膜纸、绝缘圈、密封圈、极耳、盖帽和钢壳。镍氢电池的结构如图 4-1 所示。镍氢电池正极的活性物质是氢氧化镍，负极是储氢合金，用氢氧化钾作为电解质，在正负极之间有隔膜，共同组成镍氢电池单体，在金属铂的催化作用下，完成充电和放电的可逆反应。

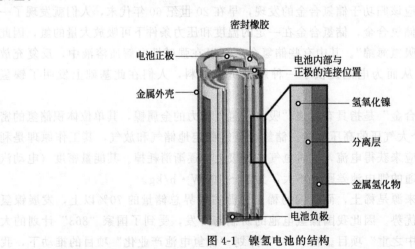

图 4-1　镍氢电池的结构

（2）镍氢电池的化学组成部分　镍氢电池中的"金属"部分实际是金属互化物，许多种类的金属互化物都已被运用在镍氢电池的制造上，它们主要分为两大类。最常见的是 $AB_5$ 一类，A 是稀土元素的混合物（或者）再加上钛（Ti）；B 则是镍（Ni）、钴（Co）、锰（Mn），（或者）还有铝（Al）。而一些高容量镍氢电池"含多种成分"的电极则主要由 $AB_2$ 构成，这里的 A 则是钛（Ti）或者钒（V）；B 则是锆（Zr）或镍（Ni），再加上一些铬

(Cr)、钴（Co）、铁（Fe）和（或）锰（Mn）。所有这些化合物扮演的都是一样的角色：可转化成金属氢化物。

在镍氢电池充电时，氢氧化钾（KOH）电解液中的氢离子（$H^+$）会被释放出来，由于这些化合物将它吸收，避免形成氢气（$H_2$），以保持镍氢电池内部的压力和体积。当镍氢电池放电时，这些氢离子便会经由相反的过程而返回原来的地方。

## 4.1.2 镍氢电池的分类及特点

### 4.1.2.1 镍氢电池的分类

镍氢电池按照内部压力分为高压镍氢电池和低压镍氢电池两大类，按照外形可分为方形镍氢电池和圆形镍氢电池。

(1) 高压镍氢电池  单体采用镍为正极，氢为负极，因此高压镍氢电池也称为 Ni-$H_2$ 电池。Ni-$H_2$ 电池的氢电极与镍电极之间夹有一层吸饱氢氧化钾电解质溶液的石棉膜。氢电极是用活性炭做载体的聚四氟乙烯黏结式多孔气体扩散电极，它由含铂催化剂的催化层、拉伸镍网导电层、多孔聚四氟乙烯防水层组成。镍电极可以用压制的 $Ni(OH)_2$ 电极，也可用烧结的 $Ni(OH)_2$ 电极。高压镍氢电池具有比能量高、寿命长、耐过充放电以及可以通过氢压来指示电池荷电状态等优点。高压镍氢电池的主要缺点是：容器需要耐高氢压，一般充电后氢压达到 3～5MPa，这就需要用较重的耐压容器，降低了镍氢电池的体积比能量及质量比能量；自放电较大；不能漏电，否则镍氢电池容量减小，并且容易发生爆炸事故；成本高。因此目前研制的高压镍氢电池主要应用于空间技术。

(2) 低压镍氢电池  又被分为以下两种。

① 在镍氢电池中放入具有可逆吸放氢的储氢合金，以降低氢压。

② 以储氢合金为负极，氢氧化镍为正极，氢氧化钾溶液为电解质。这种镍-金属氰化物电池与镍镉电池比较，两者的结构相同，只是所使用的负极不同，镍镉电池使用海绵状的镉为负极，而镍氢电池使用储氢合金为负极材料。

镍氢电池有许多独特的优点：能量密度高；可快速充电；低温性能好；可密封，耐过放电能力强；无毒，无环境污染，不使用贵金属；无记忆效应。镍氢动力电池被用作纯电动汽车用动力电池，更被称为"环保绿色电池"。

镍氢电池可以根据不同的特性进行分类，除了标准型或者通用型镍氢电池外，从特殊的使用效果来看，既有高倍率型，也有高容量型，还有低温和高温型。一般来说，上述镍氢电池种类放到一起，就构成了镍氢电池的性能分类。

① 标准型。具有镍氢电池的一般标准，这些标准具有以下特点。

a. 使用寿命应在 500～1000 次之间。

b. 密封防漏，使镍氢电池成为免维护电池，同时，在使用和储存的正常状态下安全性得到有效保证。

c. 性能稳定，可以在很宽的湿度和温度范围内使用，镍氢电池内阻低，大电流放电后仍然有稳定的电压。

d. 适用范围广：应急灯、无绳电话、便携电话、遥控器、电子词典、玩具等，无特殊要求的移动电源几乎都可使用。

② 高容量型（S型）。除了具有标准型电池的特点外，由于是选用性能优异的高分子材料构成镍氢电池，采取了严格的生产工艺，因而能给用电器具提供较长时间的能量供给，而把高容量镍氢电池也称作长寿命镍氢电池是不科学的，因为高容量镍氢电池的主要优势是高容量，虽然可以表现为长的时间寿命和稳定的性能，但从镍氢电池寿命与容量的不同定义出发，还是高容量更能说明其特征，该款镍氢电池主要适用于比较耗电的用电设备。

③ 高倍率型。高倍率是就其可以承受大倍率电流而言的，通常，高倍率镍氢电池可采用1C的电流进行充电，镍氢电池一个多小时即可充满；在以5C电流放电时，镍氢电池的中值电压可以达到1.24V以上，放出的电量仍可达到90%以上。因此，该款镍氢电池具有优异的快速充电和大电流放电性能，特别适合大电流放电的用电器具，如电动工具、大型玩具（车仔玩具、遥控飞机）等。

④ 低温和高温型。低温和高温型镍氢电池分别具有优异的低温和高温工作性能，它们仅是在主电源出现故障时才进行放电，其寿命是由工作条件来表示的，而不是普通镍氢电池的循环次数，这些工作条件的首要条件是环境温度，其他还有充电电流、放电频率和放电深度。这两种镍氢电池主要应用在低温和高温环境下的指示灯、应急灯。

上述分类基于镍氢电池主要性能，同一支镍氢电池可以具备两种以上的优异性能，而镍氢电池厂家可以在用户需求中寻求最佳性能的平衡点。

### 4.1.2.2 镍氢电池的特点

镍氢电池是在镍镉电池基础上开发出来的，但镍镉电池中有重金属镉，对环境有重度污染，所以镍镉电池在发达国家目前均已限制发展和使用。镍氢电池则不存在重金属污染问题，而且镍氢电池在比能量、比功率及循环寿命等方面都优于镍镉电池，故被称为"绿色"电池。镍氢电池具有无污染、高比能、大功率、快速充放电、耐用等许多优异特性，与铅酸电池相比，镍氢电池除具有比能量高、重量轻、体积小、循环寿命长的特点之外，还具有以下优点。

① 镍氢电池的比能量较高，即单位质量的能量密度较大，镍氢电池单体的额定电压为1.2V，通常由六个或十个镍氢电池单体构成一块电压为7.2V或12V的镍氢动力电池组，在丰田普锐斯混合动力车型上就用了这种7.2V一节的镍氢动力电池，电容量为6.5A·h，实测每节外形尺寸为274mm×106mm×20mm，质量为1.1kg，28节电池串联，共计201.6V。镍氢动力电池的比能量超过70W·h/kg，电动汽车一次充电可续驶里程较长，适合在电动汽车上使用，商业化的镍氢动力电池已做到1350W/kg。在电动汽车加速或爬坡时输出大电流，能平稳持续放电来提供大功率。同时还可实现快速放电和充电，镍氢动力电池耐过充和耐过放的能力均较强。

② 镍氢电池在放电和充电过程中，正极板析出氧气，负极板析出氢气。氢气和氧气能够很容易在镍氢电池内部再化合生成水，使容器内的气体压力保持不变，这种再化合的速率很快，电解液不会出现增加或减少的现象，不需调节电解液的密度，故镍氢电池可以采取密封结构，能实现免维护保护。

③ 镍氢电池基本上不存在记忆问题，不要求100%放完电后才允许充电，能做到随放随充，极大地方便了电动汽车的充放电。即便镍氢电池在空置状态下放置一年，再充电时仍可恢复原容量97%以上电量，基本上与新电池一样。如在较长时间放置时有意让镍氢电池内

部存有一部分电,则镍氢电池的恢复储电能力可更快、更高。

④ 镍氢电池与镍镉电池比较,不存在镍镉电池中的金属镉对环境有重度污染的问题。镍氢电池还可再生利用,符合持续发展的理念。镍氢电池安全可靠,使用寿命长,循环充放电的次数可达 3000 次以上,市场实际使用证明其寿命超过十年。

⑤ 镍氢电池的缺点是:存储电压较低、能量密度也偏低、当前的价格相对较高、均匀性较差,特别是在高速率、深放电的状况下,镍氢电池单体之间的容量和电压的差别较大,自放电率较高。镍氢电池在使用中最重要的是要避免过充电和过放电,镍氢电池的温度特性差,在 45℃ 以上的高温环境,或在低于 0℃ 以下的环境,镍氢电池将无法正常工作,镍氢电池容量与现实要求还有较大差距等问题,影响着氢镍电池在电动汽车上的广泛使用。

## 4.2 镍氢动力电池组及电动汽车镍氢电池动力系统

### 4.2.1 镍氢动力电池的结构特性及镍氢动力电池组

#### 4.2.1.1 镍氢动力电池的结构特性

(1) 镍氢动力电池的镍正极　镍氢动力电池为达装车要求,不但要有较宽的温度范围、稳定的放电容量以及容量大的特性,运行中的可靠性和占用空间的大小等也都是非常重要的问题。一般来说,镍正极的氧过电位随温度的上升而下降,所以当使用中温度上升达 45℃ 左右时,镍氢动力电池除正常的反应外,还将有副反应发生,因而造成了充电效率下降,放电容量减少。为了防止氧过电位下降,常用的方法是在正极中添加 CdO 等。对镍氢动力电池来说,不含 Cd 是其一个重要特点,所以通常不再加 Cd。另外对于 EV 用的大型镍氢动力电池组,充电时发热量较大,散热较慢,温升较快,如不加以改善,电流效率会下降较大。近年来的研究表明 $Ca(OH)_2$、$CaS_2$、$CaF_2$、$Y_2O_3$ 和 $CoO$ 等的加入对镍正极活性物质利用率有较大影响。另外用表面修饰技术对球形氢氧化镍进行表面改性的研究,也已得到了广泛应用。

(2) 镍氢动力电池的储氢合金负极　应用于 EV 的镍氢动力电池的负极面积较大,电流分布均一性较差,容易发生合金的腐蚀及储氢合金粉末脱落,造成寿命和容量的降低,目前常用的改善方法主要有两点。

① 对合金粉进行改性和表面修饰。
② 选择合适的添加剂和黏合剂。

镍氢动力电池单体的额定电压为 1.2V,通常由 6 个或 10 个动力电池单体构成一块电压为 7.2V 或 12V 的镍氢动力电池组。每个动力电池组均置于密封壳内,在更换动力电池单体时必须按顺序进行,因为该顺序存储在管理系统内,用于对动力电池单体进行管理。镍氢动力电池的电解液吸附在动力电池的极板内,即使发生碰撞也不容易泄漏。通常混合动力汽车的镍氢动力电池组可能由 100 多块动力电池单体组成,带充电系统的电动汽车的动力电池组含多达数百个动力电池单体。

#### 4.2.1.2 镍氢动力电池组

(1) 动力电池组的组成  动力电池组是指动力电池单体经由串并联方式组合并加保护线路板及外壳后的能够直接提供电能的动力电池组合体，动力电池组中的动力电池单体之间连接要紧固，要求连接片与动力电池单体的极柱接触电阻小、抗振动、牢靠程度高。镍氢动力电池组如图4-2所示。

图 4-2  镍氢动力电池组

无论是用激光焊焊接、电阻焊焊接还是螺栓机械锁紧，都必须保证成组后的动力电池组在电动汽车实际行驶过程中的可靠性和耐久性。在不同的动力电池组设计中，其体积能量密度、质量比能量密度以及体积功率密度等都会与动力电池组中动力电池单体之间的连接结构和工艺相关。

动力电池组按动力电池组单体的结构形状来分，主要分为圆柱形单体和方形单体，圆柱形单体和方形单体各自的优缺点也十分明显，从外壳材质上可分为金属壳（钢壳或铝壳）和铝塑膜封装（聚合物锂电池）。从极柱类型上又可分为外螺纹型极柱、内螺纹型极柱、平台型极柱以及铝镍长条型极耳（聚合物锂电池类型的极耳）。不同极柱类型的动力电池，在动力电池成组方式和连接工艺上也会有很大不同，同时有各自的优缺点。

动力电池组内的各动力电池单体之间连接的方法和工艺需根据动力电池类型及其极柱（极耳）的类型来确定，在一定程度上，动力电池单体的性能决定了动力电池组的性能，进而影响整个动力电池系统的性能。因此在进行动力电池系统设计时，一定要根据整车的设计要求去选择动力电池单体的材料及形状。

据标准化的要求，目前开发的EV用镍氢动力电池组多设计为12V/100A·h。为了使动力电池组的散热和温度能均匀分布，动力电池单体间应均匀设置空气通道。从安全的角度考虑，动力电池组外壳以塑料材质较好。装车使用时，用24个电池串联，电压可达288V，约30kW·h。

12V/100A·h EV用镍氢动力电池组在20A取电时，比能量可达70W·h/kg，在100A放电时，也可能放出相对20A放电时容量的95%，此时温度上升约15℃。据500次循环时动力电池组放出的容量和内压情况看，估计动力电池组的寿命可达1000次循环，由此推测，可实际行驶15万千米。

(2) 动力电池组的PACK技术  动力电池组的PACK技术，一般是指动力电池组的包装、封装和装配技术，譬如：2个动力电池单体串联起来，按照要求组成某一特定形状。动力电池组的 PACK 成组工艺是动力电池组生产的关键性步骤，其重要性也随着电动汽车市场的不断扩大而显得越来越明显。目前动力电池组 PACK 行业在我国还属于新兴行业，技术、设备等还不成熟，技术人员的整体素质不高。

在动力电池组中电池管理系统是核心，它决定了动力电池组包的各个部件、功能能否协调一致，并直接关系到动力电池组能否安全、可靠地为电动汽车提供动力输出。当然，结构件的连接工艺、空间设计、结构强度、系统接口等也对动力电池组性能产生着重要的影响。在使用安全方面，现在大部分的动力电池组 PACK 结构设计都会从以下几个方面保障动力电池组使用的安全性。

① 动力电池单体可以灵活选择，并且安全性好，不易发生着火及爆炸等安全事故。小容量动力电池单体的比能量可达 140W·h/kg，在充电终止电压为 1.2V 的条件下，循环寿命可达 1000 次，动力电池组与动力电池单体相比差很多，动力电池组串联的动力电池单体数越多，动力电池组的循环寿命越短。

② 增加自动灭火器，检测到火源后进行自动灭火。安装在动力电池箱中的自动灭火装置能够有效检测到储能装置舱内的动力电池组早期的火灾并给予报警，同时实现火灾自动扑灭并持续抑制，杜绝动力电池组的火灾复燃。

③ 动力电池组的 PACK 箱体增加了 PUW 泄压阀，防止腔体压力累积。

④ 动力电池组箱体采用耐高温材料，因为在动力电池组运行时，会产生大量的热量。

特斯拉在设计动力电池组时，在 PACK 前部顶面上设计了防水透气阀（又称 PUW 泄压阀），利用气体分子与液体及灰尘颗粒的体积大小数量级差，让气体分子通过，而液体、灰尘无法通过，从而达到防水透气的目的，避免水蒸气在 PACK 内部凝结。总之，动力电池组的 PACK 成组工艺水平，直接关系着电动汽车的动力性能和安全性能。

(3) 动力电池单体的使用寿命　动力电池单体通过串并联的方式组成动力电池组，所以动力电池单体的寿命直接影响动力电池组的寿命。影响动力电池单体寿命的因素如下。

① 充电截止电压。在动力电池组使用过程中，动力电池单体的充电截止电压若超过动力电池单体电化学电位后再继续充电，一般会加剧副反应的发生，导致动力电池单体使用寿命缩短，并可能导致动力电池单体内部短路损坏，甚至着火爆炸等危险工况的出现。

② 放电深度。深度放电会加速动力电池单体的衰退。

③ 充放电倍率。动力电池单体的充放电倍率是其在使用工况下最直接的特征参数，其大小直接影响着动力电池单体的衰退速率。充放电倍率越高，动力电池单体的容量衰退越快。动力电池单体大倍率的充放电都会加快其容量的衰退速率。如果充放电倍率过大，动力电池单体还可能会出现直接损坏，甚至过热、短路起火等极端现象。

④ 环境温度。不同的动力电池单体均有最佳的工作温度范围，过高或过低的温度都将对动力电池单体的使用寿命产生影响。在高温下运行的动力电池单体容量衰减明显大于常温下工作的动力电池单体。

⑤ 存储条件。在动力电池单体存储过程中，由于动力电池单体的自放电、正负极材料钝化、电解液分解蒸发、电化学副反应等因素，将导致动力电池单体产生不可逆的容量损失。

(4) 动力电池单体的一致性对动力电池组寿命的影响

① 动力电池单体的一致性。

a. 电压一致性。影响动力电池单体电压不一致的主要因素是在并联动力电池组中动力电池单体的互充电，当并联动力电池组中一个动力电池单体电压低时，其他动力电池单体将给此动力电池单体充电。

b. 容量一致性。动力电池单体初始容量不一致不是电动汽车动力电池组应用的主要矛盾，但在动力电池组的实际使用过程中，容量不一致主要是动力电池单体起始容量不一致和放电电流不一致综合影响的结果。

c. 内阻一致性。动力电池单体内阻的不一致，使动力电池组中每个动力电池单体在放电过程中热损失的能量各不相同，最终会影响动力电池单体的能量状态。

② 动力电池单体的不一致性。

a. 制造过程中的差异引起的动力电池单体的原始差异，是由工艺上的问题和材质的不均匀引起的。

b. 在动力电池组装车使用时，环境的差异引起的动力电池单体退化差异，是由在动力电池组中各动力电池单体的温度、通风条件、自放电程度、电解液密度等的差别引起的。

(5) 动力电池单体一致性对动力电池组寿命的影响

① 温度差异。在电动汽车上动力电池单体的安装位置根据布置的需要可能在不同的位置，不同动力电池单体所处的热环境存在差异，或者在同一位置的动力电池单体内由于通风条件的差异导致动力电池单体间的温差。

② 充放电倍率差异。同一种动力电池单体都有相同的最佳放电率，但若动力电池单体的容量不同，则最佳放电电流就不同。

③ 放电深度差异。电动汽车行驶距离相同，因动力电池单体容量不同，动力电池单体的放电深度也不同。

④ 动力电池单体与动力电池组的可用容量差异。在动力电池单体充电过程中，小容量的动力电池单体将提前充满，为使动力电池组中其他动力电池单体充满，小容量的动力电池单体必将过充电，充电后期充电电压偏高，甚至超出动力电池单体电压最高限值，形成安全隐患，影响整个动力电池组的充电过程，并且过充电将严重影响动力电池单体的使用寿命。

## 4.2.2 电动汽车镍氢电池动力系统

动力电池系统作为电动汽车的重要组成部分，EV用镍氢电池动力系统按其具体结构及功能由镍氢动力电池组、电池管理系统、热管理系统、电气及机械系统四部分组成。EV用动力电池系统如图4-3所示。

### 4.2.2.1 动力电池组

动力电池组由多个动力电池单体串并联组合而成，包括动力电池单体、固定框架、电连接装置，还有温度传感器、电压检测线路等。如果把动力电池的PACK比作一个人体，那么动力电池组就是"心脏"，负责储存和释放能量，为汽车提供动力。在动力电池组设计时通常考虑以下几个方面。

① 动力电池成组的固定连接方式。要根据动力电池系统设计的整体要求，按选定

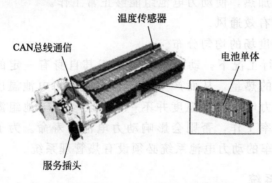

图 4-3　EV 用动力电池系统

好的动力电池单体结构、形状进行。

② 动力电池组的装配要求。松紧度适中，各结构部件具有足够的强度，防止动力电池组受内外部力的作用而发生变形或破坏。

③ 动力电池单体及动力电池组要有专门的固定装置，结构紧凑，且要根据动力电池箱体的散热情况设置通风散热通道。

④ 动力电池单体之间的导电连接距离尽量短，连接可靠，最好是柔性连接，各导电连接部位的导电能力要满足用电设备的最大过流能力。

⑤ 充分考虑动力电池单体串并联连接之间的绝缘保护问题，如绝缘间隙和爬电距离等。

#### 4.2.2.2　动力电池管理系统

动力电池管理系统（Battery Management System，BMS）俗称"动力电池保姆"或"动力电池管家"，主要就是为了智能化管理及维护各个动力电池单体及动力电池组，防止动力电池组出现过充电和过放电，延长动力电池组的使用寿命，监控动力电池组的状态。通过电压、电流及温度监测等实现对动力电池组的过压、欠压、过流、过高温和过低温保护、继电器控制、SOC 估算、充放电管理、加热或保温、均衡控制、故障报警及处理、与其他控制器通信等功能。

动力电池管理系统通过检测动力电池组中各动力电池单体的状态来确定整个动力电池组的状态，并根据检测到的状态对动力电池组进行控制，实现对动力电池组及各动力电池单体的充放电管理，保证动力电池组安全稳定地运行。此外动力电池管理系统还具有动力电池组高压回路绝缘检测功能，以及为动力电池组加热的功能。

### 4.2.2.3 动力电池热管理系统

动力电池热管理系统是从使角度出发,用来确保动力电池系统工作在适宜温度范围内的一套管理系统,主要由动力电池箱、传热介质、监测设备等部件构成。动力电池热管理系统的主要功能如下。

① 动力电池单体及动力电池组温度的准确测量和监控。
② 动力电池组温度过高时的有效散热和通风。
③ 低温条件下的快速加热,使动力电池组能够正常工作。
④ 有害气体产生时的有效通风。
⑤ 保证动力电池组温度场的均匀分布。

当电动汽车在不同运行工况下,动力电池组由于其自身有一定的内阻,在输出功率、电能的同时产生一定的热量,从而产生热量累积使动力电池温度升高,由于空间布置的不同,使得各处动力电池单体温度并不一致。当动力电池组温度超出其正常工作温度区间时,必须限功率工作,否则会影响动力电池的寿命。为了保证动力电池组的电性能和寿命,电动汽车的动力电池系统必须设有热管理系统。

### 4.2.2.4 电气及机械系统

电气及机械系统主要包括高压系统、动力电池箱体、连接线束、机械接插件等,其中高压系统主要由继电器、电流传感器、电阻和熔断器等器件组成。动力电池的箱体固定安装到电动汽车上,是电动汽车的一个重要的零部件组成。动力电池箱体必须具备一些基本功能,如与整车的信号通信、电源输出、增程器充电输入、维护开关设计等。

机械系统主要由动力电池PACK上盖、托盘、各种金属支架、端板和螺栓组成,可以看作是动力电池PACK的"骨骼",起到支撑、抗机械冲击、机械振动和环境保护(防水防尘)的作用。

电气系统主要由高压跨接片或高压线束、低压线束和继电器组成,高压线束可以看作是动力电池PACK的"大动脉血管",将动力电池系统心脏的动力不断输送到各个需要的部件中,低压线束则可以看作是动力电池PACK的"神经网络",实时传输检测信号和控制信号。电气系统能够保证设备安全、可靠运行,实现控制功能。

### 4.2.2.5 动力电池系统的测试与评估

在纯电动汽车产业的发展过程中,至关重要的是如何测试与评估动力电池系统的性能,目前国内外在该领域的研究刚刚起步,尚有很多问题需要解决,具体来说,包括以下几方面。

(1) 动力电池系统性能测试与评价　现有的动力电池系统的相关测试方法或各类国家标准、行业标准更多针对动力电池单体或动力电池模组,仅考核动力电池单体本身或动力电池模组性能,尚没有对整个动力电池系统的测试方法和评估标准。

(2) 动力电池系统安全性能测试与评价　动力电池系统的安全性能对纯电动汽车产业化至关重要,如何考核与评价其安全性能,是目前产业界关注的热点,也是亟待解决的问题。

(3) 动力电池系统循环寿命测试方法　循环寿命是关系电动汽车整车寿命与价格的重要指标,目前的循环测试结果距离电动汽车整车实际应用工况尚有一定的差距。电动汽车动力电池系统的使用寿命通常需要 10~15 年,因此通过对不同电化学体系,在不同使用环境、不同使用条件下的失效机理分析,结合相关电化学模型确定循环寿命测试方法,成为纯电动汽车动力电池研究开发领域非常活跃的分支。

## 4.3　废旧镍氢动力电池回收技术

### 4.3.1　废旧镍氢动力电池的危害及资源

#### 4.3.1.1　废旧镍氢动力电池的危害

由于镍氢动力电池电极材料中的镉、铅、汞等重金属元素含量不及镍镉动力电池中重金属元素含量大,因此被称为"环保电池"。但废旧镍氢动力电池对环境还是有危害的,危害源主要是电解质溶液,还有重金属的污染。电解质溶液会影响土壤里水系的 pH 值,使土壤和水系酸性化或碱性化。镍氢动力电池中含有的重金属离子会在土壤或水中溶解,并有可能被树木、花草等植物的根系吸收,当牲畜以及人类食用这些植物时,身体内就会含有重金属。人类食用含重金属的粮食、蔬菜和肉类、水,重金属就会在人体内聚集。由于重金属离子在人体内很难被排出,将会危害人的神经系统及肝脏功能。

镍的毒性相对镉而言较小,但镍的含量超过一定浓度范围时,会对人体产生不良影响和危害,镍中毒主要引起呼吸系统损害,严重者神志模糊或昏迷,并发心肌损害。

钴是人体和植物所必需的微量元素之一,在人体内钴主要通过形成维生素 B 发挥生物学作用及生理功能,但水中钴含量超过一定量时,会对水的色、嗅、味等性能指标产生影响,并有中毒和致癌作用。灌溉用水中钴的浓度为 0.1~0.27mg/L 时,对西红柿等植物会产生毒害作用,硫酸钴浓度为 2mg/L 时可使农作物生长减缓,甚至枯萎;当水体中钴含量达到 0.9mg/L 时将危害水体的自净能力,当钴含量高达 7.0~15.0mg/L 时将导致鱼类死亡。

随着人们环保意识的逐渐提高,对镍、钴等元素的排放限制将越来越严,美国加利福尼亚州的环保法已对镍的最大溶出量做了规定,镍的最大允许溶出量(20mg/L)较其最大溶出量(320~900mg/L)低 16~45 倍,限制是非常严格的,欧洲国家规定的镍的最大溶出量更低,为 2mg/L。各国环境保护法对金属排放量的限制必然促进废旧镍氢动力电池的回收,对废镍氢动力电池的回收处理有利于保护环境。

#### 4.3.1.2　废旧镍氢动力电池中的资源

在废旧镍氢动力电池中含有镍、钴、稀土等稀有金属,是丰富的"二次资源"。回收废旧镍氢动力电池具有极大的资源回收意义,也具有重要的环境保护意义,资源化回收体现了循环经济和可持续发展的理念。从材料角度看,构成镍氢动力电池的电极材料只是暂时失去了使用价值,其基本特征并未发生变化。

随着环境污染与矿产资源的日益严峻性，高比能量型动力电池越来越受青睐，镍氢动力电池的回收与再生不仅带来巨大的环境效益，同时也带来了经济效益与社会效益。传统的废旧镍氢动力电池处理工艺成本高，工艺复杂，金属回收率低，经济效益差，还存在二次污染问题。因此，需要研究并寻找更为有效可行的废旧镍氢动力电池处理与再生方法，为废旧镍氢动力电池的低成本化提供有效技术途径。

废旧镍氢动力电池材料的回收对环境保护以及材料回收都具有重要意义，目前研究开发的废旧镍氢电池材料再生利用技术，对于金属资源的有效利用具有重要经济价值。每吨废镍氢动力电池可回收得到37.5kg纯度为80%的稀土金属，非常接近于氟碳铈矿的组成。

废旧镍氢动力电池的回收经济价值很高，因为其内部拥有着大量的镍、钴以及稀土等珍贵矿产资源。镍氢动力电池的负极储氢材料主要是混合稀土系的储氢合金，镍氢动力电池中的稀土元素主要是轻组稀土元素，在废旧镍氢动力电池中含有33%~42%的镍、10%的钴和10%稀土元素，这些元素对于需要镍的市场是一个宝贵的来源。

镍氢动力电池中的稀土元素广泛应用于电子、石油化工、冶金等领域，随着稀土资源的开采利用，稀土资源日益紧张，而废旧镍氢动力电池中含有大量的稀土元素，因此对废旧镍氢动力电池中稀土元素的回收不仅可以减少环境污染，还能缓解日益紧张的资源压力。加大废旧镍氢动力电池的回收力度，不仅有益于减少镍氢动力电池的生产成本，还能够有效促进社会经济效益的提升，对社会的可持续发展有着极为重要的现实意义。典型镍氢动力电池的组成成分见表4-1，最有回收价值的是Ni、Co及稀土金属元素。

表4-1 典型镍氢动力电池的组成成分　　　　　　　　单位：%

| 元素 | 扣式 | 柱形 | 方形 |
| --- | --- | --- | --- |
| 镍 | 29~39 | 36~42 | 38~40 |
| 铁 | 31~47 | 22~25 | 6~9 |
| 钴 | 2~3 | 3~4 | 2~3 |
| 镧、铈、镨、钕 | 6~8 | 8~10 | 7~8 |
| 石墨 | 2~3 | <1 | <1 |
| 塑料 | 1~2 | 3~4 | 16~19 |
| 钾 | 1~2 | 1~2 | 3~4 |
| 氢、氧 | 8~10 | 15~17 | 16~18 |

镍氢动力电池中使用的稀土资源以镧、铈、镨、钕等混合稀土金属为主，存在形式是与镍、钴、锰等金属通过熔融形成负极储氢合金活性材料。由此可以看出，镍氢动力电池中化学成分非常复杂，相比其他动力电池，如镍镉动力电池而言，其回收分离的难度大。日本重化学工业株式会社开发了镍氢动力电池回收量产工艺，从失效产品里面提取混合稀土氧化物，进一步熔盐电解为可直接用于制备镍氢动力电池负极材料的混合稀土金属。这一方式相比从矿山开采的稀土更具有成本和组分优势。此外，通过熔盐电解获得混合稀土进行直接应用，也避免了进行复杂的稀土分离提纯，缩短了传统回收工艺流程。

作为镍氢动力电池的主要有价金属镍、钴、稀土等的市场价格不断攀升，将严重影响镍氢动力电池的制造成本。可以预见，在未来，镍氢动力电池回收循环利用将成为新兴产业，失效镍氢动力电池的回收与再生不仅可以带来巨大的环境效益，同时也将带来可观的经济效益与社会效益。这不仅能有效控镍氢制动力电池的生产成本，更可以为混合动力汽车的普及起到正向的积极效应。

#### 4.3.1.3 钴、镍分离技术

由于钴和镍同属于Ⅷ族的元素，其半径也相似，因此可采用氧化或碱沉淀的方法进行回收，钴和镍在不同的pH值情况下浸出顺序不一样。简单地采用控制溶液pH值的方法，虽然能实现废旧镍氢动力电池电极材料浸出液中钴、镍元素的分离提纯，但是所得为Co(Ⅱ)与Co(Ⅲ)的氢氧化物混合物，这与氢氧化钴在空气中的稳定性有关。与$Co(OH)_2$相比，$Co(OH)_3$在空气中更稳定，为了使电极浸出液中钴的回收价态更稳定，须将电极浸出液中钴元素以$Co(OH)_3$沉淀回收更为理想，采用次氯酸钠作为氧化剂氧化沉淀溶液中的Co(Ⅱ)离子。溶液的pH值对$Co(OH)_3$的稳定性至关重要。在溶液pH值大于3.5的条件下，向Co(Ⅱ)盐溶液中加入强氧化剂，如$Cl_2$、NaOCl等可制得氢氧化钴(Ⅲ)，而氢氧化镍则须在碱性条件下，低于298K时，向Ni(Ⅱ)溶液中加入氧化剂$Br_2$制得，因此可利用钴、镍三价化合物生成条件的差异性，采用氧化碱沉淀的方法分离电极浸出液的钴离子和镍离子。

#### 4.3.1.4 废旧镍氢动力电池回收利用水平

回收废旧镍氢动力电池中的资源，不但能保护环境、推动镍氢动力电池行业的发展，同时对新能源行业发展甚至是环保都会起到非常重要的作用。然而从目前情况来看，我国针对于废旧镍氢动力电池的回收，仍然处于起步阶段，其回收利用水平与西方等发达国家仍然存在着一定的差距，而究其原因，主要是由以下三个方面造成的。

① 镍氢动力电池的产销量相对发达国家而言较少，失效的废旧镍氢动力电池数量不足够多，致使相关技术人员对废旧镍氢动力电池回收利用技术的研究未能足够重视。

② 人们的回收意识较为薄弱，环保意识不强，并未能认识到废旧镍氢动力电池回收的重要性。

③ 镍氢动力电池的化学成分较为复杂，即镍氢动力电池不仅在内部金属构造上较为繁杂，在存在形式方面也较为复杂，这使回收利用废旧镍氢动力电池的难度有所增强。镍氢动力电池回收存在着成本和管理方面的问题，再生利用也存在一定的技术问题。

目前处理废旧镍氢动力电池的主要方法有机械法、火法、湿法、生物冶金法、正负极分开处理技术和废旧镍氢动力电池再生技术，实际应用中以采用湿法处理技术居多。湿法回收后产品利用方式较多，有价金属镍可以做成电解镍或硫酸镍结晶，稀土以复盐形式回收，可以再次利用。

而目前湿法回收工艺浸出前要对废旧镍氢动力电池进行预处理，主要技术路线是将废旧镍氢动力电池利用机械破壳去除钢壳，然后再破碎，并且分选出其中的隔膜纸，从而得到电极物料，再采用湿法回收工艺对有价资源进行回收。由于预处理工艺路线较复杂，而且破壳设备易磨损，维护成本高，破壳效率较低。因此，寻找一套完整的可以与湿法工艺匹配的废旧镍氢动力电池预处理工艺成为当前一个主要课题。目前，影响湿法回收工艺处理废旧镍氢

动力电池的其他因素还有酸的种类、酸的浓度、浸出温度、浸出时间、液固比、搅拌强度等。

## 4.3.2 废旧镍氢动力电池回收处理方法

### 4.3.2.1 废旧镍氢动力电池的机械回收法

废旧镍氢动力电池机械回收处理技术也可称为选矿技术，通常作为火法冶金和湿法冶金的预处理步骤或补充，主要是根据物质的密度、导电性、磁性和韧性等差异来处理废旧镍氢动力电池。机械回收法相比于湿法及火法，无需使用化学试剂，且能耗更低，是一种环境友好且高效的方法。基于废旧镍氢动力电池的结构特点，采用破碎筛分与气流分选组合工艺，对其进行分离富集，以实现废旧镍氢动力电池中的有价材料的高效分离回收。

机械回收法采用高速旋转粉碎机、风力摇床及振动筛等设备，对废旧镍氢动力电池进行处理的主要步骤有粉碎、筛分、磁选（分出树脂材料、金属材料、金属氧化物颗粒和石墨）、再破碎、再磁选等。机械回收法处理废旧镍氢动电池的工艺流程如图 4-4 所示。

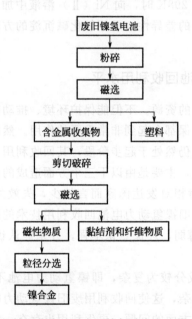

图 4-4 机械回收法处理废旧镍氢动力电池的工艺流程

基于废旧镍氢动力电池正负电极结构及其组成材料铜与炭粉的物料特性，采用锤振破碎、振动筛分与气流分选组合工艺对废旧镍氢动力电池组成材料进行分离与回收。通过锤振破碎、振动筛分与气流分选组合工艺可实现对废旧镍氢动力电池材料中金属铜与炭粉的资源化利用。负极材料经过锤振破碎可有效实现炭粉与铜箔间的相互剥离，后经基于颗粒间尺寸差和形状差的振动过筛可使铜箔与炭粉得以初步分离。

经锤振剥离与筛分分离结果显示，铜与炭粉分别富集于粒径大于 0.250mm 和粒径小于 0.125mm 的粒级范围内，品位分别高达 92.4% 和 96.6%，可直接送下游企业回收利用。对于粒径为 0.125~0.250mm 且铜品位较低的破碎颗粒，可采用气流分选实现铜与炭粉间的有效分离,当气流速度为 1.00m/s 时即可取得良好的回收效果,金属铜的回收率可达 92.3%,品位达 84.4%。

机械回收法的处理过程是单纯的物理过程,不涉及高温焙烧和化学反应,是一种高效、无污染的处理技术,但由于废旧镍氢动力电池的组分复杂,单一的机械回收法很难全面回收废旧镍氢动力电池中的有价金属。因此,通常是将机械回收法与其他方法联合使用,达到有效回收有价金属的目的。

#### 4.3.2.2 废旧镍氢动力电池的火法冶金回收法

火法冶金回收法又称焚烧法或干法冶金法,火法冶金回收法是以回收 $Ni_2Fe$ 合金为目标的废旧镍氢动力电池处理方法,主要利用废旧镍氢动力电池中各元素的沸点差异进行分离、熔炼。通过高温焚烧去除废旧镍氢动力电池电极材料中的有机黏结剂,同时使其中的金属及其化合物发生氧化还原反应,以冷凝的形式回收低沸点的金属及其化合物,对炉渣中的金属采用筛分、热解、磁选或化学方法等进行回收。火法冶金对原料的组分要求不高,适合大规模处理废旧镍氢动力电池,但燃烧必定会产生部分废气,污染环境,且高温处理对设备的要求也较高,同时还需要增加净化回收设备等,处理成本较高。

火法冶金回收法首先要对废旧镍氢动力电池进行分类筛选、破碎,然后放入焙烧炉中在高温下焙烧,主要是利用废旧镍氢动力电池中各种金属在熔点与沸点上的差异性,将废旧镍氢动力电池进行加热、分离处理,以使废旧镍氢动力电池中的化合物及金属进行氧化、还原、分解和冷凝回收,该技术通常以镍铁合金为回收目标。

目前,火法冶金技术又可分为真空冶金法和常压冶金法。前者是在密封的环境下进行的,后者则是在大气中进行的。火法冶金处理技术具有较强的可操作性,且回收率高,因而得到了较为广泛的应用,火法处理废旧镍氢动力电池工艺流程如图 4-5 所示。

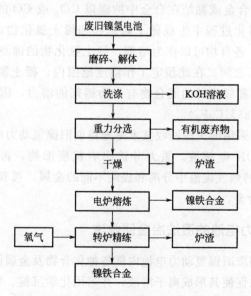

图 4-5 火法处理废旧镍氢动力电池工艺流程

常压冶金技术具有处理过程简单、物料处理量大、可直接利用现有的处理废旧镍镉动力电池设备等优点,但由于该技术回收得到的产品价值较低,一些贵重金属如钴等未被回收,并未实现钴、镍的分离提纯。另外，稀土成分也转入炉渣，资源浪费极大。处理过程对设备要求也高，能耗大，在常压冶金法中，由于有空气参与反应，处理过程中可能会有挥发性有毒化合物逸出，对空气可能会造成一定的污染。

真空处理技术虽克服了常压冶金技术的二次污染问题，但其对有价值金属镍和钴的回收效率不高，并且能耗较高，因此，为了达到最佳回收效果，并减少污染，目前，倾向于将真空处理技术和其他工艺结合起来处理废旧镍氢动力电池。

目前，研发出一种机械和冶金处理相结合的组合工艺，废旧镍氢动力电池经机械破碎、洗涤去除电解液KOH后再干燥的物料，用0.15mm的筛子进行湿筛，这样就获得了包含诸如Ni、Co和稀土等有价成分的细粒产品，以及铁屑、电极格板、塑料屑、纸和隔膜絮状物等混合物组成的粗粒产品。细粒产品含56%Ni、约9%Co、19%稀土铈合金、5.6%Mn、3.3%Cr和0.7%Fe，细粒产品经过还原法熔炼可得到以镍铁为主的合金材料，其中含镍50%～55%，含铁30%～35%（质量分数）。

借助于电弧炉和专门的熔剂，可以生产出镍钴合金，稀土金属氧化物成为炉渣。镍钴合金采用火法精炼并且作为一种产品直接应用于动力电池工业，炉渣经机械加工和湿法冶金处理，以将稀土氧化物转化成氯化物，稀土氯化物进入熔盐电解，熔盐电解的产品（铈合金）作为一种电池合金成分也可以直接再用。

任何火法冶金过程均有赖于一种适宜的造渣体系，在该特定情况下，火法冶金处理工艺必须使Ni和Co能够以金属形式几乎是定量地与稀土金属分离，以杂质形式例如氧化物收集稀土。另外，稀土金属以杂质如氧化物收集，而稀土氧化物与化合物或元素进行反应，生成氯化物或氟化物，这些化合物比氧化物更适合于后续的渣处理和熔盐电解。

针对镍氢动力电池负极稀土合金的特性，可利用废旧镍氢动力电池负极储氢合金用作熔融盐电解中的原材料，将合金或黏结在合金中的碳以$CO_2$或CO的形式除去，使负极储氢合金得到纯化。为了在熔化过程中生成稀土氟化物和稀土氯化物，氟化钙（沸点2513℃）和氯化钙（沸点1600℃）各自均可以作为熔剂。稀土氟化物的沸点约为2300℃，稀土氯化物的沸点在1700～1800℃之间。在此预定工作温度范围内，稀土氯化物和稀土氟化物不会优先蒸发。另外，氟化钙和氧化钙的混合物有作为熔剂的潜力，因为该混合物具有1360℃的低共熔点（15%CaO、85%$CaF_2$）。

日本住友和三德金属采用的火法回收技术是先将废旧镍氢动力电池进行破碎，然后进行解体和洗涤，以除去KOH电解液。重力分选出有机废旧物，再放入焙烧炉中在600～800℃进行焙烧。从排出的烟气废渣中分离和提纯不同的金属。可获得含镍50%～55%、含铁30%～35%的Ni-Fe合金。

### 4.3.2.3 废旧镍氢动力电池的湿法冶金回收法

湿法冶金技术是利用废旧镍氢动力电池内部各种化合物及金属能够溶解于酸、溶液中的特性，来将其进行溶解以促使其形成离子溶液，并运用化学沉淀、置换以及选择性浸出等回收方式，对其中的有价金属进行回收的一种技术。

湿法冶金工艺比较适合回收化学组成相对单一的废旧动力电池，可以单独使用，也可以联合火法冶金一起使用，对设备要求不高，处理成本较低，是一种很成熟的处理方法，适合中小规模废旧动力电池的回收。

湿法冶金工艺是将废旧镍氢动力电池经过机械粉碎、去碱液、磁选和重力分离处理后，分离出含铁物质；然后再用酸浸，溶解电极敷料，过滤去除不溶物，得到含镍、钴、稀土元素、锰、铝等金属盐溶液；最后再利用化学沉淀、萃取、置换等手段使得有价金属得到有效回收。湿法冶金处理废旧镍氢动力电池工艺流程如图 4-6 所示。

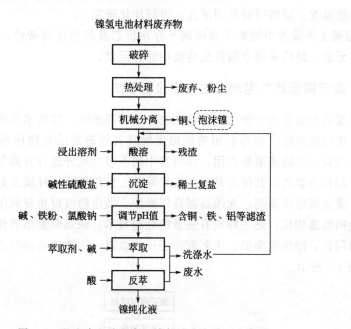

图 4-6 湿法冶金处理废旧镍氢动力电池工艺流程

湿法冶金技术能够有效回收废旧镍氢动力电池中的各类金属，回收产品的纯度也较高。但该方式也存在着一定的不足，即技术工艺流程过于复杂，且浸出液体的腐蚀性较强，处理成本高，倘若处理方式存在不当，则极易引发二度污染，难以实现工业化生产。另外，在原料消耗成本上也较大，获取的经济效益不够显著，为此，该方法在废旧镍氢动力电池回收工作上的应用也呈现出了逐年缩减的趋势。

但与火法相比，湿法冶金在废旧镍氢动力电池的回收处理研究应用领域仍然有很大的拓展空间。湿法冶金可将各种金属单独回收，回收金属纯度高。目前，湿法冶金处理技术中的研究重点和难点多集中在浸出条件的优选及镍、钴元素的分离上。

为实现废旧镍氢动力电池中钴、镍及稀土元素的回收，一般采用酸性溶液对电极材料进行处理，不同的酸溶液体系所处理的效果也不同。一般认为盐酸的溶解效果要强于硫酸及硝酸，这些主要是针对 $AB_5$ 型废旧镍氢动力电池而言的，$AB_5$ 型废旧镍氢动力电池的负极主要为轻稀土合金，这些轻稀土合金与电极中其他碱土金属元素在硫酸或硝酸中能形成硫酸复盐或硝酸复盐，这些复盐的溶解度较小，对电极中的目的组分的浸出有阻碍作用。在酸浸出过程时负极的原材料比较难以完全溶解，另外酸的浓度对于金属浸出强度的影响比较显著，目前废旧镍氢动力电池湿法回收处理的主要难点如下。

① 以往对废旧镍氢动力电池湿法回收处理工艺的研究，往往集中在萃取分离和电解沉积两种方法上，造成废旧镍氢动力电池回收处理工艺复杂，难于实现工业运行投产。

② 所用药品试剂种类繁多，使得回收成本高居不下。

为了解决上述难点，采用化学沉淀法，应从以下几个方面对废旧镍氢动力电池中镍的回收纯化进行研究。

① 对废旧镍氢动力电池电极活性物质在酸溶液中的溶出反应进行理论分析，根据水桶效应，采用镍元素的浸出作为衡量废旧镍氢动力电池电极活性物质在不同酸溶液中浸出率的标准，采用正交实验对废旧镍氢动力电池电极活性物质在溶液中的浸出条件（酸的种类、酸的浓度、溶液温度、浸溶时间及固液比）进行优化研究。

② 根据稀土去除液中钴离子和镍离子存在价态及其化合物特性，采用氧化沉淀法分离溶液中的钴元素，最后采用草酸沉淀溶液中的镍元素。

#### 4.3.2.4 废旧镍氢动力电池的生物冶金回收法

废旧镍氢动力电池的生物冶金回收法也称生物沥滤法，其技术原理源于矿业的生物湿法处理技术。生物冶金回收法是利用嗜酸微生物及其代谢物的直接作用或间接作用，产生氧化、还原、结合、吸附或溶解作用，并将其中的不溶性成分进行分离与浸提。生物冶金回收法的优缺点都较为显著，其优点是工艺流程简单、操作便捷、环境友好、能源消耗低、消耗成本较低、重金属溶出率高、无须高温高压操作，微生物可以重复利用，与传统的火法冶金和湿法冶金回收法相比，是一种很有前景的处理技术；缺点则是培养微生物菌类要求条件苛刻，培养时间长，浸出效率低，工艺有待进一步改进。生物冶金回收法处理镍氢动力电池工艺流程如图 4-7 所示。

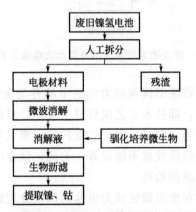

图 4-7 生物冶金回收法处理镍氢动力电池工艺流程

#### 4.3.2.5 废旧镍氢动力电池正负极分开处理技术

由于废旧镍氢动力电池的正负极板、隔膜等构件较易分离，因此正负极分开处理技术引起人们的重视。其处理过程总体上是先将镍氢动力电池各组件分离，然后对不同类型的材料采用不同的方法进行处理。对于正极活性物质，先将其浸在酸溶液中，经沉淀分离与电沉积技术结合，可有效回收其中的镍、钴等金属，对负极材料处理类似于湿法冶金技术。镍氢动力电池采用正负极分开处理技术进行回收利用具有投资最少、效率高等优点。

(1) 正极常用处理技术　正极材料中主要含有的有价金属元素为镍和钴，这两种金属在正极中的含量总和接近 70%。由于两者性质十分相近，两者的分离一直是研究者探讨的问题。目前，常用的镍钴分离技术如下。

① 萃取法。先将 2 价钴氧化成 3 价，并与某些配位体（如 $NH_3$ 等）形成稳定的配合物，使钴不被萃取而与镍分离。这种方法的缺点是需加入大量的氧化剂和长时间通气，且钴不易被完全氧化。

② 离子交换法。利用镍和钴对离子交换树脂交换剂亲和力差异进行分离，由于镍离子和钴离子半径相近，对交换剂亲和力差别较小，因此该法分离镍和钴也不彻底。

③ 化学沉淀法。依据镍和钴电极电位的差异，即 2 价钴易被氧化成 3 价，并迅速水解形成 $Co(OH)_3$ 沉淀，而与镍不发生类似反应，利用这种差异实现两者的分离。该法缺点是对 pH 值要严格控制，其值稍有变化，就会引起镍的共沉淀，从而不能有效分离。

(2) 负极常用处理技术　负极材料中除了含有大量的镍、钴有价金属外，还含有大量的镧、铈和钕等轻稀土元素。这些稀土元素价格昂贵，同样具有巨大的回收价值。将失效废旧镍氢动力电池外壳剥开，从电池芯中分选出负极片，用超声波震荡和其他物理方法得到失效负极粉，再经化学处理得到处理后的负极粉，将此负极粉压片，在非自耗真空电弧炉中反复熔炼 3~4 次。除去熔炼铸锭表面的氧化层，将其破碎，混合均匀后，用 ICP 方法测其混合稀土、镍、钴、锰、铝各元素的含量，根据储氢合金元素流失的不同，以镍元素的含量为基准，补充其他必要元素，再进行冶炼，最终得到性能优良的回收合金。

目前常用的负极回收方法是将负极材料进行酸浸，常用的酸有硫酸、盐酸和硝酸，也有利用浓硫酸和浓硝酸混合进行浸提。利用硫酸浸提时，浸出液通常加入硫酸钠与稀土硫酸盐形成复盐沉淀从而分离稀土和镍、钴。然后再利用正极镍、钴分离的方法对镍、钴分别进行回收。使用盐酸介质进行浸提时，主要利用萃取法分离稀土和镍、钴。

用工业浓硫酸、浓硝酸和去离子水按 1.67:0.13:7.5 的比例在 80℃条件下将废旧镍氢动力电池的负极材料中的储氢合金浸出，然后投加硫酸钠使稀土元素以硫酸复盐的形式沉淀析出。对其他金属元素，以高锰酸钾为氧化剂，工业稀碱为中和剂分离铁、锰、铝，剩下含钴的硫酸镍溶液直接制备含钴型 $\beta$-$Ni(OH)_2$。利用无水硫酸钠沉淀稀土的方法可从废旧镍氢动力电池负极板中分离出稀土，该法可把 92% 以上的稀土沉淀下来，从而达到镍、钴与稀土基本分离。

#### 4.3.2.6　不需破碎分离的废旧镍氢动力电池回收处理工艺

一种工艺简单、不需破碎分离的废旧镍氢动力电池回收处理工艺步骤是：将废旧镍氢动力电池、还原剂（还原剂为活性炭，用量为废旧镍氢动力电池加入量的 10%~15%）、硫化剂（硫化剂为单质硫，用量为废旧镍氢动力电池加入量的 20%~25%）和造渣剂［造渣剂为氧化钙和二氧化硅的混合物，氧化钙与二氧化硅的质量比为 (5~7):(8~10)，用量为废旧镍氢动力电池加入量的 25%~30%］按一定比例加入到石墨坩埚中混合均匀，之后将装有物料的石墨坩埚置于焙烧装置中（电阻炉、熔炼炉、电弧炉），焙烧装置开始逐步升温至 1450~1600℃，并保温一定时间，直至废旧镍氢动力电池中的金属 Ni、Co、Fe 形成硫化物或复合硫化物，稀土元素形成化合物，最后冷却取出混合产品。

一般情况下，考虑到工作效率，在焙烧装置中的保温时间一般控制在 1~3h。在生产过程中考虑到方便性，也可将石墨坩埚先置于焙烧装置中逐步升温至工艺温度，然后再往石墨坩埚中加入物料，之后保温反应。

上述废旧镍氢动力电池的回收处理工艺得到的混合产品易破碎，可以用硫酸直接浸出,为后续进一步使用湿法工艺分离提纯回收其中的有价金属镍、钴及稀土提供有利条件。

常规的方法是将混合产品使用硫酸浸出,浸出液通过硫酸钠沉淀回收稀土,将除去稀土后的溶液使用黄钠铁矾除铁后萃取净化,分离回收镍、钴金属。

#### 4.3.2.7 废旧镍氢动力电池中稀土回收技术

废旧镍氢动力电池中含有大量的镍、钴、锰以及稀土等元素,其中稀土元素的含量约为12%,稀土元素在自然界中属于稀有资源,含量较低。因此,将其回收不但有显著的经济效益,而且还能减少环境污染,节约能源,降低能耗。以往废旧镍氢电池回收方法主要采用传统的选冶工艺回收其中的镍,对镍氢动力电池中的稀土元素等采取填埋处理,这种做法不仅造成环境污染,而且浪费了大量的稀土资源。近年来,回收废旧镍氢动力电池中的稀土主要采用加入无水硫酸钠沉淀稀土,稀土以稀土硫酸盐的形式沉淀。这种方法,工艺虽然简单易行,但是得到的稀土硫酸盐溶解性很差、热稳定性高,不仅不利于进一步深加工,而且很难返回到稀土生产系统,进行重复再利用。

从废旧镍氢动力电池中回收稀土并转型的方法流程如图 4-8 所示,该流程包括破碎处理、酸浸处理、一次固液分离、一次沉淀处理、二次固液分离、硫酸稀土复盐转型处理、稀土沉淀提取,合计 7 个步骤。相比稀土硫酸盐而言,碳酸稀土沉淀易于溶解,不仅利于进一步深加工,而且能很好地和废旧镍氢动力电池中镍、钴分离,不但利于稀土的回收利用,还能回收利用其他有价金属。这个反应在常压下进行,反应温度较低,所以能耗较低。在15℃的温度条件下粉碎废旧镍氢动力电池不但可以降低废旧镍氢动力电池有害物质的挥发,

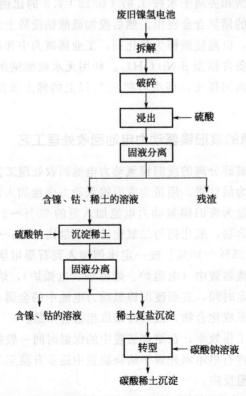

图 4-8 从废旧镍氢动力电池中回收稀土并转型的方法流程

还能让废旧镍氢动力电池更容易破碎，为了防止废旧镍氢动力电池在破碎过程中因为撞击升温，在寒冷冬季粉碎废旧镍氢动力电池最为适宜。

目前，本田公司在全球率先建立了混合动力汽车镍氢动力电池循环利用机制，将提取于混合动力汽车废旧镍氢动力电池中的稀土，作为镍氢动力电池材料投入实际应用，在全世界首次实现了稀土资源的循环利用。此前，本田公司曾在日本重化学工业株式会社的工厂，从废旧的镍氢动力电池中提取了含有稀土的氧化物。通过对该氧化物进行电解处理，成功提取出可直接用于镍氢动力电池负极材料的稀土。

按照上述方式提取的稀土纯度达到了99%以上，与矿山开采的用于销售的稀土相同，而利用该技术的稀土回收率可达到80%以上。日本重化学工业株式会社已向日本电池厂家提供这种稀土作为镍氢动力电池的负极材料，用以制造混合动力汽车搭载的镍氢动力电池。

# 第 5 章
# 废旧铅酸动力电池资源化技术

## 5.1 阀控密封式铅酸电池的工作原理与充放电过程

### 5.1.1 阀控密封式铅酸电池的工作原理及结构

#### 5.1.1.1 阀控密封式铅酸电池的工作原理

阀控密封式铅酸电池的工作原理基本上仍沿袭于传统的铅酸电池,它的正极活性物质是二氧化铅($PbO_2$),负极活性物质是海绵状金属铅(pb),电解液是稀硫酸($H_2SO_4$),其电极反应方程式如下。

正极:$PbSO_4 + 2H_2O \rightleftharpoons PbO_2 + HSO_4^- + 3H^+ + 2e$

负极:$PbSO_4 + H^+ + 2e \rightleftharpoons Pb + HSO_4^-$

整个铅酸动力电池反应方程式:$2PbSO_4 + 2H_2O \rightleftharpoons Pb + PbO_2 + 2H_2SO_4$

阀控密封式铅酸电池的设计原理是把所需份量的电解液注入极板和隔板中,没有游离的电解液,通过使负极板潮湿的方式来提高吸收氧的能力,为防止电解液减少,把电池密封,故阀控密封式铅酸电池又称"贫液蓄电池"。

#### 5.1.1.2 阀控密封式铅酸电池结构

阀控密封式铅酸电池在结构、材料上做了重要的改进,正极板采用铅钙合金或铅镉合金、低锑合金,负极板采用铅钙合金,隔板采用超细玻纤隔板,并使用紧装配和贫液设计工艺技术,整个电池的化学反应密封在塑料电池壳内,出气孔上加上单向的安全阀。这种电池结构,在规定充电电压下进行充电时,正极析出的氧($O_2$),可通过隔板通道传送到负极板表面,还原为水($H_2O$),由于阀控密封式铅酸电池采用负极板比正极多出10%的容量,使氢气析出时电位提高,加上反应区域和反应速率的不同,使正极出现氧气先于负极出现氢气,正极电解水反应式如下。

$$2H_2O \longrightarrow O_2 + 4H^+ + 4e$$

氧气通过隔板通道或顶部到达负极进行化学反应。

$$Pb + \frac{1}{2}O_2 + 2H_2SO_4 \longrightarrow PbSO_4 + H_2O$$

负极被氧化成硫酸铅，经过充电又转变成海绵状铅。

$$PbSO_4 + 2e + H^+ \longrightarrow Pb + HSO_4^-$$

这是阀控密封式铅酸电池特有的内部氧循环反应机理，这种充电过程，电解液中的水几乎不损失，使阀控密封式铅酸电池在使用过程中达到不需加水的目的。生产厂家采取各种办法极力减少 $H_2$ 与 $O_2$ 两种气体的析出，使它们尽量消化在阀控密封式铅酸电池内部，如让负极板的活性物质过剩，吸收部分先行析出的 $O_2$，从而有效控制水的电解，减少电解液的消耗。

但是，绝对控制 $H_2$ 与 $O_2$ 的析出是不可能的。事实上，电解液仍要少量地消耗，仍会有少量的氢气与氧气析出。从这方面说，阀控密封式铅酸电池不是"免维护"，而是少维护。随着科学技术和工艺水平的发展，对电解液消耗的控制能力会越来越强，从而有效减少对铅酸动力电池的维护量。

阀控密封式铅酸电池的极栅主要采用铅钙合金，以提高其正负极析气（$H_2$ 和 $O_2$）过电位，达到减少其充电过程中析气量的目的。正极板在充电达到70%时，开始析出氧气，而负极板达到90%时，开始析出氢气。在生产工艺上，一般情况下正负极板的厚度之比为6:4，根据这种正、负极活性物质量比的变化，当负极上绒状 Pb 达到 90% 时，正极上的 $PbO_2$ 接近90%，再经少许的充电，正、负极上的活性物质分别氧化还原达95%，接近完全充电，这样可使 $H_2$、$O_2$ 析出减少。采用超细玻璃纤维（或硅胶）来吸储电解液，并同时为正极上析出的氧气向负极扩散提供通道。这样，氧气一旦扩散到负极上，立即被负极吸收，从而抑制了负极上氧气的产生，导致浮充电过程中产生的气体90%以上被消除（少量气体通过安全阀排放出去）。

阀控密封式铅酸电池在开路状态下，正负极活性物质 $PbO_2$ 和海绵状金属铅与电解液稀硫酸的反应都趋于稳定，即电极的氧化速率和还原速率相等，此时的电极电势为平衡电极电势。当有充放电反应进行时，正负极活性物质 $PbO_2$ 和海绵状金属铅分别通过电解液与其放电态物质硫酸铅来回转化。

## 5.1.2 阀控密封式铅酸电池的氧循环原理及充放电过程

### 5.1.2.1 阀控密封式铅酸电池的氧循环原理

阀控密封式铅酸电池采用负极活性物质过量设计，正极在充电后期产生的氧气通过气相通道扩散到负极，与负极海绵状铅发生反应变成水，使负极处于去极化状态或充电不足状态，达不到析氢过电位，所以负极不会由于充电而析出氢气，阀控密封式铅酸电池失水量很小，故使用期间不需加酸和加水进行维护。

在阀控密封式铅酸电池中，负极起着双重作用，即在充电末期或过充电时，一方面极板中的海绵状铅与正极产生的 $O_2$ 反应而被氧化成一氧化铅；另一方面是极板中的硫酸铅又要接受外电路传输来的电子进行还原反应，由硫酸铅反应成海绵状铅。在阀控密封式铅酸电池内部，若要使氧的复合反应能够进行，必须使氧气从正极扩散到负极。氧气的移动过程越容易，氧循环就越容易建立。

在阀控密封式铅酸电池内部，氧以两种方式传输：一是溶解在电解液中的方式，即通过在液相中扩散，到达负极表面；二是以气相的形式扩散到负极表面。在传统富液式铅酸电池中，氧的传输只能依赖于氧在正极区 $H_2SO_4$ 溶液中溶解，然后依靠在液相中扩散到负极。如果氧呈气相在电极间直接通过开放的通道移动，那么氧的迁移速率就比单靠液相中扩散大得多。充电末期正极析出氧气，在正极附近有轻微的过压，而负极化合了氧，产生轻微的真空，于是正、负极间的压差将推动气相氧经过电极间的气体通道向负极移动。阀控密封式铅酸电池的设计提供了这种通道，从而使阀控密封式铅酸电池在浮充所要求的电压范围下工作而不损失水。

对于氧循环反应效率，AGM-阀控密封式铅酸电池具有良好的密封反应效率，在贫液状态下氧复合效率可达 99% 以上；GEL-阀控密封式铅酸电池氧再复合效率相对小些，在干裂状态下，可达 70%～90%；富液式铅酸电池几乎不建立氧再化合反应，其密封反应效率几乎为零。

### 5.1.2.2 阀控密封式铅酸电池的充放电过程

阀控密封式铅酸电池在充放电过程中，其电压会有很大的变化，这是因为正负极的电极电势离开了其平衡状态的电极电势发生了极化。阀控密封式铅酸电池的极化是由浓差极化、电化学极化和欧姆极化三种因素造成的，由于这三种极化的存在，才要求阀控密封式铅酸电池在使用过程中对各种充放电电流和充放电电压进行严格设置，以免使用不当，对阀控密封式铅酸电池的性能造成较大的影响。

阀控密封式铅酸电池将化学能转变为电能输出，对负极而言是失去电子被氧化，形成硫酸铅；对正极而言，则是得到电子被还原，同样是形成硫酸铅。反应的净结果是外电路中出现了定向移动的负电荷。由于放电后两极活性物质均转化为硫酸铅，所以称为"双极硫酸盐化"理论。

阀控密封式铅酸电池将外电路提供的电能转化为化学能储存起来，此时负极上的硫酸铅被还原为金属铅的速率大于硫酸铅的形成速率，导致硫酸铅转变为金属铅；同样，在正极上，硫酸铅被氧化为 $PbO_2$ 的速率也增大，正极转变为 $PbO_2$。

富液式铅酸电池在充电时，会生成大量的气体而导致失水，因而富液式铅酸电池在维护中最重要的就是定期补加去离子水。由于阀控密封式铅酸电池采用阀控密封结构，这就要求其在使用过程中不能有水的损失，即不能有氢气和氧气体的析出，以免造成失水。

对于阀控密封式铅酸电池，板栅材料为高析氢过电位 Pb-Ca 系列多元合金，负极活性物质相对正极有余，隔膜透气性好，且能吸附电解液，在阀控密封式铅酸电池的盖上有自动开闭的安全安全阀，基于这些条件，保证阀控密封式铅酸电池在使用过程中，基本上不产生氢气，并且正极产生的氧气，能以内循环的方式被负极吸收，称为负极吸收原理。

所谓负极吸收原理指的是阀控密封式铅酸电池在充电时，特别是在充电末期，正极会产生氧气，由于阀控密封式铅酸电池是全密封的，产生的气体不会像富液式铅酸电池那样随时都可以通过开口而散发到壳体外。对于阀控密封式铅酸电池产生的气体会在电池槽内积聚。随着阀控密封式铅酸电池内部积聚的气体量的不断增多，阀控密封式铅酸电池内部的压力逐渐上升。正因为阀控密封式铅酸电池内部存在着一定的内压，正极产生的氧气会转移到负极上。

由于正极上生成的是氧原子，而氧原子又具有很强的氧化性，这种具有强氧化能力的氧原子转移到负极后，会将负极在充电时刚生成的也具有很高活性的海绵状铅氧化而生成二氧化铅，氧化铅继而与硫酸反应生成硫酸铅和水，硫酸铅正好又是负极放电的产物，硫酸铅在充电时又生成海绵状铅，海绵状铅再吸收正极产生的氧而生成二氧化铅，这样周而复始地进行着这一反应，正极上产生的氧都被负极吸收了，正常的充电方式促进了氧的内循环过程，阀控密封式铅酸电池内部的压力不会继续上升。

为了防止在特殊情况下阀控密封式铅酸电池内部由于气体的聚积而增大内部压力，引起阀控密封式铅酸电池爆炸，在设计时，又特地在阀控密封式铅酸电池的上盖中设置了安全阀，当阀控密封式铅酸电池内部压力达到一定值时安全阀会自动开启，释放一定量气体降低内压后，安全阀又会自动关闭。

以上所述就是阀控密封式铅酸电池的负极吸收原理，正因为发现了阀控密封式铅酸电池的负极吸收原理，才可以把富液式铅酸电池做成全密封的，阀控密封式铅酸电池才得以问世。

当然，要使阀控密封式铅酸电池的负极吸收原理得以维持，第一个先决条件就是阀控密封式铅酸电池必须是密封的。若不是密封的，阀控密封式铅酸电池内部不存在一定的内压，正极生成的氧就不可能转移到负极被负极吸收，因此将有氧气析出，析出氧就等于是阀控密封式铅酸电池内部的失水。阀控密封式铅酸电池失水就应补水，需要补水也就不称为阀控密封式铅酸电池，那就变成富液式铅酸电池。由此可见，阀控密封式铅酸电池密封性能的好坏是一个很关键的技术指标，用户在选购阀控密封式铅酸电池时应高度重视这一问题，哪怕是稍微有一点漏气或渗液，也会直接影响到阀控密封式铅酸电池的使用寿命。阀控密封式铅酸电池组中如果出现一块漏气或渗液的阀控密封式铅酸电池，这块阀控密封式铅酸电池会首先变成落后的阀控密封式铅酸电池，而影响整个阀控密封式铅酸电池组的综合性能，也会引起阀控密封式铅酸电池组中各阀控密封式铅酸电池单体电压的不均衡而形成恶性循环。

当然，要使阀控密封式铅酸电池的负极吸收得以很好地进行，要保证它的气体复合率高，产生的气体基本上都生成水又回到阀控密封式铅酸电池内，除了气密性是一个很重要的问题外，还应考虑与之配套的措施是否得力。例如：在结构上，阀控密封式铅酸电池必须是贫液式，要留出足够的空间和通道让正极产生的氧气能迅速而又顺畅地到达负极而被负极吸收，这也是阀控密封式铅酸电池为什么没有多余电解液的原因所在。又如：采用的超细玻璃纤维隔板应该有足够大的孔率，以保证正极产生的氧气能通过隔板的小孔到负极被吸收。因此，阀控密封式铅酸电池所用隔板的质量好坏也是一个至关重要的问题。

阀控密封式铅酸电池在充电时正极产生的氧因为被负极吸收了，而可以将开口的铅酸电池做成阀控密封式铅酸电池，那么负极充电时产生的氢气是通过改变负极合金配方，采用新的合金材料（如铅钙合金），使氢在这种材料上放电（得到电子生成氢气）的电位提高（叫作提高了氢的过电位）。本来充电电压达到某一值时氢离子就要在负极上放电，生成氢气，由于铅钙合金的采用，充电电压达到原来数值时氢离子不放电，便不生成氢气。但不管如何改变合金配方，也不管如何提高氢的过电位，当充电电压达到氢离子放电的电位时，氢气总是要生成的。各生产厂家为什么都会给自己生产的阀控密封式铅酸电池规定一个在一定范围内的浮充电压值，其道理就是要控制氢气的产生，防止阀控密封式铅酸电池失水。

阀控密封式铅酸电池充电时在正极周围析出的氧气，在理想状态下可顺利扩散到负极变为固态的氧化物之后又变为液态水，经历了一次循环之后，便周而复始地进行氧循环。结果负极周围无多余的氧气，且由于氧气在负极的复合又抑制了氢气的产生。但是阀控密封式铅酸电池在使用过程中，各种反应不可能完全工作在理想条件下，这就要求阀控密封式铅酸电池必须达到一定的密封性。相应地，YD/T 799 标准中规定了阀控密封式铅酸电池的氧循环效率不低于 95%，并给出了密封反应效率的测量方法和计算公式。

##  5.2 废旧铅酸动力电池的有效回收

### 5.2.1 废旧铅酸动力电池回收的必要性及市场

#### 5.2.1.1 废旧铅酸动力电池回收的必要性

废旧铅酸动力电池对环境污染危害大，我国年报废铅酸动力电池 600 万吨左右，呈逐年增长的态势，而我国也是为数不多的废旧铅酸动力电池 100% 回收的国家之一，美中不足的是在回收、储存、处置、利用的过程中，出现了大量的环境污染现象，诸如废旧铅酸动力电池回收过程中出现的倒酸、私自拆解、私自冶炼等问题。其根本原因在于废旧铅酸动力电池收集、暂存等环节游离在制度之外，没有监管，没有制约。

废旧铅酸动力电池中含有的主要污染物质包括大量的重金属铅及酸、碱等电解质溶液，铅对于环境和人体健康有较大危害。从环保的角度来看，废旧铅酸动力电池也是对环境、人类健康危害最大的一种动力电池，如不采取较完善的回收制度，处置不当的废旧铅酸动力电池将分解出重金属和有毒废液，对生态平衡和人体健康造成严重威胁。人体急性或慢性摄入铅，会造成神经、代谢、生殖及精神等方面的疾病，严重时可导致死亡。

近年来，世界各国对废旧铅酸动力电池的再生循环利用越来越重视，西方发达国家甚至在经济和立法上均对废旧铅酸动力电池的回收处理加以鼓励，并取得了较大进展。而在我国，虽然对废旧铅酸动力电池的回收利用工作起步较早（20 世纪 50 年代就有），但几十年下来，由于种种原因，其回收技术却发展缓慢。

近几年来，随着人们环保意识的提高，国家也出台了许多相关政策法规，加大了这方面的投入，但效果甚微。目前，少数废旧铅酸动力电池回收企业的技术虽达到了国际先进水平，但全国总体技术水平仍然比较落后，针对废旧铅酸动力电池回收体系的建设以及相关政策法规的制定有待进一步完善，以缩短与世界发达国家之间的差距。

2016 年，为贯彻《中华人民共和国环境保护法》，完善环境技术管理体系，指导污染防治，保障人体健康和生态安全，引导行业绿色循环低碳发展，环境保护部组织制定了《铅蓄电池生产及再生污染防治技术政策》，修订了《废电池污染防治技术政策》。在《废电池污染防治技术政策》中，对于废旧铅酸动力电池应该如何处理并防止污染有了明确的阐述，并鼓励开展对废旧动力电池资源再生技术的研究，开发经济、高效的废旧动力电池资源再生工艺，提高废旧动力电池的再生率。可见，废旧铅酸动力电池的回收再利用技术符合国家最新政策，具有良好的产业前景，也必将得到有力的政策支持。

在工信部等七部委联合发布的《新能源汽车动力蓄电池回收利用管理暂行办法》中，提到目前需探索形成动力电池回收利用创新的商业模式，并且支持国内企业结合各地区试点工作开展动力电池梯次利用示范工程。

废旧铅酸动力电池回收企业应进一步增强环保意识，自觉地完善相应的环保设施，完善节能减排的相应措施，对社会、人类的生存环境负责。由于废旧铅酸动力电池具有较高的回收利用价值而成为循环经济的热点，然而，如果废旧铅酸动力电池处理、处置不当，很容易造成严重的环境污染，并威胁到人类健康。因此，废旧铅酸动力电池又被国际公认为危险废弃物。为此，国外发达国家的回收体系、政策法规以及回收技术等值得学习和借鉴。

废旧铅酸动力电池的回收、拆解、再生过程要按国标要求切实加强控制，首先要完善与之相关的法令、法规，可以借鉴欧洲和美国的"谁生产、谁回收"，集中处理的模式，生产者、销售者负责回收废旧铅酸动力电池。解决废旧铅酸动力电池回收再利用的根本途径是：建立专业化的大型废旧铅酸动力电池处理企业和建立完善的废旧铅酸动力电池回收系统，并由专业的冶炼企业集中冶炼。

对废旧铅酸动力电池再生企业加强管理，淘汰落后的生产工艺，推广先进、环保的回收技术，建设符合环保要求的大处理中心，集中处理，减少污染范围，制定废旧铅酸动力电池回收再利用的行业公约。我国废旧铅酸动力电池的回收和再生铅的生产起步较晚，企业自身积累比较困难。为推动符合国家环保要求，技术先进的企业快速发展壮大，成为支柱型企业，对此国家应在税收、资金等方面予以扶持。对于引进国外先进回收技术的应予以支持和资助，共同将废旧铅酸动力电池产业做成绿色环保型产业。

### 5.2.1.2 废旧铅酸动力电池回收的市场

铅酸动力电池是世界上各类动力电池中产量最大、用途最广的一种，它所消耗的铅约占全球总耗铅量的82%。我国铅酸动力电池工业于20世纪80年代进入了蓬勃发展时期，随着国民经济的发展，其市场不断扩大，以电动汽车、摩托车、电动自行车及电力、通信为主要对象。到20世纪90年代，我国铅酸动力电池年产量已超过30GA·h。近年来，电动汽车等无烟交通工具的开发，将使铅酸动力电池有更大的发展。但是，铅酸动力电池产量越大，报废更新的也越多。

铅酸动力电池作为一种工业和民用的常规消耗品，在各国用量均较可观。在美国，较保守的维护更换铅酸动力电池额为60亿~70亿美元。我国官方统计年废弃量有100亿~200亿元，由于统计来源有限，且很多生产废弃形式未作统计，一般估算有200亿~300亿元。最直观的是电动汽车、电动公交车、电动自行车全国每年投入使用的新铅酸动力电池达数亿个，同时每年报废的铅酸动力电池也达数亿个。

资源综合利用是解决资源短缺、治理环境的有效办法，也是关系到有效资源可持续利用的大问题。而新型绿色环保动力电池技术已经在国际上被公认为应优先发展的技术。因此，结合我国的国情，加速发展新型绿色环保动力电池技术及相应产业已是刻不容缓的任务。

由于废旧铅酸动力电池容易回收又容易材料再生，因此在我国及各发达国家都已有很多专业回收冶炼厂，工业处理方法一般为：塑料壳回炉制再生胶粒；极板进行碱性处理中和硫酸；隔棉废弃或高温碳化清洗；废铅回炉二次冶炼。

废旧铅酸动力电池是固体废物中的危险者，应遵循分类管理、强制处置，对其收集、转运、储存、处理等重点环节要有严格要求和重点控制，以集中处置的原则进行管理。再生铅工业是我国在重视环境保护和充分利用金属再生资源的情况下逐步发展起来的新兴产业。随着我国汽车工业、通信和化学工业的迅速发展，对铅的需求不断提高。这样，既扩大了再生铅的消费市场，又因为铅酸动力电池消费量的增大而导致废旧铅酸动力电池的增多，使再生铅工业有了更多的原料来源。目前，我国再生铅工业正处于非常有利的发展时期。

国外在对废旧铅酸动力电池的处理上也有相应的技术，发达国家主要采用机械破碎分选和对含硫铅膏进行脱硫等预处理技术，再分别采用火法、湿法、干湿联合法工艺回收铅及其他有价物质。废旧铅酸动力电池经预处理后再回收利用铅，既减轻了工人的劳动强度，又减少了进炉的物料量，提高了炉料的铅品位，从而减少了烟气量、弃渣量、烟尘量、能耗、二氧化硫排放量，提高金属回收率、工效、产能。

综上所述，废旧铅酸动力电池的资源回收利用价值很高，蕴藏有以数以百亿元计的潜在市场，是一项市场现实、投资回报率极高的潜在行业。将废旧铅酸动力电池的资源回收利用产业化，无论设立工厂集中处理，还是组织专业服务公司开展业务，都具有诱人的商业价值和社会意义。

## 5.2.2 废旧铅酸动力电池的回收模式

### 5.2.2.1 回收途径

世界发达国家十分重视废旧铅酸动力电池的回收和资源化工作。在西方和中等发达国家，废旧铅酸动力电池主要有三个回收途径。

① 由废旧铅酸动力电池制造商通过其零售网络组织回收。

② 由依照政府法规批准的专门收集废旧铅酸动力电池和含铅废物的回收公司运作，这些回收企业从各种可能的途径收集到废旧铅酸动力电池、杂铅等含铅废弃物后，再转卖给有规模、有经营许可证的再生铅厂。

③ 由在再生铅厂建立特定的废旧铅酸动力电池回收清洗公司运营，采取的方法主要有以旧换新、抵押金制、规定特殊标志、征收环保税等。他们把回收的废旧铅酸动力电池处理之后，直接返回再生铅厂。

实践证明，只要有合适的法律法规保证，上述几种回收方式都有效，在大多数发达国家已取得了令人满意的成果，现在发达国家废旧铅酸动力电池的回收率基本达到了100%。

在法国，20世纪80年代末以前，废旧铅酸动力电池的回收工作几乎完全由退役品收购者来完成。但是，这种收集方式存在很多缺点，存在随意倒酸和酸泄漏等问题，在环保安全方面存在隐患。于是，一种有组织、更加遵守环保规则的回收制度得到发展。这种回收方式需要遵循某些操作规程：将密封的塑料桶交给顾客，用以储存废旧铅酸动力电池；用安装有活动后栏板的卡车将塑料桶运送到一个称为"专用场地"的堆积平台，平台上安装防漏装置，防止酸液流出；废旧铅酸动力电池用密封的、抗酸的桶装送给废旧铅酸动力电池回收工厂。

目前，有三种人或组织可以执行这种有组织的回收制度：废旧铅酸动力电池批发商、多种废品收购者和制造商。这些人又可分为两类：一类是退役品收购者，他们可回收2/3的废旧铅酸动力电池，供应给废旧铅酸动力电池收购商；另一类是有组织的回收人，包括专业回收者、多种废品回收者和某些制造商，他们只能回收到1/3的废旧铅酸动力电池。

在澳大利亚，由铅酸动力电池生产厂家负责召回、收集废旧铅酸动力电池，并包好成捆，用专用运输工具送至再生铅生产厂家，并支付一定的危险废物处置费；再生铅厂收取处置费、加工费后再把再生铅返回给铅酸动力电池厂。

### 5.2.2.2 完善废旧铅酸动力电池收集税收链条

废旧铅酸动力电池回收"税收症结"在于废旧铅酸动力电池独有的产品特性，75%的废旧铅酸动力电池来自民间，取不到进项税。其他的25%虽来自于企业，但大部分企业认为报废的铅酸动力电池属于其固定资产销售，只开具增值税普通发票，也无法抵扣，导致整个再生铅企业苦不堪言。

鉴于此，国家应从顶层设计出发，对再生资源行业设置税点，在回收环节征收税款，将回收环节覆盖在体系管理范围内。加强监管的同时，真正意义上做到完全打通循环经济产业链条上的所有环节，有法可依。对废旧铅酸动力电池回收企业采取固定低税率扶持政策，对废旧铅酸动力电池处置企业，即再生铅生产企业，实行即征即退扶持政策。允许按照回收企业销售发票作进项抵扣，抵扣后按实际缴纳的增值税实行按一定比例即征即退的税收扶持政策。完善废旧铅酸动力电池回收增值税链条有以下优势。

① 完善废旧铅酸动力电池回收企业的税负，稳定税源，又实现了全国废旧铅酸动力电池回收经营行业税率统一，税负公平，避免虚开，便于监管，兼顾企业，利于发展。

② 减少了规范再生铅生产企业的税负过重压力，有利于其做大做强，为国家的重金属污染物减排、资源综合利用率提高做出强有力的贡献。

③ 建立起增值税完整的税务链条体系，体现了国家鼓励再生资源回收利用、提倡节能减排的规划用心，兼顾公平，稳定税源，利于再生资源行业的良性发展。完善废旧铅酸动力电池回收增值税链条后，不仅解决了铅再生资源的问题，而且解决了国内所有再生资源行业的问题，意义重大而深远。

### 5.2.2.3 废旧铅酸动力电池综合回收技术

拆解后的废旧铅酸动力电池物料主要包括塑料外壳、废酸、隔板纸、未被腐蚀的电极、板栅和铅膏，应针对不同物料采用不同的回收技术。

（1）塑料外壳　成分为ABS，可通过破碎→清洗→制粒→成型→再生塑料产品。

（2）废酸　加石灰中和。

（3）隔板纸　燃烧深埋。

（4）未被腐蚀的电极、板栅　未被腐蚀的电极、板栅其主要成分为铅锑合金，现代极板还含有少量钙、铝等元素，因未被腐蚀，其成分基本没有变化，如果废旧铅酸动力电池来源较为单一，可以重新熔融再铸成极板使用。否则可铸成阳极板，使用$PbSiF_6+H_2SiF_6$作为电解液，电解精炼，生产电解铅。

（5）铅膏　主要成分为$PbSO_4$、$PbO_2$、$Pb$、$PbO$，此部分物料需要通过冶金手段进行处理后回收，回收手段分为火法和湿法两种。

① 火法处理废旧铅酸动力电池的方法主要是借鉴铅冶炼工艺手段，利用氧化-还原熔炼法，在鼓风炉和反射炉内进行氧化还原熔炼。反应时除加入焦炭作为还原剂外，还加入一些铁屑、碳酸钠、石灰石、石英、萤石等作为造渣剂，使锡、锑等杂质进入渣系。因为铅膏相比一般铅精矿成分简单，含硫量少，杂质较为简单，处理起来较为容易。火法冶炼的特点在于流程短，处理量大，但回收率较低，污染大，铅的品质不高。

② 湿法处理可分为脱硫、还原、电解三个部分。首先，铅膏用$(NH_4)_2CO_3$和$NaOH$进行脱硫反应，还原反应主要是将$PbO_2$还原成$PbO$，可采用$Na_2SO_3$作为还原剂。最后将

沉淀过滤出来，用硅氟酸溶解，作为电解液，采用石墨或涂有 $PbO_2$ 的钛板作为阳极，铅或不锈钢板作阴极。电解时，阴极上析出铅。回收的铅纯度达到 99.9% 以上，铅的回收率在 95% 以上。副产品为 $Na_2SO_4$，可将脱硫、还原后的滤液蒸发结晶，回收 $Na_2SO_4$ 晶体。湿法冶炼的特点是回收率高，铅产品纯度高，污染较小，浸出液可循环利用，但流程较长，设备维护费用较高。

## 5.2.3　国内外废旧铅酸动力电池回收现状及再生铅厂建设

废旧铅酸动力电池的回收具体要求主要包括收集、运输、处理、可持续利用，其中对处理又做了更加细致的要求：废旧铅酸动力电池的分拆、分拆后部件的预处理、电解液的处理及再利用、极板的再利用、铅的再生成、电池壳体的再利用、电池壳体处理、壳体材料的回收。对废旧铅酸动力电池的回收处理方法也做了有关规定：倒酸处理、电极拆解、电极回收、壳体回收、回收过程中的环保要求。

在再生铅生产和回收利用方面，我国起步较早，原料来源较多，85% 以上来自废旧铅酸动力电池，少量来自电缆包皮、耐酸器皿衬里、印刷合金、铅锡焊料及轴承合金。在再生铅生产方面，发达国家主要采用机械破碎分选和对含硫铅膏进行脱硫等预处理技术，再分别采用火法、湿法、干湿联合法工艺回收铅及其他有价物质；而国内再生铅厂基本都还是采用传统的火法冶炼，小再生铅厂家几乎均采用反射炉混炼法，大都未经过预处理，一般的生产过程是将废旧铅酸动力电池手工拆解后，将铅板送入反射炉中冶炼，回收利用其中的金属铅。在国内采用国际先进"无污染再生铅技术"的只有几家专业再生铅企业。从行业总体情况来看，存在着处理规模小、技术落后、能耗水平高、综合利用率较低、污染严重等问题，无法满足保护人体健康和环境保护要求。

世界发达国家都十分重视废旧铅酸动力电池回收和再生铅生产，再生铅企业年产量最低在 2 万吨以上，低于此规模的无条件关停。美国的再生铅企业年产量平均高达 7 万吨以上。西方国家再生铅产量占总铅产量的 58.13%。美国年再生铅产量占总铅产量的 76.2%。

### 5.2.3.1　国外废旧铅酸动力电池铅回收业发展现状

目前世界上再生铅在所有金属中再生率最高，其产量已超过原生铅产量，而废旧铅酸动力电池占再生铅原料的 85% 以上，世界各国都十分重视废旧铅酸动力电池的回收再生问题。发达国家的废旧铅酸动力电池再生处理技术是随着汽车工业的发展而逐渐完善的。

在 20 世纪 70 年代以后，随着汽车工业成为国民经济的支柱产业以及国民环境意识的逐渐提高，废旧铅酸动力电池再生铅生产技术得到了发达国家政府的高度重视，陆续开发出了火法工艺、湿法工艺、湿法-火法联合工艺。在废旧铅酸动力电池收集管理方面，发达国家对废旧铅酸动力电池行业的环保要求非常严格，排污、排废要严格控制在标准以内，否则就要处以巨额罚款。在美国、日本的废旧铅酸动力电池采取专业化、集约化经营，不但降低了成本，提高了产品质量，而且为防止和综合治理污染提供了保证。

从目前国际总体发展来看，无论在发达国家还是发展中国家，废旧铅酸动力电池的回收管理已经逐步进入到有序管理阶段，群众环保意识逐步强，政府逐步重视，都在结合各自国家的特点制定出较为完善的政策、法规或标准，行之有效。在具体的废旧铅酸动力电池回收组织方面也建立了比较完善的体系，在"用户、回收商、再生铅厂-动力电池厂"间逐步形成了良性的"闭路"循环。在美国，电池协会是废旧铅酸动力电池回收和冶炼的主管机构，它与环保局联合制定了一系列的法令和标准，把废旧铅酸动力电池作为危险废物管理，禁止随便处置，规定铅酸动力电池生产厂家要承担起回收废旧铅酸动力电池的任务，否则将受到惩罚。而对一般公众，也严格禁止随意丢弃和回收废旧铅酸动力电池，否则将处以重罚。

美国是在废旧铅酸动力电池环境管理方面立法最多、最细的国家，不仅建立了完善的废旧铅酸动力电池回收体系，而且建立了多家废旧铅酸动力电池处理厂，同时坚持不懈地向公众进行宣传教育，让公众自觉地支持和配合废旧铅酸动力电池的回收工作。

在美国，动力电池制造与回收受《资源保护和恢复法》（RCRA）、《清洁空气法》（CAA）、《清洁水法》（CWA）、《超级基金法》（CERCLA）、《劳动安全健康法》（OSHA）及州和地方回收法律等多部法规的控制，所有的标准均由联邦或州来实施，对废弃物实施"出生到死亡"的跟踪和处理。铅作为标准污染源之一（共6个标准污染源，如二氧化硫、臭氧等），明确规定了空气质量和废水质量标准，而且所有的废弃物排放均须有许可证管理，产生者、运输者、拥有者、运营者各自承担责任，对从业工人的血铅含量及生产现场的空气质量有明确的要求，对废旧铅酸动力电池回收也有明确的管理办法。比较典型的是BCImodel，该法明确规定如下。

① 禁止丢弃。
② 零售商必须从消费者手中回收垃圾。
③ 批发商/制造商必须从零售商手中回收垃圾。
④ 垃圾必须交给二次冶炼厂。

目前发达国家回收废旧铅酸动力电池中铅的再生工艺，主要采用机械破碎分选和对含硫铅膏进行脱硫等湿法预处理技术。如意大利的TONOLLI公司采用该技术，使炉料的含硫量降低了90%，这使得冶炼熔剂量和二氧化硫的排放大大减少；与未脱硫相比，脱硫可使冶炼能力提高30%，铅回收率达到90%以上，冶炼温度降低150℃，能耗降低10%，冶炼废弃物减少75%，直接导致该法处理费用减少。对于全湿法冶炼，废旧铅酸动力电池的湿法预处理脱硫是实现湿法电沉积冶炼的前提，其主要特点是在冶炼过程中没有废气和废渣产生，铅回收率可达95%~97%（如美国的RSR公司）。

### 5.2.3.2 国内废旧铅酸动力电池铅回收业发展现状

目前，我国出台了许多相关政策法规，加大了这方面的投入，但效果甚微。目前，少数正规企业的技术水平虽达到了国际先进水平，但全国总体技术水平仍然比较落后，针对废旧铅酸蓄电池回收体系的建设以及相关政策法规的制定有待进一步完善，与世界发达国家的差距也有待进一步减缩。清洁废旧铅酸动力电池回收利用流程如下。

① 将回收的废旧铅酸动力电池利用专用环保车辆运至熔炼厂仓库。
② 将废旧铅酸动力电池的电解液倒入沉淀池进行药物处理。
③ 拆解废旧铅酸动力电池，将外壳送至塑料回收厂进行专业处理。
④ 分拣废旧铅酸动力电池的隔板，送至专业厂回收处理。
⑤ 将分拣后的废极板送入大型反射炉冶炼，做成铅锭，循环利用。
⑥ 冶炼过程中产生的废水流入沉淀池，和电解液一起进行药物处理。
⑦ 冶炼过程中产生的废渣，送专业炼铁厂处理。
⑧ 冶炼过程中产生的废烟，经布袋除尘装置处理后，安全排放。

至此，废旧铅酸动力电池环保回收流程结束。发达国家一种典型的废旧铅酸动力电池循环模式如图 5-1 所示,"绿色"处理废旧铅酸动力电池的方法如下。

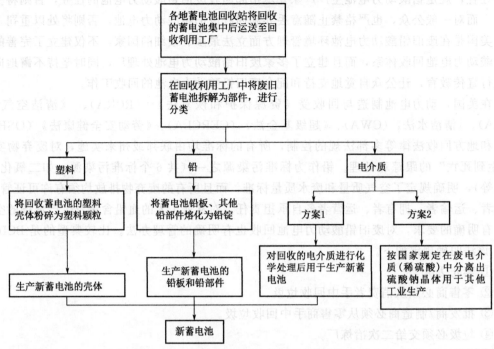

图 5-1 典型的废旧铅酸动力电池循环模式

① 预处理脱硫。蓄电池倒酸后,由切割机切掉上盖,倒出极板,极板经洗酸槽洗酸后送至破碎机得到碎料。

② 碎料进入沉浮分离器,分离出塑料隔板并回收,含铅物料进入振动筛筛出三种料度产物,大于 7mm 的为铅-锑合金,直接熔铸成成品合金锭。

③ 小于 1mm 的为填料,进入脱硫反应釜脱硫,加入脱硫剂和还原剂进行脱硫及还原转化;填料转化后,由板框过滤机过滤,滤液经过 4~6 次脱硫后进行脱硫液回收。

④ 电解沉积。滤渣在浸出槽中用氟硅酸得到电解液,浸出条件:温度 35~45℃,时间 30~60min,液体和固体的比例(3.0~3.5):1。电解液经循环槽、高位槽进入电解槽进行电解,电解时的电流密度为 $160\sim240A/m^2$,电解液温度为 25~45℃;电解后的贫电解液返回浸出槽浸出。

我国是全球铅酸动力电池的产销大国之一,国内对铅酸动力电池需求广泛,用量巨大。但是,现行各类铅酸动力电池产品,无论是国产还是进口,特别是国产铅酸动力电池,通常在 1~2 年内就易产生充电困难、容量降低等现象,过早失效报废,无法使用,这一直是困扰铅酸动力电池行业的世界性难题。

铅酸动力电池电极板的使用寿命在设计上一般为 10 年,而实际铅酸动力电池的使用寿命只有 1~2 年。铅酸动力电池劣化的主要原因是电极板上覆盖的硫酸铅沉积物堆积造成化学反应面积的急剧减小而导致铅酸动力电池内阻增大。铅酸动力电池的过早报废不仅严重浪费能源,而且严重污染环境。国际上相关法律规定各国废旧铅酸动力电池不得外运,只能自行消化处理,因此处理这些废旧铅酸动力电池不仅增加了不少成本而又易造成环境污染。因此,废旧铅酸动力电池的回收和再利用,已成为各国政府和国际团体的关注热点。

从环保的角度来看，废旧铅酸动力电池也是对环境、人类健康危害最大的一种动力电池，如不采取较完善的回收制度，随意抛置的废旧铅酸动力电池所分解出的重金属和有毒废液会对生态平衡和人体健康造成严重威胁。虽然我国颁布的《中华人民共和国固体废物污染环境防治法》对于固体废物，特别是危险废物的产生、运输、储存、处置都作了相应的规定，但我国目前还没有完善合理的废旧铅酸动力电池管理法规与具体可操作的污染控制技术规范。对于废旧铅酸动力电池收集者、运输者、再生产者、综合利用者等都尚无明确和具体的要求。为加强我国废旧铅酸动力电池回收和再生产管理，制定切实可行的废旧铅酸动力电池收集和处理污染控制技术规范刻不容缓，势在必行。

我国是铅矿资源匮乏国家，主要依赖进口来弥补铅矿资源的不足。在这种客观条件下，如何更好地推进铅的回收利用就显得尤为迫切，同时，通过铅回收也可以解决废旧铅酸动力电池管理不当问题，也可在铅回收利用过程中解决环境污染问题。我国政府对废旧铅酸动力电池的回收利用非常重视，在已颁布的法规中都对废旧铅酸动力电池的回收、处理方法、处理过程的运输、储存等提出要求。

① 收集。建立合理、合法的回收机构是废旧铅酸动力电池回收处理的关键，回收的废旧铅酸动力电池在被整体运送到具备资质的回收机构之前不允许以解剖、破解、拆解等方式处置。回收机构必须有完善的收集处理记录，在符合规定的储存场地按要求存储。

② 运输与储存。在废旧铅酸动力电池收集后集中送往回收机构处理场所的过程中，应满足《危险废物转移联单管理办法》的要求，运送废旧铅酸动力电池的车辆应有表明正在运送腐蚀性与危险废物的符号或标识，并采取防止酸外泄措施和必要的事故应急处置措施，以能有效减少和防止对环境的污染等。

③ 处理的总体要求。在处理的过程中水、尘、烟排放应符合 GB 8978、GB 16297 的要求。生产作业应符合 GBZ 1—2002、GBZ 2—2002 和 GB 13746—92 的要求；废旧铅酸动力电池的拆解要求、拆解后部件的预处理要求、电解液的处理及再利用、极板的再利用与铅的再生成、外壳的再利用要求。拆解时应将塑料、铅及含铅物质、废酸分别回收处理。废酸应集中处理，不得排入下水道和环境中。

④ 鼓励根据科技进步，采用利于环保且综合利用水平更高的方法。

⑤ 鼓励各铅酸动力电池使用单位、生产企业建立全国范围内的废旧铅酸动力电池回收网络，收集、储存并送达有资质的废旧铅酸动力电池回收处理机构。

在 2017 年国家发改委召开的动力电池生产者责任延伸制度实施方案研讨会上提出以下几点。

① 建立动力电池的编码标准，统一的编码标准是建立动力电池产品全生命周期追溯系统的基础。

② 建立规范的回收利用体系，一方面，要依托生产商的营销网络建立逆向回收体系，实施网点登记；另一方面，鼓励动力电池骨干生产企业和规范利用企业之间通过股权合作、商业协作等方式"强强联手"，发展合作伙伴关系。

③ 对环保危险废物管理进行改革创新，动力电池骨干企业要对依托其销售渠道建立逆向回收网点临储、转运和仓储等进行集中管理。

依靠建立"生产者责任延伸责任制度"来解决动力电池回收问题的想法已基本成熟，但正式推出仍需假以时日。依法规范个体商贩回收废旧铅酸动力电池的行为，严厉打击非法拆解废旧铅酸动力电池和土法炼铅等行为。完善危险废物经营许可制度，鼓励生产企业通过其零售网络组织回收废旧铅酸动力电池，支持生产企业、销售企业、专业回收企业和再生铅企业共建回收网络。加强对废旧铅酸动力电池收集、储存、运输全过程的监管，支持规模化、规范化的铅再生利用示范工程建设。

国内处理废旧铅酸动力电池基本上未采用预处理工艺，绝大部分废旧铅酸动力电池回收处理厂采用反射炉、水套炉等传统火法工艺，一些小企业或个体业户甚至采用原始的土炉、土窑冶炼，全国目前只有少数几家企业采用了预处理脱硫-电解沉积全湿法工艺。

预处理脱硫工艺是将废旧铅酸动力电池破碎解体，将各组分开，得到塑料外壳、板栅、填料三种物料。板栅可直接熔铸成产品铅锑合金；填料脱硫转化成可溶于硅氟酸的铅化合物。电解沉积部分是将脱硫料浸出得到电解液，进行电解沉积得到产品电铅，贫电解液返回浸出。脱硫液回收部分是将脱硫液蒸发回收副产品，脱硫率≥95%；生产过程仅排除少量硫酸钙，无铅尘、二氧化硫及含铅废渣排放，实现了全过程清洁生产。铅回收率可达95%~97%，达到国际先进水平，电铅质量优于1号电铅标准，最大限度地提高了资源利用率。

可以说我国的废旧铅酸动力电池再生铅生产工艺和国外先进技术相比差距很大，主要表现在铅回收率低、能耗高、污染重、生产规模小等方面。根据最近一次调查资料表明，目前我国再生铅企业有300余家，包括原生铅和再生铅冶炼厂、动力电池制造厂等。再生铅企业中涌现出一批大中型骨干企业，拥有先进的富氧底吹-鼓风炉炼铅工艺，包括处理废杂铅在内，生产规模均为年产精铅10万吨，另外还掌握预处理分选的无污染再生铅新工艺技术，采用预脱硫-电解沉积全湿法工艺；其他企业普遍采用常规的反射炉、鼓风炉等熔炼工艺，缺少分选处理技术。小型再生铅厂没有收尘设施，环境污染严重。由于国家缺乏相应的限制和鼓励政策，致使废旧铅酸动力电池的集约化回收处理受到限制，也由于受经济成本的影响，造成这些大企业正常运行受到影响。

目前，我国从事废旧铅酸动力电池回收的有商业部门的供销系统、机电部门的铅酸动力电池制造企业（及其销售网）、物资部门的金属再生公司、再生铅厂的采购队伍，占主导地位的是个体专业户。特别是个体专业户，他们不仅零星收集废旧铅酸动力电池，还会从有关回收单位收购，集中后再经解体、不解体卖给再生铅厂或动力电池厂，全国无一家专业再生铅企业或铅酸动力电池企业建立了全国性回收网络及地区性回收网络。

由于公众环境意识、管理措施、执法力度等原因，使得绝大部分废旧铅酸动力电池没有能够得到妥当处理。废旧铅酸动力电池回收商为降低仓储、运输成本，一般将收集到的废旧铅酸动力电池人工解体，随地倒出废酸，取出极板，自然晾干或晒干后简单包装，转手出售。然而，任何不恰当的处置都会导致对环境的污染，那些被随意随地倒出的废酸会逐渐对环境造成不良影响。

从总体情况来看，虽然也有部分大企业在开展铅回收方面做出了较好的典范，但是从目前我国该行业总体情况来看，废旧铅酸动力电池回收大部分处于分散经营状态，且收集过程不规范，回收技术落后，装备水平低，企业规模小，进而也造成我国的再生铅生产过程具有较大的不确定性，难以适应国际市场铅价的变化，市场竞争力较差。

我国政府十分重视再生铅的生产，并将其所属的资源及固体废物综合利用工程列入当前国家重点鼓励发展的产业、产品及技术项目。同时为规范再生铅行业的发展，我国在20世纪末就明令取缔属于"十五小"的小炼铅，以便再生铅行业向集团化、规范化、清洁化方向发展，推广应用清洁生产铅回收技术。但在当前的特殊背景下，如何规范废旧铅酸动力电池的收集和回收处理行为，如何规范我国现有的铅酸动力电池铅回收产业以及在收集、运输、处理过程中的环境污染问题至关重要。

目前国内虽然有企业引进了半湿半火法工艺，但由于在成本方面无法和小冶炼厂相竞争，因此基本上处于半停产状态。另外，由于废旧铅酸动力电池中的铅约有50%以上以硫酸铅形式存在，因此在火法冶炼过程中除产生较严重的铅污染外，还存在着很严重的$SO_2$污染。火法工艺的铅的回收率最高仅为85%，其余15%的铅以废渣或废气的形式排入环境。可以说我国现有的废旧铅酸动力电池的铅回收生产工艺存在着资源利用率低、二次污染严重等实际问题，必须加以解决。

在分选设备方面，废旧铅酸动力电池经预处理后再回收利用铅，既减轻了工人的劳动强度，又减少了进炉的物料量，提高了炉料的铅品位，从而减少了烟气量、弃渣量、烟尘量、二氧化硫排放量，降低了能耗，提高了金属回收率。国内大部分再生铅厂无分选处理设备，板栅金属和铅膏混炼，合金成分没有合理利用。小冶炼厂除分离外壳外，几乎不再分离其他物料，直接入炉熔炼，造成不必要的浪费。有些废旧铅酸动力电池处理厂即使安装了自动分选设备也很少使用，其主要原因是由于原料短缺，造成开工不足，而使用大型设备拆解（处理）成本太高。而国内人力成本低廉，因此多采用人工拆解。

国外部分厂家是将整个废旧铅酸动力电池全部破碎后再分离，目前国际主要的破碎分选转化系统由美国MA公司和意大利安吉泰公司开发设计。国内大型专业再生铅冶炼厂也多引进这两家的设备，安吉泰公司制造的CX自动化废旧铅酸动力电池破碎和回收系统，满足欧洲严格的环保要求，现已设计出第三代系统，它比传统的铅酸动力电池破碎回收流程提高了生产率，降低了生产成本。

在冶炼设备方面，主要的再生铅大企业都有较为先进的冶炼设备。反射炉逐步被淘汰，取而代之的火法冶炼设备是短窑、转窑、富氧底吹-鼓风炉，湿法冶炼设备是预脱硫-电解沉积系统设备和固相电还原系统设备。在废旧铅酸动力电池的再生利用过程中，一些非正规或小作坊式再生铅厂往往采用传统的小反射炉、鼓风炉和冲天炉等原始冶炼炉进行提炼。这些再生铅生产厂设备简陋，原料大都未经过预处理，许多都没有烟尘处理设施。

废旧铅酸动力电池、铅渣和铅泥等已被国家环保总局、国家发改委等4部委列入国家危险废物名录。我国在20世纪50年代就开始废旧铅酸动力电池回收和再生铅加工，再生铅年产量一直在千吨徘徊。改革开放后，随着物资供应体制的改革和铅价的提高，再生铅的产量有了大幅的增长。但是，我国再生铅企业数量多达近300家，大多数企业规模小，产量仅几十吨至千吨，低水平重复建设严重，废旧铅酸动力电池的回收、转运、储存、处置、处理和加工再生存在不少问题，目前我国废旧铅酸动力电池铅回收再利用产业存在的主要问题如下。

① 处理技术落后。发达国家主要采用机械破碎分选和对含硫铅膏进行脱硫等预处理技术，再分别采用火法、湿法、干湿联合法工艺回收铅及其他有价物质。国内再生铅厂基本都还是采用传统的火法冶炼。我国小的再生铅厂家几乎均采用反射炉混炼法，大都未经过预处理，一般的生产过程是将废旧铅酸动力电池手工拆解后，将铅板送入反射炉中冶炼，回收利用其中的金属铅。铅回收率低，回收率一般为80%~85%，比国外一般水平低5%~10%以上。每年大约1万吨以上的铅在熔炼再生过程中丧失。

② 能耗高。国内小再生铅厂的能耗水平为500~600kg 标煤/吨铅，国外的能耗水平可达到150~200kg 标煤/吨铅。国内采用国际先进无污染再生铅技术的专业再生铅厂能耗在130~310kg 标煤/吨铅之间，接近国外水平。大部分企业开始使用煤气为燃料，也有使用天

然气的。

③ 回收渠道混乱，无环保制度。我国回收废旧铅酸动力电池的有废旧铅酸动力电池销售商、废旧物资回收部门、个体和再生铅加工企业等。存在随意拆解、倾倒稀硫酸现象。国外则有由政府支持的回收组织或动力电池制造商的销售网络等，政府规定回收商不准随意拆解，废旧铅酸动力电池回收处理应依法进行。

④ 综合利用率较低。综合利用率为：废旧铅酸动力电池中可回收材料占其总量之比；目前我国废旧铅酸动力电池中铅的资源综合利用率平均为85%，比发达国家低10%左右；锑的综合回收率在92%以下。

⑤ 污染严重。我国再生铅企业数量众多，大多数为小型冶炼厂，其规模小，年产量仅几十吨至千吨，且由于耗能高、工艺技术落后、金属回收和综合利用率低，污染非常严重，但是这样的企业却处置了41%的废铅资源，和全国几家大规模的专业再生铅厂相当。熔炼加工过程中排放的铅蒸气、铅尘、二氧化硫超过国家排放标准。如以每年处理30万吨废旧铅酸动力电池计算，每年向大气排放铅、锑1.8万吨，二氧化硫1.05万吨，排放污水168万立方米，产生含铅渣量达6万吨，其中含有铅金属6000t、锑2000t、砷600t。铅污染危及再生企业工人的健康，并殃及附近居民。

国外发达国家拥有先进的废旧铅酸动力电池回收技术和设备，应用机械化、自动化程度高的破碎分选系统，对废旧铅酸动力电池的壳体（塑料或硬橡胶）、铅（极棚、极柱、汇流排的铅合金）、隔板（PVC或PE、微孔硬橡胶、玻璃纤维）、稀硫酸、铅膏（硫酸铅、氧化铅）进行分选，合金铅经熔炼、精炼为精铅，铅膏经脱硫处理后再熔炼、精炼为精铅，铅的回收率高达95%以上。

#### 5.2.3.3 再生铅厂建设及清洁生产要求

随着人们环保意识的逐步提高，环保政策法规的逐步健全，推进清洁生产工艺是世界各国的共同选择，而再生铅清洁生产技术的关键是解决铅再生过程的铅污染，提高铅回收率和控制回收过程中的二氧化硫排放。进而，也就迫切要求各国政府积极探索有效的废旧铅酸动力电池的管理模式，研发和应用清洁的铅回收生产方式，在实现资源再生利用的同时，推进环境问题的解决。

再生铅厂址选择应符合当地城市总体发展规划和环保规划，符合当地大气污染防治、水资源保护、自然保护的要求，并应通过环境影响评价和环境风险评价。再生铅厂不允许建设在GB 3838—2002中规定的地表水Ⅰ类、Ⅱ类功能区和GB 3095—2012中规定的环境空气质量Ⅰ类功能区。厂址选择还应符合以下条件。

① 厂址应满足工程建设的工程地质条件、水文地质条件和气象条件，不应选在地震断层、滑坡、泥石流、沼泽、流砂、采矿隐落区以及居民区上风向地区。

② 选址应综合考虑交通、运输距离、土地利用现状、基础设施状况等因素，宜进行公众调查。

③ 厂址不应受洪水、潮水或内涝的威胁，必须建在该地区时，应有可靠的防洪、排涝措施。

④ 厂址附近应有满足生产、生活的供水水源。

⑤ 厂址附近应保障电力供应。

再生铅厂的设施应包括预处理设备、铅还原设备、铅精炼设备以及配套工程、生产管理与生活服务设施。应在处置废旧铅酸动力电池的车间出入口设置暂时储存设施、处置场所等，按照 GB 15562.2—1995 的要求，设置警示标志。并在法定边界设置隔离围护结构，防止无关人员和家禽、宠物进入。废旧铅酸动力电池储存库房、车间应采用全封闭、微负压设计，室内换出的空气必须进行净化处理。

再生铅厂的铅回收率应大于 95%，再生铅工艺过程采用密闭熔炼设备，并在负压条件下生产，防止废气逸出；具有完整废水、废气净化设施、报警系统和应急处理装置，废水、废气排放达到国家有关标准；再生铅冶炼过程中产生的粉尘和污泥应得到妥善、安全处置。

再生铅厂的建设应在生产工艺与装备要求、资源能源利用指标、产品指标、污染物产生指标（末端处理前）、废物回收利用指标和环境管理要求等方面严格执行相应的清洁生产指标。

## 5.3 废旧铅酸动力电池处理的工艺流程及环保回收工艺

### 5.3.1 废旧铅酸动力电池处理的工艺流程及拆解

#### 5.3.1.1 废旧铅酸动力电池处理的工艺流程及产品

（1）废旧铅酸动力电池处理的工艺流程　目前世界上废旧铅酸动力电池处理的工艺流程主要有 3 种。

① 废旧铅酸动力电池经去壳、倒酸等简单处理后，进行火法混合冶炼，得到铅锑合金。

② 废旧铅酸动力电池经破碎分选后分出金属部分和铅膏部分，两者分别进行火法冶炼，得到铅锑合金和精铅。

③ 废旧铅酸动力电池经破碎分选后分出金属部分和铅膏部分，铅膏部分脱硫转化，然后两者再分别进行火法冶炼，得到铅锑合金和软铅。

随着人们环保意识的逐步提高，环保政策法规逐步健全，全湿法再生铅技术因其具有无污染等特点，将是再生铅技术的发展趋势。

（2）废旧铅酸动力电池回收生产工艺的产品　废旧铅酸动力电池中铅的回收生产工艺决定其产品种类，火法冶炼工艺生产的产品主要有以下几种。

① 还原铅，品位大于 98%，可以精炼得到符合 1 号标准的电铅。

② 铅基合金可根据用户需要，调整合金成分。

③ 硫酸钠符合 GB 6009—2014 标准，可用于造纸工业中制造硫酸盐纸浆，玻璃工业中用来代替纯碱，染料工业中作填充剂。

④ 稀硫酸密度为 $1.2\sim1.4\ t/m^3$。

⑤ 塑料颗粒化，重新做铅酸动力电池外壳。

湿法工艺生产的产品主要有以下几种。

① 电铅，符合 1 号电铅标准。

② 铅基合金可根据用户需要，调整合金成分。

③ 硫酸钠符合 GB 6009—2014 标准，可用于造纸工业中制造硫酸盐纸浆，玻璃工业中

用来代替纯碱,染料工业中作填充剂。

④ 稀硫酸密度为 1.2~1.4t/m³。

⑤ 塑料颗粒化,重新做铅酸动力电池外壳。

#### 5.3.1.2 废旧铅酸动力电池的拆解及铅冶炼

(1) 废旧铅酸动力电池的拆解　废旧铅酸动力电池中的主要材料为铅及铅化合物、锡、锑以及硫酸和塑料、橡胶,其中以铅及铅化合物为主要材料。废旧铅酸动力电池的拆解技术包括机械拆解和手工拆解两种,废旧铅酸动力电池拆解后将金属、塑料、电解液分别收集,这些操作都需要有通风系统,以保护操作工人的健康。

规范化的铅再生厂家的废旧铅酸动力电池拆解流程如图 5-2 所示。在拆解、碾压和重力作用下,把废旧铅酸动力电池拆分为废酸性电解液、电极糊、金属颗粒、胶木和聚丙烯等。

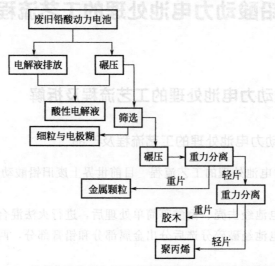

图 5-2　规范化的铅再生厂家的废旧铅酸动力电池拆解流程

(2) 铅冶炼　$PbO_2$ 还原效果对整个回收技术具有重要的影响,其还原工艺有火法冶炼和湿法冶炼。

① 火法冶炼是将 $PbO_2$ 与泥渣中的 $PbSO_4$、$PbO$ 等一同在冶金炉中还原冶炼成 $Pb$。但由于产生 $SO_2$ 和高温 $Pb$ 尘等二次污染物,且能耗高,利用率低,必须采取严格的环境保护措施进行污染控制。在废旧铅酸动力电池回收技术中,泥渣处理是关键,废旧铅酸动力电池的泥渣中含有 $PbSO_4$、$PbO_2$、$PbO$、$Pb$ 等。其中 $PbO_2$ 是主要成分,在正极填料和混合填料中所占质量分数分别为 41%~46% 和 24%~28%。

火法冶炼是通过加热并加入足够的助熔剂和还原物质,把金属化合物全部还原为金属或相应的还原产物。通常加入碳基化合物作为还原剂,如焦炭、煤粉或其他天然的碳资源。该过程产生的环境影响主要来源于废旧铅酸动力电池拆解过程中产生的铅化合物、浮渣和含铅粉尘,以及二氧化硫的释放、有机材料燃烧产生的焦油、氯和氯化物的释放等。

② 湿法冶炼是在溶液条件下,加入还原剂使 $PbO_2$ 还原转化为低价态的铅化合物。已使用过的还原剂有许多种,以硫酸溶液中 $FeSO_4$ 还原 $PbO_2$ 法较为理想,并具有工业应用价值。还原过程可用下式表示。

$$PbO_2(固)+2FeSO_4(液)+2H_2SO_4(液)\longrightarrow PbSO_4(固)+Fe_2(SO_4)_3(液)+2H_2O$$

此还原法的还原过程稳定,速度快,还可使泥渣中的金属铅完全转化,并有利于 $PbO_2$ 还原。

$$Pb(固)+Fe_2(SO_4)_3(液)\longrightarrow PbSO_4(固)+2FeSO_4(液)$$
$$Pb(固)+PbO(固)+2H_2SO_4(液)\longrightarrow 2PbSO_4(固)+2H_2O$$

还原剂可利用钢铁酸洗废水配制,达到以废治废目的。在湿法冶炼中采用电解法的目的是有选择地把铅化合物全部还原成金属铅,主要产生的污染物为含有机和无机成分的废水。

### 5.3.2 废旧铅酸动力电池的环保回收工艺

#### 5.3.2.1 污染物分析及治理措施

目前,国内正在积极推广废旧铅酸动力电池的环保回收工艺,典型的废旧铅酸动力电池的环保回收工艺是将废旧铅酸动力电池解体分离、填料破碎、栅板铅膏分离、栅板熔铸合金、铅膏脱硫滤液蒸发结晶、滤液浸出,利用不溶阳极电解沉积最终得到产品——电铅,其特点是铅回收率高,可直接生产含量为 99.994% 的电铅,消除了火法冶炼造成的铅尘、铅蒸气、铅渣污染。废旧铅酸动力电池回收的环保工艺流程如图 5-3 所示。

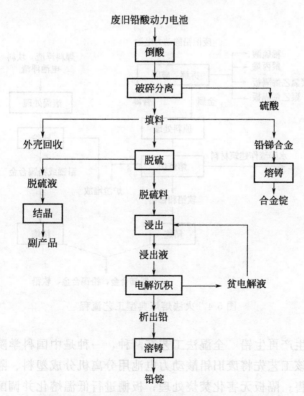

图 5-3 废旧铅酸动力电池回收的环保工艺流程

(1) 主要污染物分析 采用环保回收工艺在处理废旧铅酸动力电池的生产过程中不产生铅尘、铅渣和二氧化硫等污染物。该工艺可采用闭路循环,没有废水排放。产生的废物主要有废旧铅酸动力电池中的废酸、外壳及隔板、中和洗酸水产生的硫酸钙。

(2) 环境保护治理措施

① 废酸。废旧铅酸动力电池中的废酸经集中处理后可有多种用途,具有回收工艺简单、用途广泛等特点。主要用途有:回收的废酸经提纯、浓度调整等处理,可以作为生产铅酸动力电池的原料;废酸经蒸馏以提高浓度,可用于铁丝厂作除锈用;供纺织厂中和含碱污水使用;利用废酸生产硫酸铜等化工产品等。

② 壳体和隔板。铅酸动力电池多采用聚烯烃塑料作壳体和隔板,属热塑性塑料,可以重复使用。经破碎后可重新加工成壳体,或加工成别的制品。

③ 中和洗水产生的硫酸钙,送到填埋厂填埋。

#### 5.3.2.2 精炼再生铅生产工艺

精炼再生铅的主要生产工艺如下。

(1) 在原生铅冶炼厂处理 废旧铅酸动力电池碎料在原生铅冶炼厂与铅精矿混合处理,其主体设备采用富氧底吹熔炼炉,铅膏中的硫直接制酸回收,具有硫利用率高、环境条件好、铅回收率高、自动化水平高、生产效率高等优点。

(2) 废旧铅酸动力电池火法冶炼 火法冶炼的主要设备有鼓风炉、竖炉、回转炉和反射炉,多数情况是这些设备的两种或三种联合应用。火法熔炼典型工艺流程如图 5-4 所示。

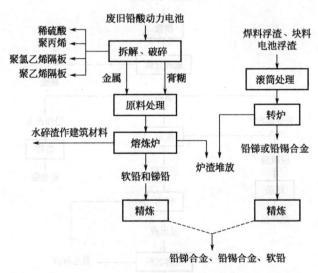

图 5-4 火法熔炼典型工艺流程

(3) 全湿法工艺生产再生铅 全湿法工艺有两种,一种是中国科学院工程研究所研制成功的固相电解技术。该工艺先将废旧铅酸动力电池用分离机分成塑料、隔板、板栅和铅泥四部分。塑料可直接出售;隔板无害化焚烧处理;板栅进行低温熔化并调配其成分,制成六元铅合金锭,用于生产新的铅酸动力电池;铅泥经处理后涂在阴极板上进行电解,将 $PbSO_4$、$PbO_2$、$PbO$ 等还原成铅,再经熔化、锭铸,供给铅酸动力电池生产厂使用。该法生产 1t 铅耗电 $600kW \cdot h$,铅回收率达 95%,电铅纯度大于 99.99%,废水含铅量小于 $0.5 \times 10^{-4}$%,

是一种回收铅的清洁生产工艺。其原则工艺流程如图5-5所示。

另一种是沈阳环境科学研究院自主研发的预脱硫-电解沉积工艺，其工艺流程如图5-6所示。该工艺是对铅泥预先进行脱硫处理，脱硫液再生；然后对脱硫料酸性浸出，用富铅电解液进行电解沉积，得到析出铅，最终熔化得到电铅锭；贫电解液返回浸出工序。其主要特点是在冶炼过程中没有废气、废渣的产生，铅回收率可达95%～97%。

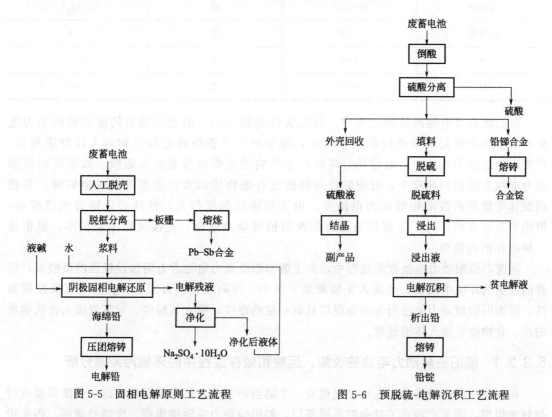

图5-5　固相电解原则工艺流程　　　　图5-6　预脱硫-电解沉积工艺流程

(4) 铅膏直接再生铅粉新工艺技术　由北京化工大学与超威电源有限公司合作研究的废旧铅酸动力电池回收处理新工艺，是将废旧铅酸动力电池经过破碎分选，采用铅膏直接通过原子经济性反应再生铅粉新工艺技术，用于铅酸动力电池生产，未采用原来废铅膏冶炼成金属铅、粗铅精炼、熔铅造粒、球磨制备铅粉等工序，因此大幅度减少铅烟尘和能耗，这是根本性技术创新，将改变再生铅行业格局，充分体现核心技术创新、清洁生产技术对节能减排的贡献力。因此一旦该技术推广，将进一步展现大幅度减排潜力。新工艺优点如下：

① 无高能耗的高温冶炼、电解和球磨工序，节能22%。
② 避免产生pm2.5含铅粉尘、铅渣和有毒氟化物。
③ 铅回收率从95%～97%提高至≥99.7%。
④ 铅酸动力电池企业回收自身的废旧铅酸动力电池为生产新的铅酸动力电池提供原料。

## 5.3.3　废旧铅酸动力电池资源再生过程污染源分析

无论是根据《巴塞尔公约》，还是我国危险废物名录，废旧铅酸动力电池都属于危险废物，其对环境产生影响的成分是硫酸及铅、锑、砷、锌等重金属物质。一个废旧铅酸动力电池中一般含有 20%～25% 的电解液，其中含有 15%～20% 的硫酸以及悬浮的含铅化合物，表 5-1 说明了废旧铅酸动力电池电解液中不同金属物质浓度。

表 5-1  废旧铅酸动力电池电解液中不同金属物质的浓度

| 金属 | 浓度/(mg/L) | 金属 | 浓度/(mg/L) |
| --- | --- | --- | --- |
| 铅颗粒 | 60～240 | 锌 | 1～13.5 |
| 溶解铅 | 1～6 | 锡 | 1～6 |
| 砷 | 1～6 | 钙 | 5～20 |
| 锑 | 20～175 | 铁 | 20～150 |

在铅酸动力电池的使用过程中，其危害性是很小的。但是使用后的废旧铅酸动力电池若不按操作规范要求进行收集和再生，则会产生严重的环境问题和对人体健康危害。在废旧铅酸动力电池中，最容易对环境产生影响的主要成分是铅及硫酸。如果废旧铅酸动力电池直接扔到环境中，可能破碎并释放出有毒物质以及产生腐蚀性的电解液。在使用胶体电解质的废旧铅酸动力电池中，由于胶体的黏度较大，伴随的风险会稍微减小，但仍然是存在的。对于电解液是密封的废旧铅酸动力电池，直接风险尽管很小，但也是一种潜在的污染源。

在废旧铅酸动力电池收集过程中，由于废旧铅酸动力电池含有腐蚀性极强的废酸液，随意向周围的环境中倾倒，会流入土壤和地下水中，污染之重不言而喻。硫酸具有极度的酸性，而废旧铅酸动力电池所含的金属均具有一定的毒性，吸入其粉尘、烟雾或摄入含该物质的水、食物会有损人体的健康。

### 5.3.3.1  废旧铅酸动力电池的收集、运输和储存过程中的环境污染源分析

回收利用废旧铅酸动力电池必须建立一个适当的、有效的收集系统，这个系统需要进行很好地组织，因为它涉及了社会的不同部门，如铅酸动力电池销售商、废物经销商、再生铅冶炼厂和消费者。从整体而言，当生产者、零售商、批发商、服务站或其他零售点在提供新的铅酸动力电池给消费者时，同时回收废旧的铅酸动力电池并交给回收利用厂。通过一个双向分布的收集系统，废旧铅酸动力电池收集过程才能实现。

(1) 废旧铅酸动力电池收集点的污染防范　虽然这个收集过程以环境无害化的方式运行，但为了避免可能引起人类和环境损害的事故发生，应当在收集点采取一些防范措施。废旧铅酸动力电池不应在收集点排空电解液，虽然偶尔也有排干电解液的废旧铅酸动力电池被交到收集点，总体来说所有的废旧铅酸动力电池都应保留硫酸电解液送至收集点。因非专业人员在排空废旧铅酸动力电池中的电解液时，可能对人身安全、健康、环境等产生威胁。

由于废旧铅酸动力电池中的电解液中的铅，是以溶解离子和颗粒态的形式存在的，酸度很高，如果不小心溢出，可引起灼伤和损害，排除的电解液需要采用抗酸的容器进行储存，为了避免事故发生，在排空废旧铅酸动力电池中的电解液时需要对作业工人进行有效的保护。因此废旧铅酸动力电池中的电解液排空是一个潜在的危险工作，不仅要求特殊的工具、容器和安全设备，而且也要求工人受过培训。因此，禁止在收集点进行废旧铅酸动力电池中的电解液排空工作。

收集点的废旧铅酸动力电池必须储存在适当的地方，储存废旧铅酸动力电池的理想地方是耐酸腐蚀的容器，这个容器除可以减少事故发生频率外，还可以密封起来作为运输废旧铅酸动力电池的容器。若不是这样，需遵循下述一系列的储存指导原则。

① 废旧铅酸动力电池渗漏液，漏出的电解液必须储存在耐酸容器中，否则它们会引起环境污染，也可以引起健康损害。

② 储存点必须防雨和远离其他水源，尽可能远离热源。

③ 储存点必须有地面隔离层（塑料或其他耐酸材料），这样可以防止泄漏的酸渗入土壤中，也便于收集起来重新装入容器中。

④ 为避免危险气体的积累，储存点必须有排气系统，或简单的排风装置。

⑤ 储存点必须限制非工作人员进入，必须有危险品意外事故防范措施。

⑥ 任何其他铅材料，都应当适当包装，并根据特性进行储存。

上述只是基本的储存原则，对每一个具体的情况还需提供符合实际状况的措施来避免废旧铅酸动力电池储存事故发生并保护环境。储存点不要储存大量废旧铅酸动力电池，即使采用很好保护措施的储存点也不应当储存大量的废旧铅酸动力电池，并不要长期储存，否则会增加事故发生的概率。当然合适的储存数量取决于交易的数量，储存点必须有足够的空间满足特殊管理要求。

(2) 废旧铅酸动力电池运输污染防范　废旧铅酸动力电池必须按危险废物运输规范进行运输，在废旧铅酸动力电池运输过程中的主要问题是电解液渗漏。为了避免电解液可能从废旧铅酸动力电池中漏出，在运输过程中应采取预防措施，并要制定事故情况下应采取的应急预案。无论采取什么运输方式，如汽车、船、火车等，废旧铅酸动力电池必须在密封容器中运输，以防发生废旧铅酸动力电池中电解液泄漏事故。

废旧铅酸动力电池在运输途中可能使蓄电池位置颠倒、外壳损坏等导致电解液流出，因此要求提供防颠簸、耐酸的密封容器。运输过程中容器必须放好，在运输过程中，容器不应当滑动。因此为了避免这个问题，需要捆紧，并码好。应当有运输标识，在运输过程中，必须按有关要求和利用通用符号、颜色、含义正确标注，以警示其腐蚀性和危险。应该对驾驶员和运输人员进行培训，处理危险废物的人员应当受到应急救援方面的培训，包括防火、防泄漏等，以及通过何种方式联络应急响应人员。

驾驶员和运输人员应当知道他们正在运输什么类型的危险材料，知道如何处理。运输过程中要配备个人保护设备，应培训驾驶员和运输人员在发生事故时如何使用这些设备。制定运输时间表和路线，应遵照一个预定的路线和时间表运输，就危险废物运输过程中可能发生的事故或特殊问题进行预警。

(3) 资源再生厂的污染防范　资源再生厂在对废旧铅酸动力电池进行处置利用前应做好以下工作。

① 在准备回收利用前应排出废旧铅酸动力电池中的电解液，对排出电解液的废旧铅酸动力电池进行回收利用，可以得到较好的回收速率和产生较少的环境问题。废旧铅酸动力电池排除的电解液直接送到处理站处理，排空的废旧铅酸动力电池可准备进行回收利用的下一道工序。

② 应该对废旧铅酸动力电池进行鉴别和隔离，不同种类的废旧铅酸动力电池可能需要使用不同的回收方法。所以应该对其进行正确的鉴别、贴上标签并存放到不同的地方。应该把废旧铅酸动力电池储存到厂棚或者有覆盖物的地方，在资源再生厂用容器来存放废旧铅酸

动力电池是很不实用的。因为在这里还要对废旧铅酸动力电池进行分类、鉴别和仔细地隔离。应该建造一个厂棚，或有防雨设施的地方来储存废旧铅酸动力电池，这些存放场所应该至少具有下列特性。

　　a. 必须有不可渗透的和防酸的地面。
　　b. 应该有足够的废水收集系统，这样可以直接把溢出的溶液送到酸性电解液处理站。
　　c. 应该只有一个入口，并且在一般情况下，应当关闭这个入口以避免灰尘的扩散。
　　d. 应该具有空气收集系统，这样可以过滤空气中的含铅灰尘，同时也可以更新厂棚里面的空气。
　　e. 应该提供适当的防火装置。虽然就废旧铅酸动力电池本身而言不可能发生火灾，但是必须考虑到还存在其他可能导致废旧铅酸动力电池起火的原因，因为废旧铅酸动力电池的含碳量较高，所以防火装备是必需的。

#### 5.3.3.2　废旧铅酸动力电池在预处理过程中的环境污染源分析

　　废旧铅酸动力电池在预处理过程中的环境污染源主要存在于以下过程。

　　① 废旧铅酸动力电池电解液渗漏溢出。因为电解液不仅是一种强腐蚀性的溶液，还是一种可溶性铅和铅颗粒的载体，所以废旧铅酸动力电池电解液渗漏溢出是一种非常常见的环境污染物和危害人体健康的污染源。如果电解液渗漏溢出至一个没有防护措施的区域，极可能污染土壤和伤害工人。若溢出在没有保护的土壤里，在电解液干了以后，土壤就变成了一种铅颗粒的污染源。铅和土壤颗粒结合，可能被风吹起或者通过其他介质传播。

　　② 在采用人工方式打开废旧铅酸动力电池时，电解液溢漏和铅尘直接危害人体健康和环境。目前人工打开废旧铅酸动力电池通常依赖于原始的工具，环境和工人都没有得到保护。对于密封的废旧铅酸动力电池，因为难以破碎，所以增加了电解液溢漏和危害人体健康的危险性。

　　③ 采用机械方式打开废旧铅酸动力电池，会产生含铅的颗粒物，直接危害人体健康和环境，在锤磨破碎过程中注入水可以防止颗粒物的形成。

　　④ 水力分选污水的泄漏。无论是金属部分和有机物部分分离，还是重有机物到轻有机物的分离，水力分选通常都采用密封的机器和密闭的水循环系统。但是如果水泄漏发生的话，铅化合物的污染将很严重。

　　⑤ 污染的硬橡胶碎片处理。因为硬橡胶碎片通常含有5%的铅（质量分数），所以这些碎片在处理片时，必须提前设计好合适的设施，控制其可能对人或者环境造成的危害。

#### 5.3.3.3　铅还原过程中的环境污染源分析

　　在废旧铅酸动力电池再利用过程中，铅污染物主要有两种存在形式：烟尘和粉尘。极细小的铅烟尘在500℃以上的条件下形成，因而较大颗粒的铅粉尘就成了主要污染方式。铅粉尘经过图5-7所示的途径最终到达人体的血液，最终，大约90%积累在人体骨骼中，可能造成贫血、腹痛和脉搏减弱，造成神经、代谢、生殖等方面疾病，严重时会致人死亡。而废旧铅酸动力电池中的废酸处理不当，流入农田，将导致农作物的大量死亡。废旧铅酸动力电池在铅还原过程中的环境污染源主要包括以下方面。

　　(1) 水和粉尘中的铅及铅化合物　因为废旧铅酸动力电池分选工序是基于水力分选技术的，所以分离和还原产生的物质经常是湿的。如果对这些物质处理不是全自动的，在水力分

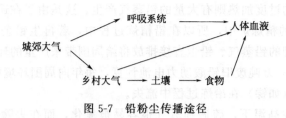

图 5-7 铅粉尘传播途径

选阶段和精炼阶段则需要一个传送系统，就可能有潮湿或泥状物质从这个传送系统中溅出或掉出来。经过干燥以后，这些物质就变成了粉末，会像普通的铅尘那样污染工厂及周围环境。

(2) 被铅污染的浮渣　在熔炼的过程中有浮渣形成，它的功用是去除那些不易还原成粗铅的物质。但是，浮渣里仍然含有一些可以通过熔炼进行回收的铅。因此浮渣必须送到熔炼炉中，因为它是粉状的，在传输的过程中会成为铅尘的一个来源。

(3) 捕获被铅污染粉尘的过滤器　为了捕获熔炼中产生的铅尘，熔炼炉需要过滤器。过滤器在使用以后，通常过滤出的物质中含有 65% 的铅，因此这些物质也在同一个熔炼炉中被回收。但是在处理过滤器过滤出的粉尘时将对人体的健康和环境造成危害。此外，过滤器的过度使用会使过滤器失去功效而无法捕获铅尘，这些铅尘的逸散也是污染的重要来源。因为熔炼炉是个开放系统，它本是也是铅尘的一个重要来源。熔炼炉和浇铸系统产生的高温烟气含铅量较高，很容易被人体吸收，所以，必须设有烟尘净化和回收装置。

(4) 二氧化硫　以二氧化硫的形式从铅还原系统中逸散出的硫成分的百分比，不仅取决于熔炼炉本身，而且取决于要去除物质的组成。据统计，这个百分比在 0~10% 之间。如果所用的熔炼介质成分主要是含钠的化合物，那这个百分比就很小。硬橡胶的含硫量在 6%~10% 之间，如果把它也投入炉内将增加二氧化硫的逸出量。

(5) 有机物　一个设计和控制良好的精炼结构不用担心有机物焚烧后焦油的形成，因为它的冶炼过程消耗了绝大部分有机物质。若控制不好，焦油逸散就多。如果冶炼炉有过滤器，那么焦油的逸散就是一个大问题。因为焦油易燃，能使过滤器着火，这就加大了产生危险的概率。将冶炼炉排出的烟气再次燃烧是解决这个问题的常用办法，但这需要更改冶炼炉的结构。

(6) 氯气和含氯化合物　对进入铅还原过程中的物质进行初步分离可减少了氯气的扩散。但是进入炉中 PVC 量的增加将提高氯气扩散的概率。在还原过程中大部分氯气被含有钙和钠的物质所吸收，但是有些却转化成可挥发性的铅氯化物，在温度降低时被粉尘过滤器捕获。

(7) 炉渣　这是铅还原过程中产生的主要废物，大约每生产 1t 金属铅就会有 300~350kg 的炉渣产生。产生量取决于还原工序中的特定因素和炉渣的组成（含有钙或钠的浮渣），炉渣中有大约 5% 的铅化合物（质量分数）。炉渣接触水或潮湿环境时要特别注意，必须事先为这些炉渣计划好一个合适的用途和储存方式，以避免给人类健康和环境带来危害。

### 5.3.3.4　铅精炼过程中的环境污染源分析

在铅精炼中，提纯的目的是要把其中的铜、锑、砷和锡几乎全部除去，以达到软铅的标准。在铅精炼过程中可能产生的潜在环境污染源如下。

（1）铅蒸气　铅的过度加热则有大量的铅蒸气产生，这是由于在还原过程中铅被直接送到了温度高达1000℃的精炼炉中，所以在铅精炼过程中，若再生铅企业环保设施简陋或没有环保措施，未经处理的铅蒸气、铅尘直接排放将给周围带来严重的环境污染，资源浪费巨大。如果按每年处理30万吨废旧铅酸动力电池计算，每年向周围环境中排放大约6000t铅，其中也有其他重金属（如锑）在冶炼过程中流失。

（2）二氧化硫　在高温下，硫遇到氧气很容易被氧化，而在去除铜时要加入一定量的硫，这就增加了二氧化硫的产生量，其逸散会对环境造成污染。

（3）浮渣　在精炼过程中去除不需要的金属时会产生浮渣，浮渣是有毒有害的，通常含有一定比例的铅和其他金属的干粉尘，如果处理不当，也会严重污染周围的土壤和水体，从而给人身和环境带来严重危害。

（4）氯气　用氯气去除锡是一个很精细的过程，控制气体的量是为了避免氯气的逸散，尽可能在到达熔融的铅的表面之前就和锡完全反应了。但是如果不控制氯气的加入量，可能使有毒的气体逸散到环境中。此外，氯气的储存和处理要注意它的腐蚀性及毒性，这本身也是一个精细过程。

### 5.3.3.5　铅回收工厂的污染源治理和污染预防

一座现代化的铅回收工厂，污染的治理费用占投资的20%～30%，这些污染治理包括对污水、烟和粉尘的治理，以及$SO_2$的消除。以下是对主要污染源的治理和预防措施。

（1）酸性电解液和溢出液处理

① 通过萃取的方法，有些工艺可以用于分离电解液中的硫酸，用这些工艺能生产出含游离铅的硫酸，可以将它重新作为电解液回收再利用。

② 可以用$Na_2CO_3$或$CaCO_3$来处理电解液，它们反应产生的含铅沉淀物可通过过滤去除，而剩下的$Na_2SO_4$或$CaSO_4$可进一步提纯和出售。

③ 中和后的电解液也应经处理达标后在直接排放。

④ 未经处理的电解液直接排放将对环境造成严重污染，因此要严禁电解液直接排放。除此之外，每个铅回收工厂都应当有污水处理站，目的是处理那些流出回收厂的污水，包括电解中和液、雨水、废旧铅酸动力电池仓库储存时的溢出液等，这样做可以控制、保护和提高水环境质量。

（2）粉尘收集和空气过滤　废旧铅酸动力电池回收厂在铅回收过程中所有工序都会排放出一些烟尘，必须经过收集和处理才能将其排放到环境中去。假设一个普通的废旧铅酸动力电池回收厂每生产1t铅就必须过滤70t周围空气，控制这一过程显得就很重要了。那些所谓的"机械性"尘埃，例如那些大颗粒的特殊物质，将它们从空气中过滤掉相对容易。然而对于那些细小的粉尘是比较困难的，需要运用特别的方法净化空气。可以根据污染治理程度的要求和预算，在较大范围内做出选择：布袋除尘器、静电除尘器、湿式静电除尘器、旋风除尘器、陶瓷过滤器和湿式除尘器。总体来说，所有收集好的粉尘都应直接运入冶炼厂，对铅进行再回收。

（3）$SO_2$消除　各国都制定了相当严格的$SO_2$排放标准，因为它对环境会产生很严重的影响，所以，对它的控制很重要。$SO_2$的消除可以有几种方法，比如干式、半干式、半湿式和湿式$SO_2$去除装置。一种简单的方法是用$CaCO_3$作反应物生成含硫石膏的湿式$SO_2$去除装置。这种化合物又能出售或作为浮渣反应物用在炉膛里。但即使是在经过过滤和去除粉尘后，废气中仍残留有少量的尘埃和 $SO_2$。

(4) 熔炼材料的选择和浮渣的稳定　在铅精炼过程中，在炉膛里加入的 $CaCO_3$ 会形成含钙浮渣，同时还会产生少量的碱性浮渣，这些浮渣对环境危害较小，但因需要提高冶炼的工作温度，导致释放出更多的 $SO_2$，因而增加了环境治理费用，也就是说冶炼炉的能量消耗费用增加了。另外，$CaCO_3$ 是一种自然产物，比 $Na_2CO_3$ 更容易处理，可以减少冶炼成本和其他一些问题，因此冶炼材料必须选择好。

浮渣的稳定从根本上来说要很好地控制"熔化-筛分-精炼"各步骤，以达到清洁生产的标准，因为这是整个生产过程中产生废物最多的环节。由于 $Na_2CO_3$ 的使用产生了含钠的浮渣，因为它的物理和化学性质，它没有任何用处，应当送往危险废物填埋场进行处置。另外，含钙浮渣也能用作制备混凝土的原材料，用于修公路和做砖等。因此，对含钙浮渣的综合利用是将来的发展趋势，它能解决大量废物的问题。

(5) 重有机物的回收利用　重有机物碎片是由 50% 的极板隔离物和 50% 的硬橡胶组成的，其中一半的化学成分是碳，这意味着重有机物可在炉膛中用作还原剂。重有机物用作还原剂可以减少其他添加剂，也可以减少其他一些污染物的量。然而这也是有一些缺点的，比如具有流动性的浮渣减少，产生了焦油和其他一些物质。目前，还无法得出确切的结论，还需要继续对它进行深入研究。但总体来说，这仍是处理这类废物的好方法。

(6) 聚丙烯的回收利用　聚丙烯是一种有较高价值的产品，它使得回收废旧铅酸动力电池更具效益，因此塑料的分离和回收具有很高的经济价值。

(7) 对不可再生废物的处理　在铅回收过程中会产生某些不可再生和利用的废物，对这些废物应该妥善处理。在这些废物中铅含量常常高达 2%~5%，虽然这其中的铅不一定会浸出，但应作为危险废物进行填埋处置。

### 5.3.3.6　末端污染控制

废旧铅酸动力电池资源再生利用过程中产生的废气、废水、噪声等的防治与排放，应贯彻执行国家现行的环境保护法规和标准。再生铅厂建设应贯彻执行《中华人民共和国职业病防治法》，应符合国家职业卫生标准的工作环境和条件，在制定再生铅厂污染物治理措施前应落实污染源的特性和产生量。

废旧铅酸动力电池的资源再生装置应设置尾气净化系统、报警系统和应急处理装置，废气排放应当参照执行《危险废物焚烧污染控制标准》(GB 18484) 中大气污染物排放限值。废旧铅酸动力电池资源再生厂应设置污水净化设施，工厂排放废水应当满足《污水综合排放标准》(GB 8978) 和其他相应标准的要求。产生的工业固体废物（包括冶炼残渣、废气净化灰渣、废水处理污泥、分选残余物等）应按危险废物进行管理和处置。主要噪声设备，如破碎机、泵、风机等应采取基础减振、消声及隔声措施，厂界噪声应符合《工业企业厂界噪声标准》(GB 12348) 要求。

按照清洁生产标准的"六类"指标要求，即生产工艺与装备要求、资源能源利用指标、产品指标、污染物产生指标、废物回收利用指标和环境管理要求，其具体原则体现在如下几个方面。

① 符合清洁生产标准编制要求的原则。清洁生产标准按照国家现行通用的清洁生产指标，分为六类指标要求，并综合考虑废旧铅酸动力电池的铅回收再生利用生产实际，指标采用定性、定量相结合的方式。

② 符合清洁生产的思路，体现生产全过程以预防为主的原则。符合产品生命周期分析理论的要求，充分体现全过程污染预防思想，并覆盖从原材料的选取到生产过程和产品的处理处置的各个环节。

③ 考虑清洁生产水平，因地制宜，分阶段实施原则。根据生产特点，特别是生产设备和原材料来源不同，技术经济指标不同。考虑到要调动大多数企业的积极性，以及今后进行清洁生产企业的绩效评定和公告制度的需要，制定清洁生产标准，并确定相应的清洁生产分级。

④ 符合产业政策和铅回收业发展趋势要求的原则。在促进废旧铅酸动力电池的铅回收再生利用行业向物料定量化、生产规范化、检验标准化发展，向生产清洁型、技术先进型发展。

⑤ 与现行管理制度相结合的原则。充分考虑铅回收业生产工艺特点，与国内现行环境管理制度（环境影响评价、限期治理、排污许可证）相结合，以环境保护为重点，作为污染预防战略的技术支持。

有关废旧铅酸动力电池回收产业的政策法规、标准、污染防治技术政策、铅行业准入条件、污水综合排放标准和大气污染物综合排放标准的相关指标应在清洁生产标准文本编制中得到体现。废旧铅酸动力电池的回收冶炼企业应满足下列要求。

① 铅回收率大于95%。

② 再生铅的生产规模大于5000t/年，新建企业生产规模应大于1万吨/年。

③ 再生铅工艺过程采用密闭熔炼设备，并在负压条件下生产，防止废气逸出。

④ 具有完整的废水、废气净化设施，废水、废气排放达到国家有关标准。

⑤ 再生铅冶炼过程中收集到的粉尘和污泥应当按照危险废物管理要求得到妥善、安全处置。

逐步淘汰不能满足上述基本条件的土法冶炼工艺和小型再生铅企业。

# 第 6 章
# 废旧锂动力电池资源化技术

## 6.1 锂离子电池结构及优缺点

### 6.1.1 锂离子电池工作原理及结构

#### 6.1.1.1 锂离子电池工作原理

锂离子电池是一种二次电池（可充电电池），主要依靠锂离子在正负极之间的往返嵌入和脱嵌来工作，实现能量的存储和释放。以钴酸锂正极、石墨负极系锂离子电池为例：充电时，在外加电场的作用下，正极材料 $LiCoO_2$ 分子中的锂脱离出来，成为带正电荷的锂离子（$Li^+$），从正极移动到负极，与负极的碳原子发生化学反应，生成 $LiC_6$，从而"稳定"地嵌入到层状石墨负极中。放电时相反，内部电场转向，$Li^+$ 从负极脱嵌，顺电场方向，回到正极，重新成为钴酸锂分子 $LiCoO_2$，这样的工作原理被形象地称为"摇椅电池"。参与往返嵌入和脱嵌的锂离子越多，锂离子电池可存储的能量越大。

锂离子电池正极反应：放电时锂离子嵌入，充电时锂离子脱嵌。

锂离子电池充电时：$LiFePO_4 \longrightarrow Li_{1-x}FePO_4 + xLi^+ + xe$

锂离子电池放电时：$Li_{1-x}FePO_4 + xLi^+ + xe \longrightarrow LiFePO_4$

锂离子电池负极反应：放电时锂离子脱嵌，充电时锂离子嵌入。

锂离子电池充电时：$xLi^+ + xe + 6C \longrightarrow Li_xC_6$

锂离子电池放电时：$Li_xC_6 \longrightarrow xLi^+ + xe + 6C$

锂离子电池电化学反应机理如下。

锂离子电池正极反应：$LiCoO_2 \Longleftrightarrow Li_{1-x}CoO_2 + xLi^+ + xe$

锂离子电池负极反应：$C + xLi^+ + xe \Longleftrightarrow CLi_x$

锂离子电池总反应：$LiCoO_2 + C \Longleftrightarrow Li_{1-x}CoO_2 + CLi_x$

锂离子电池放电时发生上述反应的逆反应。

#### 6.1.1.2 锂离子电池结构

目前电动汽车所采用的锂离子电池主要由电池包构成，电池包由电池模块、外壳和电池管理系统组成。电池模块由极芯、外壳和紧固件等构成。极芯的结构主要有软包结构和金属壳硬包结构，一般包括外壳、正极、负极、隔膜、正极耳、负极耳和绝缘片。以常见的软包极芯为例，锂离子电池模块极芯的结构如图 6-1 所示。

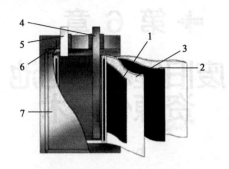

图 6-1　极芯的结构和组成
1—正极；2—负极；3—隔膜；4—负极耳；5—正极耳；6—绝缘片；7—外壳

根据包装材料的不同，锂离子电池结构形式主要有三种：圆柱形、方形、软包装结构，方形锂离子电池有塑料外壳和金属外壳两种。

(1) 圆柱形锂离子电池　圆柱形锂离子电池壳体与镍铬动力电池、镍氢动力电池基本一样，但安全阀有所不同，主要由上盖帽、PTC 过流保护片、防爆半球面铝膜、下底板等组成。下底板与锂离子电池正极极耳焊接连接，是正极片与外部连接的过渡，与防爆半球面铝膜点焊连接，防爆半球面铝膜有两大功能。

① 当锂离子电池内压增大到一定值后，向内凹曲面受力后变成向外凸出，使防爆半球面铝膜与极耳的焊接点拉裂断开，锂离子电池与外界形成开路，锂离子电池的过充电保护功能开始作用。

② 锂离子电池内压增大，超过防爆铝膜刻痕处受力极限时，防爆铝膜破裂，锂离子电池开启，内部气体从破裂处泄出。圆柱形锂离子电池的外壳一般为镀镍钢，同时作为负极的集流体、正极盖帽一般为铝材质。

PTC 主要为高温保护装置，在温度较高的情况下，其内阻迅速增大，使锂离子电池与外电路保持为断路状态，当温度降低到一定值后，其电阻又迅速降低，锂离子电池保持通路。装配 PTC 虽然增加了一道保护功能，但锂离子电池内阻会明显增大。

在电动汽车应用中，通常将多个锂离子电池单体并联使用，在这种情况下去掉 PTC 过流保护片是比较合适的。因为多个锂离子电池单体并联应用，每个锂离子电池单体所处的微观环境不同，在使用过程中某些锂离子电池单体温度过高，保护后使其他锂离子电池单体上的电流分布更不均匀，使锂离子电池组的不一致性加大，电流过大可能还会造成部分锂离子电池单体损坏，安装 PTC 也增大了锂离子电池组应用过程中热量的产生。

圆柱形锂离子电池生产工艺成熟，PACK 成本较低，锂离子电池产品良率以及组成动力电池组的一致性较高。由于锂离子电池组散热面积大，因此其散热性能优于方形锂离子电池。圆柱形锂离子电池便于多种形态组合，适用于电动汽车空间设计的充分布局。但圆柱形锂离子电池一般采用钢壳或铝壳封装，会比较重，比能量相对较低。

随着电动汽车市场的进一步扩大和对续航里程要求的不断提升，整车企业对动力电池在能量密度、制造成本、循环寿命和产品附加属性等方面都提出了更高的要求。在原材料领域尚未获得巨大突破的前提下，适当增大圆柱锂离子电池的体积以获得更多的电池容量便成为一种可探索的方向。

(2) 方形锂离子电池　方形锂离子电池结构与镍氢动力电池的结构基本相同，根据锂离子电池的大小及制作工艺，方形锂离子电池的极组结构可以是卷绕式或叠片式的。由于锂离子电池活性物质与镍氢动力电池的活性物质相比导电性相对较差，为提高锂离子电池的性能，锂离子电池的电极很薄，通常为 $100\sim200\mu m$。

方形硬壳锂离子电池壳体多为铝合金、不锈钢等材料，内部采用卷绕式或叠片式工艺，对电芯的保护作用优于铝塑膜电池（即软包电池），电芯安全性相对圆柱形锂离子电池也有了较大改善。铝壳锂离子电池是在钢壳基础上发展而来的，与钢壳相比，轻重量和安全性以及由此而来的性能优点，使铝壳成为锂离子电池外壳的主流。锂离子电池的外壳目前还在向高硬度和轻重量的技术方向发展，这将为市场提供技术更加优越的锂离子电池产品。

由于方形锂离子电池可以根据产品的尺寸进行定制化生产，所以市场上有成千上万种型号，而正因为型号太多，所以工艺很难统一。方形锂离子电池在普通的电子产品上使用没有问题，但对于需要多个锂离子电池单体串、并联的电动汽车应用，最好使用标准化生产的圆柱形锂离子电池，这样生产工艺有保证，以后也更容易找到可替换的动力电池。

(3) 软包装结构锂离子电池　软包装锂离子电池的极组结构可以是卷绕式或叠片式的，软包装锂离子电池所用的关键材料——正极材料、负极材料及隔膜与传统的钢壳、铝壳锂离子电池之间的区别不大，最大的不同之处在于软包装材料（铝塑复合膜），这是软包装锂离子电池中最关键、技术难度最高的材料。软包装材料通常分为三层，即外阻层（一般为尼龙 BOPA 或 PET 构成的外层保护层）、阻透层（中间层铝箔）和内层（多功能高阻隔层）。软包装锂离子电池采用的包装材料和结构使其拥有一系列优势。

① 安全性能好。软包装锂离子电池在结构上采用铝塑膜包装，发生安全问题时，软包装锂离子电池一般会鼓气裂开，而不像钢壳或铝壳电芯那样发生爆炸。

② 重量轻。软包装锂离子电池重量轻，较同等容量的钢壳锂离子电池轻 40%，较铝壳锂离子电池轻 20%。

③ 内阻小。软包装锂离子电池内阻小，可以极大地降低锂离子电池的自耗电。

④ 循环性能好。软包装锂离子电池的循环寿命更长，100 次循环衰减比铝壳锂离子电池少 4%~7%。

⑤ 设计灵活。外形可变为任意形状，可以更薄，也可根据客户的需求定制，开发新的电芯型号。

软包装锂离子电池的不足之处是一致性较差，成本较高，容易发生漏液。成本高可通过规模化生产解决，漏液则可以通过提升铝塑膜质量来解决。

总体来说，圆柱形、方形和软包装三种封装类型的锂离子电池各有优势，也各有不足，每种锂离子电池都有自己主导的应用领域，比如，在方形锂离子电池中磷酸铁锂离子电池较多，而在软包装锂离子电池中三元动力电池更多一些。随着新能源汽车补贴新政策的出台，动力电池的系统能量密度成为一项重要考核指标。比如，补贴新政要求纯电动客车续驶里程不低于 200km、动力电池系统能量密度要高于 85W·h/kg、动力电池系统总重量占整车整备重量比例不高于 20%，这些都说明补贴向着重量更轻、续航里程更高的三元动力电池方向转变。

三元软包装锂离子电池容量较同等尺寸规格的钢壳锂离子电池电高 10%～15%、较铝壳锂离子电池高 5%～10%，而重量却比同等容量规格的钢壳电池和铝壳电池更轻，因此，补贴新政对三元软包装锂离子电池更有利。鉴于软包装锂离子电池的优势，业内专家预计，随着动力电池路线的发展，软包装锂离子电池在新能源汽车市场的渗透率将不断提升，未来软包锂离子电池在各类型动力电池中的占比有望超过 50%。

## 6.1.2 锂离子电池的优缺点

### 6.1.2.1 锂离子电池的优点

（1）比功率高　锂离子电池的平均工作电压为 3.6V，是镍镉动力电池和镍氢动力电池工作电压的 3 倍，单位质量能释放更高功率。

（2）比能量高　锂离子电池比能量目前可达到 120～200W·h/kg，单位质量能存储更多能量，是镍氢动力电池的 1.5 倍，为目前常用动力电池中能量密度最高的电池。

（3）工作电压高　由于使用高电负性的含金属元素锂电极，磷酸铁锂离子电池标称电压为 3.20V，锰酸锂和钴酸锂离子电池高达 3.60V，组合使用的动力电池单体数少。

（4）自放电低　锂离子电池每月自放电率仅为 6%～8%，低于镍镉动力电池（25%～30%）及镍氢动力电池（30%～40%）。在非使用状态下储存几乎不发生化学反应，相当稳定。因为锂离子电池在首次充电过程中会在负极上形成一层固体电解质界面膜，只允许离子通过而不允许电子通过，因此可以较好地防止自放电。

（5）充电效率高　锂离子电池在正常应用过程中，没有副反应发生，锂离子电池充放电的库仑效率可以达到 100%，所以在实际应用中，锂离子电池的能量转换效率要高于镍氢动力电池。

（6）循环寿命长　目前磷酸铁锂离子电池的循环寿命正常达到 2000 次以上，高的达到 4000 次以上，国外研究者已经开发出寿命达到 8000 次以上的锂离子电池。在低放电深度下可达几万次，性能领先。

（7）无记忆效应　镍镉动力电池的记忆效应最为严重，镍氢动力电池存在轻微的记忆效应。而锂离子电池可以随时充放电而不影响其容量和循环寿命。可以根据要求随时充电，不会降低锂离子电池性能。

（8）对环境无污染　锂离子电池中不存在有害物质。

### 6.2.1.2 锂离子电池的缺点

（1）安全性问题　虽然各制造厂商称已经解决了锂离子电池的安全性问题，但在根本上，锂离子电池内部采用的为易燃的有机电解液体系，锂的活泼性又非常好，仍然存在较大安全隐患。

（2）低温性能差　锂离子电池的电解液为有机体系，使其低温性能受限。目前还没有能够满足车辆低温性能的锂离子电池。

（3）过放电能力差　锂离子电池在过放电过程中，电极结构被破坏，部分物质分解，锂离子电池性能无法恢复。

（4）过充电能力差　当锂离子电池的充电电压超过一定值时，电解质等会发生分解，产生大量热，锂离子电池将失效。

（5）管理系统复杂　必须管理到每个锂离子电池的单体电池，否则一旦有锂离子电池单体出现过充电或过放电，就容易造成整个锂离子电池组失效或安全性问题。

## 6.2 锂离子电池构成材料及锂动力电池模块和成组技术

### 6.2.1 锂离子电池构成材料

#### 6.2.1.1 锂离子电池的正极材料

锂离子电池的正极一般以铝箔作为基底，两侧均匀涂覆正极材料，正极材料包括一定配比的正极活性物质（如钴酸锂、磷酸铁锂、锰酸锂和三元材料等）、导电添加剂（如乙炔黑、石墨等）以及黏结剂［以聚偏氟乙烯（PVDF）为主］。以三元材料锂离子电池为例，其正极含有大量的有价金属，其中钴占5%～20%，镍占5%～12%，锰占7%～10%，锂占2%～5%。锂离子电池可选的正极材料很多，主流产品多采用锂铁磷酸盐。锂离子电池不同的正极材料对照见表6-1。

表6-1　锂离子电池不同的正极材料对照

| | | |
|---|---|---|
| $LiCoO_2$ | 3.7 V | 140 mA·h/g |
| $Li_2Mn_2O_4$ | 4.0 V | 100 mA·h/g |
| $LiFePO_4$ | 3.3 V | 100 mA·h/g |
| $Li_2FePO_4F$ | 3.6 V | 115 mA·h/g |

锂离子电池的正极，除了活性物质之外，还有导电剂和黏结剂，以及用作电流载体的正极基体和正极集流体（正极通常是铝箔），如图6-2所示。黏结剂要把作为活性物质的锂金属氧化物均匀地"固定"在正极基带上面，导电剂则要增强活性物质与基体的电导率，以达到更大的充放电电流，集流体负责充当电池内外部的电荷转移桥梁。

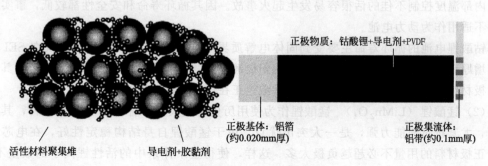

图6-2　锂离子电池的正极材料

锂离子电池正极材料的选择主要基于以下几个因素考虑。

① 具有较高的氧化还原反应电位,使锂离子电池达到较高的输出电压。
② 锂元素含量高,材料堆积密度高,使得锂离子电池具有较高的能量密度。
③ 化学反应过程中的结构稳定性要好,使得锂离子电池具有长循环寿命。
④ 电导率要高,使得锂离子电池具有良好的充放电倍率性能。
⑤ 化学稳定性和热稳定性要好,不易分解和发热,使得锂离子电池具有良好的安全性。
⑥ 价格便宜,使得锂离子电池的成本足够低。
⑦ 制造工艺相对简单,便于大规模生产。
⑧ 对环境的污染低,易于回收利用。

当前,锂离子电池的能量密度、充放电倍率、安全性等一些关键指标,主要受制于正极材料。基于这些因素考虑,经过工程研究和市场化检验,目前市场常见的锂离子电池正极材料见表6-2。

表 6-2　目前市场常见的锂离子电池正极材料

| 正极材料 | 化学成分 | 结构 | 能量密度 | 循环寿命 | 成本 | 安全性 |
|---|---|---|---|---|---|---|
| 磷酸铁锂(LFP) | $LiPO_4$ | 橄榄石 | 中 | 高 | 低 | 高 |
| 镍酸锂(LNO) | $LiNiO_2$ | 层状 | 高 | 低 | 高 | 低 |
| 锰酸锂(LMO) | $LiMn_2O_4$ | 尖晶石 | 低 | 中 | 低 | 中 |
| 钴酸锂(LCO) | $LiCoO_2$ | 层状 | 中 | 低 | 高 | 低 |
| 镍钴铝三元(NCA) | $LiNi_xCo_yAl_{1-x-y}O_2$ | 层状 | 高 | 中 | 中 | 低 |
| 镍钴锰三元(NCM) | $LiNi_xCo_yMn_{1-x-y}O_2$ | 层状 | 高 | 高 | 中 | 低 |

(1) 钴酸锂 ($LiCoO_2$)　钴酸锂是最早商业化使用的锂离子电池的正极材料,也是目前最常用和用量最大的正极材料。该材料的电化学特性优异,初次循环不可逆容量损失小,充放电效率高,热稳定性好,循环寿命长,工作电压为 3.6V。但是钴材料成本较高,资源缺乏,因此必须开发少用钴、不用钴的廉价材料,从而可大大降低锂离子电池的成本。

钴酸锂材料比容量为 200~210mA·h/g,其材料真密度和极片压实密度均是现有正极材料中最高的,商用钴酸锂/石墨体系的锂电池的充电电压可提升到 4.40V,已经可满足智能手机和平板电脑对高体积能量密度软包电池的需求。钴酸锂电池在能量密度、比功率、使用寿命方面的表现并不突出。钴酸锂电池一个十分致命的缺点在于容易过热,如果钴酸锂电池组内部温度控制不佳的话很容易发生起火事故。因其循环寿命和安全性都较低,事实证明其并不适用作为动力电池。

钴酸锂电池的循环寿命主要受到固体电解质界面(SEI)的限制,主要表现在 SEI 膜的逐渐增厚和快速充电或者低温充电过程的阳极镀锂问题。由于钴的高成本以及通过与其他活性阴极材料混合带来的明显性能改善,钴酸锂正在逐步被锰酸锂替代。

(2) 锰酸锂 ($LiMn_2O_4$)　锰酸锂作为使用历史比较长的一种锂离子电池材料,其安全性高,尤其抗过充能力强,是一大突出优点。由于锰酸锂自身结构稳定性好,在电芯设计时,正极材料的用量不必超越负极太多。这样,使得整个体系中的活性锂离子的数量不多,在负极充满以后,不会有太多的锂离子存于正极。即使出现了过充情形,也不会出现大量锂离子在负极沉积形成结晶的状况。因而，锰酸锂的耐过充能力在常用材料中是最好的。另外，材料价格低廉，并且对生产工艺要求相对不高，是比较早取得广泛应用的正极材料。

锰酸锂离子电池的突出优点是原料成本较低、生产工艺简单、热稳定性好、耐过充性好、放电电压平台高、安全性高。锰酸锂离子电池的缺点是理论容量比较低，极限在148mA·h/g，循环寿命低，在循环过程中可能有锰元素的溶出影响锰酸锂离子电池在高温环境中的寿命等问题。

锰酸锂离子电池可以保证在满电状态下，正极的锂离子完全嵌入到负极炭孔中，而不是像钴酸锂那样在正极有一定残留，这就从根本上避免了枝晶的产生。锰酸锂稳固的结构使其氧化性能远低于钴酸锂，即使外部短路，也基本能避免析出金属锂引发的燃烧和爆炸。

锰酸锂不仅在价格上占优势，而且具有安全性好、无环境污染、毒性低、易回收、工作电压高、成本低廉的特点，其三维的隧道结构，比层间化合物更有利于锂离子的嵌入和脱出。但 $HMn_2O_4$ 与电解质的相容性不佳，其高温和高电压下的循环寿命也是问题。所以锰酸锂的发展有明显的瓶颈，近年来的研究方向主要是改性锰酸锂，通过掺杂其他元素，改变其缺点。

(3) 磷酸铁锂（$LiPO_4$） 磷酸铁锂离子电池是指用磷酸铁锂作为正极材料的锂离子电池，磷酸铁锂离子电池的优势在于稳定、安全、成本低，磷酸铁锂晶体中的 P—O 键稳固，难以分解，即便在高温或过充时也不会像钴酸锂一样结构崩塌发热或是形成强氧化性物质，因此拥有良好的安全性。磷酸铁锂电热峰值可达 350～500℃，工作温度范围宽广（-20～75℃），有耐高温特性的磷酸铁锂电热峰值可达 350～500℃。磷酸铁锂离子电池的技术特性如下。

① 高能量密度，其理论比容量为 170mA·h/g，产品实际比容量可超过 140mA·h/g。

② 安全性。它是目前最安全的锂离子电池正极材料，不含任何对人体有害的重金属元素。

③ 寿命长。磷酸铁锂的优点主要体现在安全性和循环寿命上，主要的决定因素来自磷酸铁锂的橄榄石结构。这样的结构，一方面导致磷酸铁锂较低的离子扩散能力；另一方面也使它具备了较好的高温稳定性和良好的循环性能。在 100% DOD 条件下，可以充放电 2000 次以上，理论寿命将达到 7～8 年。

④ 无记忆效应。

⑤ 充电性能，采用磷酸铁锂正极材料的锂电池，可以使用大倍率充电，最快可在 1h 内将磷酸铁锂离子电池充满。

磷酸铁锂离子电池的缺点也比较明显，能量密度低，一致性差以及低温性能不佳。能量密度低是由材料自身的化学性质决定的，一个磷酸铁锂大分子只能对应容纳一个锂离子，3.4V 的最高电压也限制了它的能量表现，已经无法满足当前和未来的市场需求。此外，磷酸铁锂离子电池的倍率性能一般、低温特性差等缺点，也限制了磷酸铁锂离子电池的应用。

(4) 镍酸锂（$LiNiO_2$） 镍酸锂离子电池具有价格和储量上的优势，其实际容量已接近锂论容量的 70%～80%。镍酸锂离子电池具有自放电率低、没有环境污染、对电解质的要求低等优点。但其初次放电效率仅为 85% 左右，此外，镍酸锂离子电池的热稳定性可能引起安全问题。只有提高其充电效率和热稳定性，并在制备方法上适应工业生产的要求，才有更好的实用性。由于稳定性、安全性、材料合成困难等方面的缺点，镍酸锂离子电池的商业应用较少，市场上很少看到。

镍酸锂离子电池的理论质量能量密度为 274mA·h/g，实际量产产品为 190~210mA·h/g，远超钴酸锂离子电池的 140mA·h/g 和磷酸铁锂离子电池的 170mA·h/g，且 2.5~4.2V 的工作电压并不低，用来驱动电动机非常强力。镍酸锂离子电池的致命缺点在于十分苛刻的制造条件和较差的热稳定性，前者直接导致商业化使用的困难，后者则带来了较大的安全隐患。此外，镍酸锂离子电池的循环寿命较差，不太适宜在需要多次大量充放电的新能源车上使用。

（5）镍钴锰三元（$LiNi_xCo_yMn_{1-x-y}O_2$） 目前，镍钴锰三元材料逐渐成为市场的主流，国内企业也采取跟随策略，逐步转向三元材料。三元材料的比容量较高，目前市场上的产品已经可以达到 170~180mA·h/g，从而可以将动力电池单体的能量密度提高到接近 200W·h/kg，满足电动汽车的长续航里程要求。此外，通过改变三元材料的配比（$x$、$y$ 的值），还可以达到良好的倍率性能，从而满足 PHEV 和 HEV 车型对大倍率、小容量动力电池的需求，这也正是三元材料大行其道的原因。从化学式可以看出，镍钴锰三元材料综合了钴酸锂（$LiCoO_2$）和锰酸锂（$LiMn_2O_4$）的一些优点，同时因为掺杂了镍元素，可以提升能量密度和倍率性能。镍钴锰三元材料锂离子电池的技术特性如下。

① 高容量。理论容量达到 280mA·h/g，产品实际容量超过 150mA·h/g。
② 循环性能好。在常温和高温下均具有优异的循环稳定性。
③ 电压高。在 2.5~4.3/4.4V 电压范围内循环稳定可靠。
④ 热稳定性好。在 4.4V 充电状态下的材料热分解稳定。
⑤ 循环寿命长。1C 循环寿命 500 次，容量保持 80% 以上。
⑥ 晶体结构理想、自放电小、无记忆效应等。

（6）镍钴铝三元（$LiNi_xCo_yAl_{1-x-y}O_2$） 镍钴铝三元材料严格来说，其实是一种改性的镍酸锂（$LiNiO_2$）材料，在其中掺杂了一定比例的钴和铝元素（占比较少）。镍钴铝酸锂离子电池具有较高的比能量，相当好的比功率和长的使用寿命与镍钴锰酸锂离子电池有相似之处。高能量和功率密度以及良好的使用寿命使 NCA 成为 EV 动力系统的候选者，高成本和边际安全性对推广应用有负面的影响。

三元锂正极材料综合了 $LiCoO_2$、$LiNiO_2$ 和 $LiMnO_2$ 三种材料的优点，在同一个电芯内部形成协同效应，兼顾了材料结构的稳定性、活性和较低成本三个要求，是三种主要正极材料中能量密度最高的一种，其低温效果也明显地好于磷酸铁锂离子电池。

在三种元素中，Ni 的含量越高，则电芯的能量密度越高，同时，电芯的安全性越低。在实际应用中，三种材料在电芯中的比例关系，随着时间的推移一直在发生变动。人们对能量密度的追求越来越高，因而 Ni 的占比也越来越高。而动力电池本身安全性能的改进和系统监控处理事故能力的提高，也会推进三元材料锂离子电池市场扩张的脚步。

镍钴锰酸锂离子电池和镍钴铝酸锂离子电池在性能上差别不大，优势在于能量密度较大，比功率理想且可控，2000 次左右的循环寿命在一天一充的情况下可用约 6 年，基本满足电动汽车整车寿命周期的需求。不过相对于化学性能极其稳定的磷酸铁锂离子电池，三元锂离子电池在充电过热时容易产生氧气，导致动力电池鼓包现象，这也是目前镍钴锰酸锂离子电池和镍钴铝酸锂离子电池需要解决的问题。

以上仅是比较常见的锂离子电池正极材料，并不代表所有的技术路线。实际上，不管是高校和科研院所，还是企业，都在努力研究新型的锂离子电池正极材料，希望把能量密度和寿命等关键指标提升到更高的量级。当然，如果要在 2020 年达到 250W·h/kg，甚至

300W·h/kg 的能量密度指标，现在商业化应用的正极材料都无法实现，那么正极材料就需要比较大的技术变革，如改变层状结构为尖晶石结构的固溶体类材料，以及有机化合物正极材料等，都是目前比较热门的研究方向。

### 6.2.1.2 锂离子电池的负极材料

锂离子电池的负极材料需由相对于锂电极电势更低的材料构成，并具有高比容量和较好的充放电可逆性，从而在嵌锂的过程中保持良好的尺寸和力学稳定性。锂离子电池的负极材料关键在于能可逆地嵌入和脱出锂离子，这类材料应具有尽可能低的电极电压，离子有较高的扩散率、高度的脱嵌可逆性、良好的电导率及热力学稳定性。锂离子电池负极材料的选择应主要考虑以下几个条件。

① 应为层状或隧道结构，以利于锂离子的脱嵌。
② 在锂离子脱嵌时无结构上的变化，具有良好的充放电可逆性和循环寿命。
③ 锂离子在其中应尽可能多地嵌入和脱出，以使电极具有较高的可逆容量。
④ 氧化还原反应的电位要低，与正极材料配合，使电池具有较高的输出电压。
⑤ 首次不可逆放电比容量较小。
⑥ 与电解质溶剂相容性好。
⑦ 资源丰富、价格低廉。
⑧ 安全性好，环境友好。

锂离子电池负极材料的种类繁多，根据化学组成可以分为金属类负极材料（包括合金）、无机非金属类负极材料及金属氧化物类负极材料。

(1) 金属类负极材料　金属类负极材料多具有超高的嵌锂容量，最早研究的负极材料是金属锂。由于安全问题和循环性能不佳，金属锂作为负极材料并未得到广泛应用。近年来，合金类负极材料得到了比较广泛的研究，如锡基合金，铝基合金、镁基合金、锑基合等，是一个新的方向。

(2) 无机非金属类负极材料　用作锂离子电池负极的无机非金属材料主要是碳材料、硅材料及其他非金属的复合材料。

(3) 金属氧化物类负极材料　这类材料一般具有结构稳定、循环寿命长等优点，如锂过渡氧化物（钛酸锂等）、锡基复合氧化物等。

锂离子电池负极的构造与正极基本相同，需要黏结剂来固定活性物质石墨，需要铜箔作为负极基体和负极集流体来充当电流的导体，由于石墨本身具有良好的导电性，一般无须添加导电剂材料。相对而言，针对锂离子电池负极材料的研究，没有正极材料那么多，但是负极材料对锂离子电池性能的提高仍起着至关重要的作用，锂离子电池负极材料多采用石墨，新的研究发现钛酸盐可能是更好的材料。

锂离子电池的负极一般以铜箔作为基底，两侧均匀涂覆负极电极材料，负极材料包括一定配比的负极活性物质（石墨、硅碳等）和黏结剂［丁苯橡胶（SBR）、丙烯酸树脂（PAA）、羧甲基纤维素钠（CMC-Na）等］，如图 6-3 所示。正、负极活性物质分别与黏结剂相互混合均匀，涂覆在正负极基底上，再经过干燥，碾压后制成正负极材料。可用于动力电池的负极材料有石墨、硬/软炭以及合金材料，石墨是目前广泛应用的负极材料，可逆容量已能达到 360mA·h/g。无定形硬炭或软炭可满足动力电池在较高倍率和较低温度下应用的需求，已开始走向应用，但主要是与石墨混合应用。

图 6-3 锂离子电池负极材料

钛酸锂负极材料具有最优的倍率性能和循环性能，适用于大电流快充动力电池，但生产的动力电池比能量较低且成本较高。纳米硅在 20 世纪 90 年代即被提出可用于高容量负极，通过少量纳米硅掺杂来提升炭负极材料容量是目前研发的热点，添加少量纳米硅或硅氧化物的负极材料已开始进入小批量应用阶段，可逆容量达到 450mA·h/g。但因锂嵌入硅后导致其体积膨胀，在实际使用时循环寿命会出现降低的问题有待进一步解决。

就当前的市场而言，在大规模商业化应用方面，负极材料仍然以炭材料为主，石墨类和非石墨类炭材料都有应用。在电动汽车领域，钛酸锂作为负极材料也有一定的应用，主要是其具有非常优异的循环寿命、安全性和倍率性能，但是会降低动力电池的能量密度，因此不是市场主流。其他类型的负极材料，除了索尼公司在锡合金方面有产品推出外，大多仍以科学研究和工程开发为主，市场化应用的比较少。

炭作为锂离子电池的负极，由于在有机电解质中炭表面形成能使电子和锂离子自由通过的 SEI 膜，保证了炭负极良好的循环性能，使得炭电极成为目前最佳的负极材料。用炭材料做负极，可使锂离子电池的安全性和充放电循环寿命大大提高。

在锂离子电池中具有应用价值或应用前景炭的研究主要集中于石墨、软炭、硬炭，石墨材料具有成本低、比容量高（理论容量 372mA·h/g）、导电性好、初充电效率高、充放电电压曲线稳定的特性。石墨分为天然石墨和人造石墨，由于天然石墨在充放电时体积变化大，因此难以应用于生产中。然而，常规石墨负极材料的容量和倍率性能已经难以满足锂离子电池下游产品的需求，而以硅-碳（Si-C）复合材料为代表的新型高容量负极材料是未来的发展趋势。

就未来的发展趋势而言，如果能有效解决循环性能，硅基材料将可能取代炭材料成为下一代锂离子电池的主要负极材料。锡合金、硅合金等合金类的负极材料，也是一个非常热门的方向，将走向产业化。此外，安全性和能量密度较高的铁氧化物，有可能取代钛酸锂（LTO），在一些长寿命和安全性要求较高的领域得到广泛应用。

#### 6.2.1.3 电解液

锂离子电池的电解液应该满足离子电导率高（$10^{-3} \sim 10^{-2}$S/cm）、电子电导低、电化学窗口宽（0~5V）、热稳定性好（-40~60℃）等要求。六氟磷酸锂及其他新型锂盐、溶剂提纯、电解液配制、功能添加剂技术持续进步，目前的发展方向是进一步提高其工作电压和改善动力电池的高低温性能，安全型离子液体电解液和固体电解质正在研制中。

锂离子电池的电解液在正负电极间起到运输电荷的作用，它影响着锂离子电池的能量密度、功率密度、宽温应用、循环寿命、安全性能等因素。理想的电解液应具有高的离子电导率，宽的电化学稳定窗口（0～5V）不与集流体和惰性物质发生化学反应，好的热稳定性以实现更大的工作温度范围，且安全、无毒、无污染。

基于这些原则，经过长期的工程探索，人们找到了由高纯度的有机溶剂、电解质锂盐和必要的添加剂等原料，在一定条件下、按一定比例配制而成的电解液。即采用含锂化合物作为溶质与有机溶剂混合而成，溶质以六氟磷酸锂（$LiPF_6$）为主；有机溶剂为碳酸乙烯酯（EC）、碳酸二乙酯（DEC）、碳酸二甲酯（DMC）等几种溶剂的混合液。

### 6.2.1.4 隔膜

在动力电池设计时总是希望动力电池的存储能量尽可能多而体积尽可能小，于是正负极之间的距离越来越小，短路成为一个巨大的风险。为了防止正负极材料短路，造成能量的剧烈释放，就需要用一种材料将正负极"隔离"开来，这就是隔膜的由来。

隔膜处于正极和负极之间起隔离作用，主要是防止正极与负极直接接触而导致动力电池内部短路。在锂离子电池中使用聚烯烃孔薄膜，其厚度在 $25\mu m$ 左右，对其性能要求是：在使用的电解质中稳定性好；不吸收水分；对正极和负极要有优异的绝缘性，离子电导率高；有足够的机械强度；有热熔性（当温度在130℃左右时，隔膜组织的离子渗透和自动终止电池放电的功能，对锂离子电池的安全性能有很重要的作用）。

隔膜的孔径需满足良好的离子通过性，吸液保湿能力强，保持离子导电性，同时具有电子绝缘性，以实现正负极之间绝缘的机械隔离，此外应有足够的穿刺强度、拉伸强度等力学性能及耐腐蚀性和足够的电化学稳定性。目前市场上的隔膜主要采用聚乙烯（PE）单层膜、聚丙烯（PP）单层膜以及PP/PE/PP三层复合微孔膜，尤其是PP/PE/PP三层隔膜不仅熔点较低，而且具有较高的抗穿刺强度，起到了热保险作用。聚烯烃微孔膜以其优良的力学性能、良好电化学稳定性以及相对廉价的特点，是目前锂离子电池隔膜市场的主要品种。

目前，国内采用干法工艺生产隔膜的厂家较多，湿法工艺PE隔膜也已经有多家企业可以量产。随着陶瓷涂层技术得到了推广，耐高温和高电压的隔膜将成为未来的研发方向。

### 6.2.1.5 外壳

锂离子电池的外壳是锂离子电池电化学反应的容器，在整个动力电池中起密封和输出电流的作用。锂离子电池的外壳为不锈钢材质（或铝材），底部和盖板均采用激光焊接。

除了以上材料外，一个完整的锂离子电池还包括绝缘片、盖板、泄压阀、壳体（铝、钢、复合膜等），以及其他一些辅助材料。

## 6.2.2 锂动力电池模块和成组技术

### 6.2.2.1 锂动力电池模块

锂动力电池模块由若干锂动力电池单体串并联组合形成，是组成锂动力电池组的基本元素。锂动力电池模块在实际运行中很少作为一个主体被单独评价，偶尔在一些系统中，会检测其电压值。

通常人们往往把锂动力电池模块看成一块大锂动力电池，不同的是，锂动力电池模块存在锂动力电池单体一致性问题，其内部锂动力电池单体电芯电压差是均衡功能考察的重点。

锂动力电池模块的性能往往受制于组成锂动力电池模块中性能最低锂动力电池单体，并主要体现在容量这个指标上。充电的时候，电压高的锂动力电池单体最先充满；放电的时候，电压低的锂动力电池单体最先放完。而很可能这两个锂动力电池单体电芯并非同一个，因此，锂动力电池模块内部锂动力电池单体电芯参数的一致性就对锂动力电池模块性能产生了决定性的影响。

一致性是锂动力电池模块比锂动力电池单体多出来的需要考量的一个参数，这个参数在锂动力电池模块成组之初，会通过各种手段对锂动力电池单体电芯进行筛选来保证；锂动力电池模块生产完毕，一致性则是其验收的重要指标；在运行过程中，则只能依靠 BMS 的均衡功能来保证。

锂动力电池组一般由锂动力电池模块串联组成，锂动力电池组除了继承模块的全部参数以外，其总电压决定了电动汽车动力系统的电压平台，是非常重要的参数。锂动力电池组有几个涉及安全的指标会被持续监测：输出正负极对地电阻，系统漏电流，高压互锁信号，系统最高最低温度，系统最大温差，系统最大温升速率，系统最高最低单体电压等。

### 6.2.2.2 锂动力电池成组技术

目前锂动力电池有圆柱形和方形两种形式，圆柱形主要以 18650 和 26650 为代表，方形主要有铝壳和铝塑膜软包两种，在制造工艺上又分为卷绕工艺和叠片工艺，软包主要以叠片工艺为主，铝壳以卷绕工艺为主，目前国内动力电池也有少数企业采用软包卷绕的工艺。总而言之各种工艺各有各的优势和劣势，其目的在于如何生产出适合电动汽车使用的最佳动力电池。

因锂动力电池模组是由多个锂动力电池单体电芯串并联组装而成的，锂动力电池单体电芯之间连接要紧固，要求连接片与锂动力电池单体的极柱接触电阻小、抗振动、牢靠程度高。无论是用激光焊焊接、电阻焊焊接还是螺栓机械锁紧，都必须保证成组后的动力电池系统在电动车辆实际行驶过程中具有可靠性和耐久度。在不同的动力电池系统设计需求里，其体积能量密度、质量比能量密度以及体积功率密度等都会与动力电池系统中锂动力电池单体之间的连接结构与工艺相关。

动力电池模组是由若干锂动力电池单体电芯通过导电连接件串并联而成的，通过工艺、结构固定在设计位置，可以协同发挥电能充放存储的功能。常见的动力电池模组类型，根据锂动力电池单体电芯与导电母排的连接方式可以分成焊接、螺接、机械压接三种形式。有研究表明，锂动力电池单体电芯与动力电池模组母排之间的连接方式，不仅仅影响制造效率，是否可以实现自动化，其对动力电池组装车以后的性能表现同样会有不容忽视的影响。

对采用不同锂动力电池单体成组的锂动力电池模块进行比较，根据两种 PACK 工艺效果来看，铝壳锂动力电池单体直接可以组装成锂动力电池组，而软包装锂动力电池单体需要重新装在一个相对机械强度高、散热良好的金属外壳或者塑胶壳内，再进行 PAKC 应用，这个过程会增加成本和工艺复杂程度。

锂动力电池单体从极柱类型上可以分为外螺纹极柱、内螺纹型极柱、平台型极柱以及铝镍长条型极耳（聚合物锂电池类型的极耳）。不同极柱类型的锂动力电池单体，在成组方式、连接工艺上也会有很大不同，同时有各自的优缺点。

锂动力电池模组由多个锂动力电池单体连接组成，而单锂动力电池单体之间连接的方法和工艺的选择需根据电池类型及其极柱（极耳）的类型来定。在锂动力电池成组时，锂动力电池单体之间连接片的连接，一般采用激光焊、电阻焊以及螺栓机械紧固。每个锂动力电池单体电芯之间连接的一致性、牢固性，对整体锂动力电池模组能量发挥和整车安全具有重要作用。

（1）外螺纹极柱型电池　外螺纹极柱型锂动力电池单体通常采用机械锁紧的连接工艺（螺栓或螺母机械紧固），这一工艺的优点是组装连接可以采用多种方式，简单灵活；缺点是受自身结构限制，相对于平头型极柱，其体积偏大，体积能量密度受到一定影响。

螺栓或螺母机械锁紧，顾名思义是用螺栓或螺母将连接片与带螺纹极柱拧紧固定，防止松动。它在连接防松设计上可分为摩擦防松、机械防松、永久防松。防松一般可采用弹簧垫片防松、自锁螺母防松等；机械防松一般可采用槽形螺母和销子防松、止动垫片防松等；永久防松一般可采用螺纹紧固胶（如厌氧胶）防松等。

上述防止松动的可靠度依次增强，如果考虑后续易拆卸、更换动力电池单体等因素，可采用机械防松，但其抗振动性需多方面验证，验证通过后可采用。

对于外螺纹极柱型电池，有相关机构开发了新型结构的大容量圆柱形动力电池，其极柱留有用于激光焊接的平台的同时，平台上方又有外螺纹极柱，用激光焊接连接片的同时，又用螺母通过螺纹极柱对连接片拧紧固定，再用特别设计的保护支架对电池固定。

一种圆柱形锂动力电池的成组组装工装，包括设置在多个排列在一起的单个锂动力电池单体极柱之间的保护支架。保护支架整体为上表面为方形平面，且四周均匀设置有 4 根支柱，该保护支架的方形平面正中间设置有长方形固定卡槽，任意对称的 2 边设置有卡座且个数相同，剩余对称的另外 2 边设置有卡扣，个数也相等。该工艺具有结构简单、稳定耐用、生产能力强、原料易于加工的优点，有效克服了市场上动力电池组连接容易松动、结构不稳定、连接易脱落、制作成本高、生产效率低的缺点。

（2）内螺纹极柱型电池　内螺纹极柱型的锂动力电池单体之间通常采用机械锁紧的连接工艺，这一工艺的优点是组装连接可以采用多种方式，易于拆卸；缺点是由于自身结构限制，相对于平头型极柱，组装过程需要增加金属配件，动力电池模组重量有所增大。螺接用防松螺钉固定电芯与母排之间的连接，其工艺上比较简单，但主要应用于锂动力电池单体容量比较大的动力电池系统中，尤其是方形动力电池中螺接结构比较多。

（3）平头极柱型电池　采用平头极柱型的锂动力电池单体成组后的动力电池模组具有体积小、体积能量密度高、质量能量密度高等优点；缺点是连接工艺选择方式单一，组装完成的锂动力电池单体不易拆卸替换，只能以焊接方式完成成组组装。

平头型极柱的锂动力电池单体通常采用电阻焊焊接，电阻焊是工件组合后通过电极施加压力，利用电流通过接头的接触面及邻近区域产生的热，将焊件接触点加热到塑性或熔化状态，然后使工件组合焊接到一起的焊接方法。该工艺的优点为：动力电池模组在组装时，锂动力电池单体之间用连接片实现串联或并联，连接片通过电阻焊焊接到锂动力电池单体极端上面，组装工序相对比较简单；焊接过程不需要添加任何辅助性焊接材料，批量生产可实现机械自动化，设备成本相对激光焊机不高。

对于动力电池模组，锂动力电池单体电芯之间采用电阻焊焊接加固完成后，动力电池模组的体积能量密度提高，质量能量密度提高（相对于螺栓或螺母机械锁紧的连接工艺）。而缺点为锂动力电池单体之间的连接片材料有限制，对铝与铝焊接效果不理想等，后续动力电池模组中的锂动力电池单体难以拆卸，若要更换，需更换整个动力电池模组。

平头型极柱的锂动力电池单体也可采用激光焊接连接,激光焊是利用高能量的激光脉冲对工件需要加工的区域进行局部加热。激光辐射的能量通过热传导向材料内部扩散,将材料熔化后形成特定熔池来达到焊接的目的。该工艺主要具有以下一些优点。

① 在组装动力电池模组时,激光焊接的焊接精度高、强度高、焊接效率高。

② 在大批量组装生产时,更易于实现自动化生产,保证产品的一致性和质量。

③ 凭借激光焊焊接的优势,电芯之间串联或并联的连接片都可用铝材质代替铜连接片,如此可以提高焊接效率和焊接强度,减少生产材料成本,减轻电芯模组重量,进一步提高整车动力电池模组的能量密度。

缺点如下。

① 连接片与锂动力电池单体焊接处的平整度要求高,焊接夹具需高精度以满足焊接精度要求。

② 设备比较昂贵。

(4) 长条型极耳动力电池 在长条型极耳形锂动力电池单体之间连接成组时,其连接片与极耳之间通常采用激光焊、锡焊或电阻焊接的连接工艺,或非焊接式机械压紧。这种工艺的优点是体积能量密度和质量能量密度较高;缺点是成组工序复杂,需要较多辅助的支架等。目前聚合物电芯的连接工艺,主要有焊接与不焊接(机械压接)2种方式。

① 焊接。焊接包括激光焊和锡焊2种。由于动力电池组面积大,超声波焊头位置不容易接触,因此超声波焊接很少被采用,激光焊接是较为理想的焊接方式。锡焊的高温工艺对聚合物电芯极耳处的密封存在一定的风险,同时由于锡的密度大而造成动力电池组的重量增加;无论激光焊接或锡焊成组工艺,都不利于更换锂动力电池单体。

激光焊配合工业机器人正在逐步成为自动化动力电池模组生产线的主力,焊接工艺,效率高,易于实现自动化生产。在不断改进焊接工艺,限制成形过程中的热影响以后,在实际生产中的应用也越来越多。

② 机械压接。采用机械压接的长条极耳形锂动力电池模组,以每个锂动力电池单体电芯作为独立单元,将每个单元串并联,且能够保证每个锂动力电池单体可拆卸和替换。这种工艺的优点主要是单个锂动力电池单体可拆卸替换,解决了成组后锂动力电池单体不易更换的问题,提高了动力电池组的安全性。此外,在动力电池组更换锂动力电池单体时只要卸下金属板和金属网卷绕体,将极耳弄直,就可以快速取下需要更换的锂动力电池单体,避免了以往传统的极耳被锡焊接在镀锡区所存在的缺陷,避免了传统焊锡工艺高温对锂动力电池单体极耳处密封的损坏和焊接不良导致的虚焊,提高了组装效率。

在锂动力电池组焊接成组工艺中,锂动力电池单体与动力电池组外壳之间的缝隙中填满低黏度液体胶,并将其固化成具有弹性的胶体,该胶体介质具有阻燃、导热的特性,有利于锂动力电池单体之间的温度一致,同时可隔绝锂动力电池单体与空气接触,防止热失控的发生,提高动力电池组的安全性。

由于圆柱形动力电池机械连接方案依靠导电体的弹性变形保持动力电池与回路的电连接,占用空间略大,导致能量密度受到影响,但好处也是显而易见的,在动力电池的梯次利用中,拆解方便,获得完整锂动力电池单体电芯的可能性高。软包电芯机械压接方案依靠狭缝式的弹性导电结构,把软包电池极耳直接夹持在模组导电件上获得稳定电气连接,省去焊接过程,同样拆卸方便。

(5) 连接方式的比较 焊接的连接电阻小于螺接,由于连接电阻小,储存在动力电池中的电能能够以更高的效率支持电动汽车行驶更远的里程，这是焊接方式明显的优点。同时，焊接的生产效率提升空间大，可以说总体上，焊接优于螺接。但也可以看到，螺接一般在大型动力电池上应用，其更强的导电能力得以凸显，而效率低的劣势被削弱了。机械压接的好处在于拆装灵活，后期维护以及二次回收利用成功率高。缺点是组装效率难以大幅度提升，若机械连接结构设计不够合理，则在长期的道路车辆运行环境下，接触电阻发生变化的可能性高。

## 6.3 锂动力电池回收技术

### 6.3.1 锂动力电池回收的意义及产物

#### 6.3.1.1 废旧锂动力电池回收的意义

我国车用动力电池绝大多数为锂动力电池，锂动力电池虽然不含汞、镉、铅等毒害性较大的重金属元素，但也会带来环境污染。比如废旧锂动力电池的电极材料一旦进入环境中，可与环境中其他物质发生水解、分解、氧化等化学反应，产生重金属离子、强碱和负极炭粉尘，造成重金属污染、碱污染和粉尘污染。电解质进入环境中，可发生水解、分解、燃烧等化学反应，产生 HF、含砷化合物和含磷化合物，造成氟污染和砷污染。在锂动力电池材料中，包含一些有价值的材料。有研究表明，回收锂动力电池可节约 51.3% 的自然资源，包括减少 45.3% 的矿石消耗和 57.2% 的化石能源消耗。

锂动力电池被普遍认为是环保的绿色动力电池，但锂动力电池的回收不当同样会产生污染。锂动力电池的正负极材料、电解液等对环境和人体的影响仍然较大。如果采用普通垃圾处理方法处理锂动力电池（填埋、焚烧、堆肥等），锂动力电池中的钴、镍、锂、锰等金属，以及各类有机、无机化合物将造成金属污染、有机物污染、粉尘污染、酸碱污染。锂动力电池的有机转化物，如 $LiPF_6$、六氟合砷酸锂（$LiAsF_6$）、三氟甲磺酸锂（$LiCF_3SO_3$）、氢氟酸（HF）等溶剂和水解产物如乙二醇二甲醚（DME）、甲醇、甲酸等都是有毒物质。因此，废旧锂动力电池需要经过回收处理，以减少对自然环境和人类身体健康的危害。目前废旧锂动力电池回收主要有两种方式。

(1) 梯次利用 针对动力电池容量下降到原来 70%~80% 无法在电动汽车上继续使用的动力电池，进行梯次利用，可继续在其他领域如电力储能、低速电动车、五金工具等作为电源继续使用一定时间。

(2) 拆解回收 主要针对动力电池容量下降到 50% 以下，该类动力电池无法继续使用，只能将动力电池进行拆解后进行资源化回收利用。

#### 6.3.1.2 废旧锂动力电池主要产物

废旧锂动力电池中的钴、锂、铜及塑料等均是宝贵资源，具有极高的回收价值，废旧锂动力电池主要产物如图 6-4 所示。对废旧锂动力电池进行科学有效的处理，不仅具有显著的环境效益，而且具有良好的经济效益。锂动力电池主要由正极材料、负极材料、电解质和隔膜四部分构成，正极是通过起黏结作用的 PVDF 将钴酸锂粉末涂布于铝箔集流体两侧构成的；负极结构与正极类似，由炭粉黏结于铜箔集流体两侧构成。

图 6-4 废旧锂动力电池主要产物

组成锂动力电池的正极、负极、隔膜、电解质等材料中含有大量的有价金属，不同锂动力电池正极材料中所含的有价金属成分不同，其中潜在价值最高的金属包括钴、锂、镍等，不同锂动力电池元素含量如图 6-5 所示。例如，三元材料锂动力电池中锂的平均含量为 1.9%、镍 12.1%、钴 2.3%；此外，铜、铝的占比也达到了 13.3% 和 12.7%，如果能得到合理的回收利用，将成为创造收入和降低成本的一个主要来源。

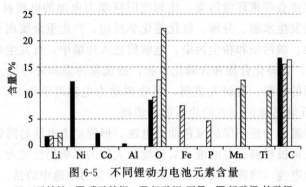

图 6-5 不同锂动力电池元素含量
■三元材料；▨磷酸铁锂；☐锰酸锂-石墨；▦锰酸锂-钛酸锂

目前，废旧锂动力电池资源化研究主要集中于价值高的正极贵重金属钴和锂的回收，对负极材料的分离回收研究较少。为缓解经济快速发展而引发的日趋严重的资源短缺与环境污染问题，对废旧物资实现全组分回收利用已成为全球共识。废旧锂动力电池负极中的铜（含量达 35% 左右）是一种广泛使用的重要生产原料，黏附于其上的炭粉，可作为塑料、橡胶等添加剂使用。因此，对废旧锂动力电池负极组成材料进行有效分离，对于最大限度地实现废旧锂动力电池资源化和消除其相应的环境影响具有推动作用。

在锂动力电池中需要重点回收的钴和铝主要集中在正极材料钴锂膜上，钴锂膜的主要成分是 $LiCoO_2$ 活性物质、导电乙炔黑、铝箔集流体和 PVDF（聚偏氟乙烯）黏结剂。常用的钴锂膜处理方法有硫酸溶解法、碱煮酸溶法、还原焙烧浸出法、浮选法等。处理钴锂膜是要实现钴、铝和乙炔黑三者的分离，现有处理方法中对钴、乙炔黑的分离较为成功，而对钴、铝分离效果不够理想，且分离过程复杂、条件较难控制、成本高。

基于锂动力电池正负极结构及其组成材料铜与炭粉的物料特性，采用锤振破碎、振动筛分与气流分选组合工艺对废旧锂动力电池正负极片中的铝箔、铜箔与正负极材料进行分离处理，以达到循环利用的目的，实现对废旧锂动力电池负极材料中金属铜与炭粉的资源化利用。

负极材料经过锤振破碎可有效实现炭粉与铜箔间的相互剥离,再经基于颗粒间尺寸差和形状差的振动过筛可使铜箔与炭粉得以初步分离。锤振剥离与筛分分离结果显示,铜与炭粉分别富集于粒径大于 0.250mm 和粒径小于 0.125mm 的粒级范围内,品位分别高达 92.4% 和 96.6%,可直接送下游企业回收利用。对于粒径为 0.125~0.250mm 且铜品位较低的破碎颗粒,可采用气流分选实现铜与炭粉间的有效分离,当气流速度为 1.00m/s 时即可取得良好的回收效果,金属铜的回收率可达 92.3%,品位达 84.4%。锤振破碎、振动筛分设备在负压状态中运作,无粉尘外泻,分离效率可达 98% 以上。

### 6.3.1.3 全封闭清洁废旧锂动力电池回收工艺

全封闭清洁废旧锂动力电池回收工艺采用粉碎分选→浸出→萃取→电解→浓缩结晶工艺回收废旧锂动力电池中的铜、钴、镍等有价金属,不仅对各个工序进行最优化研究,提高了酸浸出率和产品的纯度,而且整合缩减了工艺流程,降低了工艺操作的复杂性,降低回收成本,同时还提高了工艺灵活度。根据市场调整产品种类,最终能得到电解钴、电解铜和电解镍等高附加值产品,又能得到硫酸钴、硫酸镍等生产锂动力电池的原料,实现资源的循环利用。此外,还考虑到生产过程中产生的废气、废水、废渣等,加入环保治理环节,进行清洁生产,达到污染达标排放的目标。

(1) 全封闭清洁回收废旧锂动力电池收工艺的技术原理　采用湿法冶金技术进行有色金属的分离和回收,包括浸出、溶液净化与富集、溶剂萃取等,另外还采用电冶金技术即电解最终获得单质金属产品。

(2) 全封闭清洁废旧锂动力电池回收工艺的技术路线　首先对废旧锂动力电池进行预处理,包括放电、拆解、粉碎、分选;拆解后的塑料及铁外壳进行回收;分选后的电极材料进行碱浸出、酸浸出、除杂后,进行萃取。萃取是关键一步,将铜与钴、镍分离;铜进入电解槽进行电解产生电解铜产品;经萃取后的钴、镍溶液再进行萃取分离,这时经过结晶浓缩,直接得到钴盐和镍盐;或经萃取分离的钴、镍分别进入电解槽中,得到电解钴和电解镍产品。经电解工序的钴、铜、镍回收率达 99%,品级分别达到 99.98%、99.95% 和 99.2%~99.9%,硫酸钴、硫酸镍产品等都达到相关标准。

全封闭清洁废旧锂动力电池回收工艺简化,整套工艺能耗低,产品回收率高。浸出工序采用 3 次回流,提高浸出率至 98.7%;高效的铜、钴萃取剂将铜、钴萃取分离出来,并富集成高浓度的硫酸铜液、硫酸钴液,使之满足电解的工艺要求,提高了回收重金属的效率。电解工序的电压和电流密度降低,节省电耗。整个工艺流程回收率高,是高值化生产工艺。

在电解工序中,产生的少量硫酸雾废气用集气罩负压抽风收集处理,减少了废气排放;电解完的贫电解液,其中的铜离子含量很低而硫酸浓度提高,作为反萃洗涤液或浸出液循环使用,综合利用率高。生产过程大都通过泵输送,各储槽、循环槽、洗涤槽、萃取箱和电解槽均是封闭的,过程控制严密,机械化自动程度较高,减少了"跑、冒、滴、漏"引起的原辅料损耗,也减少了污染物的无组织排放。

萃取工序产生的硫酸雾、盐酸雾用碱液喷淋吸收处理,去除率高,废气排放量少。废水经处理后达标排放,滤渣、废渣用来做水泥、砖等建筑材料,固废处理处置率达到 100%,实现污染达标排放。

在废旧锂动力电池回收过程中由于要使用强酸、强碱和有机物等物质,会产生有毒有害废液等,对环境和人体存在很大的危害,因此如何避免这些潜在的二次污染也是回收中需要重点考虑的问题。随着国家环保力度的不断加强,以及有价金属资源的不断匮乏,废旧锂动力电池的资源化回收技术将沿着绿色回收、高效回收的方向发展,应主要关注以下几个方面。

(1) 预处理步骤中的安全问题　废旧锂动力电池属于危险废弃物,处理过程中存在爆炸的危险,因此需要在绝对安全的环境中自动高效处理。同时,由于废旧锂动力电池中电解液含有大量有机物以及 $LiPF_6$ 等有毒有害物质,在处理过程中需要进一步防治这些潜在危害。

(2) 二次处理步骤中的污染防治　在二次处理步骤中,采用有机溶剂溶解法溶解后的余液中含有大量而且成分复杂的有机物;碱液溶解法要求使用强碱溶液进行溶解,得到的余液 pH 值高,需要进一步处理,对于有机溶剂余液和碱液余液则需考虑循环利用。

(3) 深度处理步骤中的完全回收　采用合适的浸出剂进一步提高废旧锂动力电池中有价金属的浸出率,将化学沉淀法与溶剂萃取法结合可提高浸出液中有价金属离子的回收率,得到符合要求的金属化合物产品。

## 6.3.2　三元材料锂动力电池的回收技术

### 6.3.2.1　三元材料锂动力电池

目前,国内新能源汽车多数搭载三元材料锂动力电池,相较于磷酸铁锂动力电池,三元材料锂动力电池寿命较短,循环性能欠佳,且安全性存在一定风险,不适宜用于储能电站、通信基站后备电源等应用环境复杂的梯次利用领域,因此三元材料锂动力电池倾向于拆解利用。在三元材料锂动力电池中含有镍、钴、锰等稀有金属(三元材料中主要金属镍、钴、锰的含量分别占 12%、3% 及 5%,金属总含量高达 47%),通过拆解提取其中的锂、钴、镍、锰、铜、铝、石墨、隔膜等材料,具有经济可行性。

目前在全球范围内,三元材料锂动力电池占全球性锂动力电池市场的 80% 以上,在需要较高的输出与安全性的电动汽车车用动力电池市场上,占有率超过 81%。反观国内市场,2015 年国内动力电池出货量达 15.7GW·h,其中磷酸铁锂动力电池仍占主导,占据市场近 69% 的份额;三元材料动力电池出货量占比 27%。再细分而言,在乘用车领域,动力电池类型则以三元材料为主,动力电池出货量达 1.93GW·h;在客车领域,主要以搭载磷酸铁锂动力电池为主,占纯电动客车动力电池量的 84%。

在 2017 年发布的新能源汽车推广目录中,新能源乘用车占比稳定上升,近几年的需求量也是呈稳步增长态势;而作为新能源乘用车主要搭载的动力电池,三元材料锂动力电池未来增长可期。因此,针对三元材料锂动力电池的资源化回收将具有广阔的规模空间,未来有望成为市场主角。

在锂动力电池领域中,以三元材料作为正极材料的锂动力电池近年来凭借其容量高、循环稳定性好、成本适中等优点,逐渐在动力电池行业中占据越发重要的地位。三元材料锂动力电池在能量密度、低温特性、功率特性以及高温储存性等方面都全面优于其他材料的锂动力电池。

三元材料锂动力电池的正极材料综合了 $LiCoO_2$、$LiNiO_2$ 和 $LiMnO_2$ 三种材料的优点,在同一个电芯内部形成协同效应,兼顾了材料结构的稳定性、活性和较低成本三个要求,是三种主要正极材料中能量密度最高的一种,其低温效果也明显好于磷酸铁锂动力电池。

目前,三元材料锂动力电池主要分为两种,分别为镍钴锰酸锂(NCM)以及镍钴铝酸锂（NCA），其回收工艺大体相同，主要目的是回收合金材料中的金属钴、镍、锂、锰、铜、铝等有价金属。在对废旧三元材料锂动力电池的回收过程中，最有价值之处在于对锂动力电池中的钴、镍、锰、锂及铁和铝等金属的回收。目前现有技术能够实现对钴、镍、锰、锂及铁和铝等金属的回收，但由于现有的三元材料锂动力电池正极材料复杂，含有镍、钴、锰、锂等元素，导致后续的分离提纯过程变得复杂和困难，使得到的最终金属产品纯度不高。因此，为了得到纯度较高的再生产品，回收过程的除杂问题是关键，如何通过简单的方法得到最好的除杂效果是现阶段三元材料锂动力电池回收利用的研究重点。

#### 6.3.2.2 废旧三元材料锂动力电池拆解

对于采用三元材料的锂动力电池，常用的回收手段仍为拆解，其拆解产物是镍、钴、锂、铜、铝等具有较高的经济价值的金属，一般用于动力电池的再制造。由于镍、钴等贵金属仍然是上游产业的稀缺资源，因此，三元材料锂动力电池的拆解具有很大潜力，三元材料锂动力电池的回收拆解收益因近年贵金属价格高涨而受益。

废旧三元材料锂动力电池适宜采用湿法回收技术，即将拆解后电极材料进行粉碎得到的电极变成电极粉，在进行碱浸出、酸浸出、除杂后进行萃取以实现有价金属的收集。在拆解阶段，如何进行安全有效的自动化拆解是主要难题，尤其对于今后将要出现的大容量动力电池，在拆解过程中要避免起火、爆炸等安全事故，同时要兼顾自动化效率问题。

在拆解过程中应使用安全防护装备，如高压绝缘手套、防砸绝缘鞋、护目镜等，以保证拆解过程的人身安全。拆解过程还应使用专业防护罩、专用起吊工具、起吊设备、拆解工装台、绝缘工具等，以保证拆解过程的环境友好性和安全性。

目前，废旧三元材料的锂动力电池拆解主要采用破碎分选的方法进行拆解，其工艺流程依次为盐水放电、机械破碎、粒径分选、密度分选等，三元材料锂动力电池拆解工艺流程如图 6-6 所示。

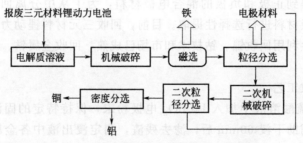

图 6-6　三元材料锂动力电池拆解工艺流程

（1）盐水放电　虽然废旧三元材料锂动力电池到了报废的阶段，但废旧三元材料锂动力电池中仍然有一部分残余的电量没有被消耗掉，因此在废旧三元材料锂动力电池资源化回收处理电池之前，需要对废旧三元材料锂动力电池进行放电处理。

废旧三元材料锂动力电池与其他动力电池不同，在三元材料锂动力电池的充放电过程中会造成部分金属锂黏附在正负极的表面，金属锂极易与水发生反应生成氢气 $H_2$。此外，三元材料锂动力电池中含有的电解液遇水会生成有毒的 HF。鉴于这些情况，在回收废旧三元材料锂动力电池中有价金属前，需要先对废旧三元材料锂动力电池进行合适的预处理，消除这些潜在的危险。为了避免废旧三元材料锂动力电池自燃，在处理前需要将废旧锂离子动力电池深度放电。目前，深度放电主要包括两种方法，即浸泡法和电阻法。

① 浸泡法是指将三元材料锂动力电池浸泡在电解质溶液中，从而促使三元材料锂动力电池完全放电，常用的电解质溶液是碳酸钠（$Na_2CO_3$）溶液、氯化钠（NaCl）溶液、亚硫酸（$H_2SO_3$）溶液，将三元材料锂动力电池浸泡在各种电解质溶液中24h，最后的实验结果表明，经NaCl溶液浸泡后的三元材料锂动力电池，残余电压最低。浸泡法的优点是能够将三元材料锂动力电池中的剩余电能完全释放出来；同时在放电过程中，三元材料锂动力电池也不会出现过热的现象。缺点是浸泡所需的时间长。

② 电阻法是指在废旧三元材料锂动力电池两端连接电阻或者其他导体，造成三元材料锂动力电池短路，实现三元材料锂动力电池完全放电，也有采用金属粉末和石墨短路两种方式对废旧锂离子动力电池进行放电。电阻法的优点是放电快且完全；缺点是短时间内会积聚大量的热，导致废旧三元材料锂动力电池爆炸。

(2) 机械破碎　废旧三元材料锂动力电池在进入最终的处理之前需要对其进行破碎处理，为后续的处理降低难度。破碎是指破坏三元材料锂动力电池中各材料的完整形态，甚至进行粉碎和研磨，然后采用选矿、冶金的手段实现各材料的分离和回收。

(3) 物理分选　在物理分选（磁选、粒径分选、二次机械破碎、二次粒径分选、密度分选）过程中，首先用棒磨机将三元材料锂动力电池研磨至10mm以下的碎片，将研磨后的三元材料锂动力电池碎片置于筛孔为0.211mm的振动筛中，筛下物为$LiCoO_2$和石墨的混合物。将筛上物置于水力淘洗床中，水力淘洗与振动筛分作用相结合，将三元材料锂动力电池碎片中各成分一一分离，最后可分别得到正极、负极、隔膜、外壳。通过物理分选优先回收隔膜和外壳，得到的正、负极在破碎过程中由于物理力学作用会造成部分正、负极材料从基底上脱落下来，但是大部分材料还附着在基底上。

### 6.3.2.3　金属钴、镍、锰、锂及其混合物回收

经物理分选可得到正极和负极的混合电极材料，为了从中分离回收Co、Li等有价金属，需要对混合电极材料进行选择性提取。目前，回收三元材料锂动力电池中含有镍、钴等有价金属的相关再生利用回收镍、钴技术和市场已成熟，回收金属钴、镍、锰、锂及其混合物回收工艺如下。

(1) 金属钴回收工艺

① 盐析法。在硫酸溶液中加入$LiCoO_2$电极粉末，保持特定的固液比，通过机械、磁力搅拌，在超声波辅助下浸60min后，滤去残渣，测定浸出液中各金属的浓度。用硫酸浸出已分离的正极材料，再用硫酸铵饱和溶液与无水乙醇盐析分离钴，该技术利用磁力搅拌和超声波辅助提高了浸出效果，钴的回收率超过92%。

② 沉淀法。用氢氧化钠碱浸液溶解已分离的正极材料，过滤后用硫酸中和碱浸液中的铝，并用硫酸、双氧水体系溶解碱浸渣，通过中和水解法净化至pH为5后用草酸铵沉钴，直接回收率达95.75%。

③ 萃取法。用氢氧化钠完全溶解集流体，过滤后再用$H_2SO_4+H_2O_2$体系浸出碱渣，得到含Co、Mn、Li、Al等元素的溶液，经$P_2O_4$萃取除杂后用$P_5O_7$萃取分离钴和锂，富钴有机液用硫酸反萃得到$CoSO_4$，该技术萃取率达99%。

④ 电解法。硫酸全浸已分离的正极碎片，再用硫酸钠调节浸出液至pH为2~3，使其中铁、铝以沉淀形式析出，最后以钛板为阳极，钴片为阴极，电解得到电解钴。

(2) 金属镍回收工艺 经酸溶、沉锰后得到含钴、镍、锂等元素的溶液，用28%的氨水调 pH 值至 3~14，加入 $C_4H_8N_2O_2$ 沉镍，过滤后再用盐酸溶液沉淀，分离 $C_4H_8N_2O_2$ 有机液用于循环沉镍，再用氢氧化钠溶剂调滤液 pH 值至 11，过滤分离得到氢氧化镍。

(3) 金属锰回收工艺 用盐酸充分溶解已分离的电极碎片，过滤分离含钴、镍、锰、锂等元素的滤液，用氢氧化钠溶液调 pH 值至 1~3，加入高锰酸钾沉锰，过滤分离氢氧化锰、氧化锰沉淀液，锰回收率达90%。

(4) 金属锂回收工艺

① 沉淀法。用盐酸充分溶解已分离的正极材料，再用 PC-88A 萃取分离浸液中的锂，根据 $LiCO_3$ 溶解度随温度升高而下降的特性，按一定比例在萃取后的水相中加入饱和碳酸钠溶液，加热浓缩至饱和后冷却至常温，使大部分 $Li_2CO_3$ 以晶体形式沉积。

② 离子筛法。用盐酸充分溶解已分离的正极材料，用氢氧化钠溶液调 pH 值至 10 以上，过滤后得含锂离子料液，用氧化锰离子筛选择性吸附锂离子料液，当锂离子吸附后，再用稀盐酸洗脱锂离子，从而达到分离回收锂的目的。

(5) 金属钴、镍、锰、锂混合物回收工艺

① 综合法和离子交换法。在 80℃下用 20% 的稀盐酸充分溶解已分离的正极材料，连续搅拌反应，滤去不溶物后再加氨水调 pH 值至 4，选择性沉积铝的氢氧化物，离心分离。用氨水调节上层液至 pH 为 10，通入纯氧气以氧化钴，镍为三价离子，将溶液反复通过弱酸性阳离子交换树脂，用不同浓度的硫酸铵溶液洗脱分离钴、镍，用硫酸洗脱钴配合物，同时使阳离子交换树脂再生，最后用草酸盐沉积钴和锂。

② 沉淀法。用 $H_2SO_4+H_2O_2$ 对已分离集流体的正负极混合活性物质在线浸出，浸出滤液中的杂质，经黄钠铁矾法除铁，萃取分离铜，水解沉淀除铝后配入适量的硫酸镍、硫酸锰或硫酸钴，用碳酸盐共沉淀法制备镍钴锰碳酸盐前驱体。

③ 共沉淀。用氢氧化钠溶液充分溶解分离的正极碎片，经 $P_2O_4$ 除杂后加入 $H_2SO_4$ 与 $H_2O_2$ 混合溶液还原含镍、钴、锰的溶液，用硫酸镍、硫酸锰或硫酸钴调整溶液摩尔比至 1∶1∶1，加入一定量的 $NH_3$ 制备镍、钴、锰三元前驱体，最后在镍、钴、锰三元前驱体中加入 $Li_2CO_3$，再经过高温烧结而成，得到镍、钴、锰酸锂三元正极材料。

## 6.3.3 磷酸铁锂动力电池的回收技术

### 6.3.3.1 磷酸铁锂动力电池

磷酸铁锂动力电池的正极呈橄榄石结构，负极是石墨，中间是聚乙烯或聚丙烯材料制成的隔膜板。在磷酸铁锂动力电池中部的上下端间装有有机电解质，外壳由金属材料密封。隔膜板可把正极与负极隔开，同时在磷酸铁锂动力电池异常高温时，隔膜板上的细孔起阻断离子通道的作用，可中止充电或放电反应，有效防止磷酸铁锂动力电池在外部短路电流过大时反应过激，产生温度过高的现象。

磷酸铁锂动力电池正极与铝箔连接，负极则用铜箔相接，可直接与外电路连接。磷酸铁锂动力电池内部锂离子在正负极材料晶格中可自由扩散，当磷酸铁锂动力电池在放电时，锂离子从石墨负极板层状结构中析出，通过隔膜板到达正极板，锂离子的移动就产生了电流；反之在充电时，锂离子在电势作用下从正极中脱出嵌入到石墨负极中。

在磷酸铁锂动力电池充放电循环过程中，借助于电解液的作用，锂离子在电池的两极间往复运动。磷酸铁锂动力电池的单体电池标称电压是 3.2V，充电终止时的最高电压为 3.6V，最大放电的电压为 2.0V。磷酸铁锂动力电池通常采用圆形卷绕式的"18650"型电池结构，即电池直径为 18mm，高度为 65mm，目前最大容量为 3100mA·h。磷酸铁锂动力电池的特点如下。

① 可实现高功率输出，能量密度大，适合在电动大客车上使用。磷酸铁锂动力电池单体标称电压为 3.6V，是镍氢动力电池的 3 倍，容量和体积比镍氢动力电池小得多。其充放电的电流特性是大而快，按磷酸铁锂动力电池的容量安时数"C"值计算，标准充放电流为 2~5C，连续高电流放电可达 10C，10s 的瞬间脉冲放电可达 20C，可为电动汽车起步和加速瞬间提供足够大的电流和驱动功率，为电动汽车的普及推广使用带来极大的方便。

② 磷酸铁锂动力电池的温度特性宽。磷酸铁锂动力电池在环境为 -20~75℃ 的温度下均能正常工作，电热峰值可达 350℃ 以上。由于磷酸铁锂动力电池内部在进行充放电的化学反应时会产生热量，外部环境温度为 65℃ 时内部温度则可达 95℃，磷酸铁锂动力电池放电结束时温度甚至可达 160℃。只要有适当的通风降热装置，即可保证磷酸铁锂动力电池的正常使用。

③ 磷酸铁锂动力电池使用安全可靠，不会出现爆炸现象。磷酸铁锂动力电池的正极材料具有良好的电化学性能，有十分平稳的充放电平台，充放电过程中结构稳定，即使放电电压到 0 时也绝对安全。磷酸铁锂动力电池提倡使用恒压恒流充电，当 3.2V 电压升到 3.6V 时应停止充电，或者维持很小的充电电流；但当磷酸铁锂动力电池的电压很低（如 2V 以下）时，也不宜大电流急充电，应采用极小的涓流充电，这可有效延长磷酸铁锂动力电池的寿命。当磷酸铁锂动力电池用过大电流充放电时，其内部进行的化学反应会导致持续升温，活化过程中所产生的气体会膨胀，当磷酸铁锂动力电池内压力过大到一定程度时，会造成磷酸铁锂动力电池的密封铝塑外壳出现鼓胀或破裂。由于动力电池管理系统有极可靠的保护措施，如监测电流、温度和电压等参数，对磷酸铁锂动力电池可进行极有效的保护，所以在使用过程中，甚至发生碰撞穿刺的极端情况下，几乎都没有爆炸的危险。

④ 磷酸铁锂动力电池有较长的循环充放电寿命。按国标规定，可充电动力电池的循环寿命测试，是以深充深放方式进行的，即动力电池以恒流放电到动力电池额定容量 1C 值后，再以恒流恒压方式充电到额定电压，这个放电与充电过程称为一个"循环"。磷酸铁锂动力电池在常温下以 1C 电流充放电，磷酸铁锂动力电池单体经 500 次循环，其放电容量仍大于 95%，经 2000 次循环后容量仍大于 80%，其综合循环可为 2400~3000 次，如果电动车每天充电一次，磷酸铁锂动力电池连续使用可达 8 年。

⑤ 磷酸铁锂动力电池内部只有胶态电解质，不存在漏液现象。磷酸铁锂动力电池可设计成多种形状，如可制成 0.5mm 超薄型的，甚至还可呈弯曲形状，可用磷酸铁锂动力电池单体采取多层组合形式，构成可输出高电压的磷酸铁锂动力电池组，这样可大大节省车载动力电池的体积。

⑥ 磷酸铁锂动力电池无记忆效应。当电动汽车在使用过程中，发现储电量较少时，不论电量还存有多少，均可找就近的充电站进行补充，能做到随放随充，不影响磷酸铁锂动力电池的性能，不要求 100% 放完电后才允许充电，极大地方便了驾驶者的使用。

磷酸铁锂动力电池的主要缺点如下。

① 在磷酸铁锂动力电池的生产过程中不可避免仍有铅、砷、镉、汞、铬等重金属污染的问题，集中报废堆放后，仍会对周围环境构成较严重的污染。

② 磷酸铁锂动力电池的均匀一致性较差，磷酸铁锂的合成反应是一个复杂的多相化学反应，特别是正、负极和电解质材料的质量及工艺不同，其性能上会有差异，如会造成磷酸铁锂动力电池的容量出现10%～20%的较大差异。

③ 磷酸铁锂动力电池中含有铁的成分，单质铁会引起磷酸铁锂动力电池的微短路，从而造成磷酸铁锂动力电池中最忌讳的放电反应，使磷酸铁锂动力电池容量下降。

④ 磷酸铁锂动力电池的正极材料的振实密度较小，等容量的磷酸铁锂动力电池的体积较大。

⑤ 当前磷酸铁锂动力电池的价格相对较高，循环充放电次数也有待于提高，即期望磷酸铁锂动力电池的寿命超过10年或更长。

### 6.3.3.2　磷酸铁锂动力电池的回收意义

磷酸铁锂动力电池的比能量不到钴酸锂动力电池的一半，但是其安全性高，可快速充电且循环次数能达到2000次，具有很好的安全性能，逐渐成为电动汽车用动力电池的新选择。由于磷酸铁锂是以碳酸锂作主要材料，在氩气与氮气等惰性气体氛围下制造而成的，因而制造成本高。随着磷酸铁锂动力电池市场占有量和报废量的日益上升，废旧磷酸铁锂动力电池中的磷酸铁锂回收利用也成为动力电池回收的重点内容之一。

在磷酸铁锂动力电池中含有的 $LiPF_6$、有机碳酸酯、铜等化学物质均在国家危险废物名录中，$LiPF_6$ 有强烈的腐蚀性，遇水易分解产生 HF；有机溶剂及其分解和水解产物会对大气、水、土壤造成严重的污染，并对生态系统产生危害；铜等重金属在环境中累积，最终通过生物链危害人类自身；磷元素一旦进入湖泊等水体，极易造成水体富营养化。由此可见，如若对废弃的磷酸铁锂动力电池不加以回收利用，对环境及人类健康都有极大危害。

在多种锂动力电池中，只有磷酸铁锂动力电池正极材料不含贵金属，而是主要由铝、锂、铁、磷和碳元素组成。正因如此，企业对磷酸铁锂的回收利用并不热心。针对磷酸铁锂动力电池回收的研究也比较少。现有的资料表明，废旧磷酸铁锂动力电池的回收处理分为两种：一种是回收金属；另一种是再生磷酸铁锂正极材料。

再生磷酸铁锂正极材料回收方式是：磷酸铁锂动力电池整体经机械粉碎后，利用有机溶剂 NMP 或强碱溶解分离其中的铝，剩余的材料即为 $LiFePO_4$ 和炭粉的混合物。向该混合物中引入 Li、Fe、P 以调整此三种元素在材料中的摩尔比，再经球磨、惰性气氛下高温煅烧后可重新合成 $LiFePO_4$ 材料，但与首次合成的磷酸铁锂电池正极材料相比，该材料的电容量、充放电性能均有所下降。

### 6.3.3.3　磷酸铁锂动力电池的回收

**(1) 拆解分选技术**　磷酸铁锂动力电池的安全性能较好，目前，国内磷酸铁锂动力电池规格不一、形状各异，在磷酸铁锂动力电池中有价金属很少，因此小规模的回收厂家主要先拆分电芯得到正、负极极片，再破碎分选，回收铜、铝及其他材料，拆解分选磷酸铁锂动力电池回收工艺流程如图6-7所示。

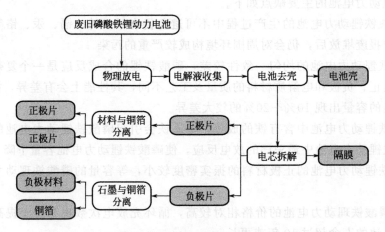

图 6-7　拆解分选磷酸铁锂动力电池回收工艺流程

随着磷酸铁锂动力电池的大规模使用及逐渐退役，规模化及全自动化拆解磷酸铁锂动力电池仍存在4大难题：自动化拆壳技术、自动化拆片技术、磷酸铁锂材料再生利用技术和拆解过程中的环境安全控制。如何减少操作人员在拆壳过程及电芯拆分过程中的直接接触，是自动化拆壳及拆片设备的研究重点，需要进行全自动拆解设备的技术开发。

(2) 湿法回收技术　湿法回收磷酸铁锂动力电池工艺流程如图 6-8 所示，该工艺是从钴酸锂回收工艺中借鉴而来的，但由于磷酸铁锂电池不含钴元素，所以主要以回收锂为主。回收废旧磷酸铁锂动力电池中的铁与锂的步骤如下。

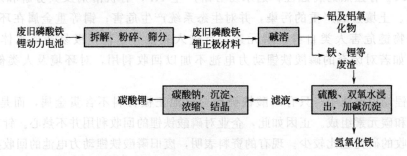

图 6-8　湿法回收磷酸铁锂动力电池工艺流程

① 首先拆解磷酸铁锂动力电池得到正极材料，粉碎、筛分后获得合适粒径的粉料。
② 在粉料中加入碱溶液，溶解铝及铝的氧化物，过滤得到滤渣。
③ 将滤渣用硫酸和还原剂 $H_2O_2$ 的混合溶剂浸出，得到浸出液。
④ 加碱调节浸出液的 pH 值为 1.5~3，沉淀析出氢氧化铁，过滤得到滤液。将得到的氢氧化铁灼烧，便可获得氧化铁。
⑤ 用碱调节浸出液的 pH 值为 5.0~8.0，将浸出液中的杂质沉淀，过滤得到滤液。
⑥ 在滤液中加入固体碳酸钠，将所得溶液浓缩结晶，即可得到碳酸锂。

这种方法可同时回收铁和锂，制成的碳酸锂纯度高达 98.5% 以上，可直接应用于磷酸铁锂动力电池的再生产。

(3) 破碎法回收技术　随着磷酸铁锂动力电池的大规模使用，人们研发了规模化处理磷酸铁锂动力电池的技术与设备。由于磷酸铁锂动力电池电芯的正、负极拆分较为困难,所以采用整个电芯破碎、物料分选工艺。破碎回收方法主要通过回收废旧磷酸铁锂动力电池中的铜和锂元素实现收益,破碎法回收磷酸铁锂动力电池工艺流程如图6-9所示所示。

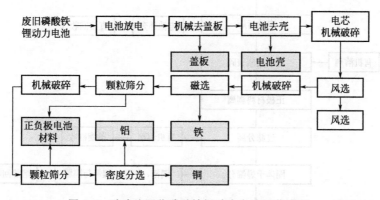

图6-9　破碎法回收磷酸铁锂动力电池工艺流程

(4) 固相法再生技术　单一回收某种元素使得不含有贵重金属的磷酸铁锂动力电池回收产生的经济效益比较低。因此,固相法再生技术是目前废旧磷酸铁锂动力电池处理的主流方向,并具有很高的回收效益,资源综合利用率最高。固相法再生磷酸铁锂工艺流程如图6-10所示。

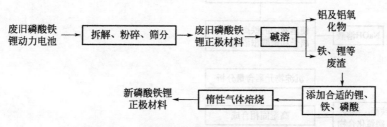

图6-10　固相法再生磷酸铁锂工艺流程

首先将磷酸铁锂动力电池拆解,使用物理方法或化学方法将正极材料与基板分离。加入NaOH溶液除去磷酸铁锂材料中残余的铝及铝氧化物,之后进行热处理去除残余的石墨和黏结剂。得到铁、锂等废渣(磷),添加适当的铁源、锂源或磷源化合物将铁、锂、磷的摩尔比调整到1∶1∶1,最后加入碳源,经球磨、惰性气氛中煅烧得到新的磷酸铁力正极材料。

(5) 回收再制造技术　磷酸铁锂动力电池回收再制造工艺流程如图6-11所示,这种方法的基本原理是利用有机溶剂溶解电芯碎片上的黏结剂,通过筛分实现磷酸铁锂材料和铝、铜箔分离,其中铝铜箔通过熔炼回收。利用NaOH溶液除去磷酸铁锂材料中的铝箔,通过热处理除去石墨和剩余的黏结剂。然后用酸溶解磷酸铁锂,利用硫化钠除去了其中的铜离子,并利用NaOH溶液或氨水使溶液中的铁、锂、磷离子生成沉淀物,并在沉淀物中加入铁源、锂源或磷源化合物以调整铁、锂、磷的摩尔比,最后加入碳源,经球磨、惰性气氛中煅烧得到新的磷酸铁锂正极材料。这种方法的电池中有价金属回收率大于95%,磷酸铁锂正极材料的综合回收大于90%。

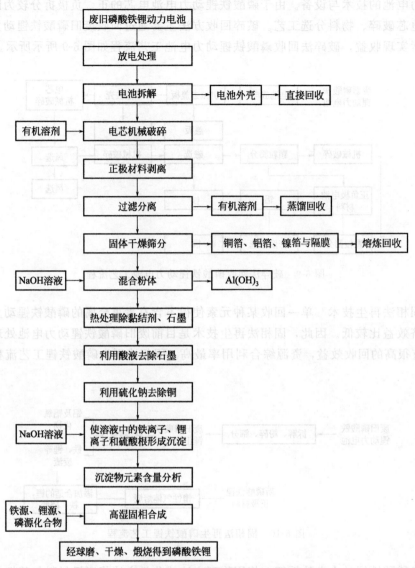

图 6-11　磷酸铁锂动力电池回收再制造工艺流程

# 附 录
# 动力电池术语

1. 电池。能将所获得的电能以化学能的形式储存并将化学能转为电能的一种电化学装置。

2. 电池单体。由电极和电解质组成，构成电池组的基本单元。锂离子电池单体内部包含一个电芯或若干个电芯并联的最小可维护单元，标称电压为 3.2V；电池单体内电芯并联数量不大于 4 个。

3. 电池组。采用串联或并联方式将两个或者多个电池单体连接起来的蓄能电源，对并联的电池组的要求是：每个电池单体的电压相同，输出的电压等于一个电池单体的电压，并联电池组能提供更强的电流，对串联电池组没有要求。

4. 集成式电池组。放置于一个独立的机械电气单元内、满足 19in（1in=2.54cm）网络机柜安装条件的电池组。集成式电池组由 16 个电池单体串联而成，机械电气单元内集成 16 个电池单体和与之相配套的电池组管理系统。

5. 整体电池。多个极群组装在一个多格电池壳中的一种电池。

6. 全密封电池。没有压力释放装置的一种电池。

7. 干式荷电电池。无电解液储存的电池，其极板是干的，且处于荷电状态。

8. 带液荷电电池。可以立即使用的一种电池。

9. 带液非荷电电池。带电解液以非荷电状态储存的一种电池。

10. 湿荷电电池。极板为荷电状态，带有少量的电解液，而大部分电解液被吸入极板和隔板中储存的一种电池。

11. 湿式非荷电电池。排除电解液以非荷电状态储存的一种电池。

12. 未化成干态电池。极板尚未化成为活性物质，以干态储存的一种电池。

13. 储备电池。用激活方法将隔开的所需电解液输入到电池中，以干荷电态储存的一种电池。

14. 免维护电池。在规定的运行条件下，使用期间不需要维护的一种电池。

15. 铅酸电池。电极主要由铅制成，电解液是硫酸溶液的一种电池。

16. 碱性电池。电解液是碱性溶液的一种电池。

17. 铁镍电池。正极活性物质主要由镍制成，负极活性物质主要由铁制成的一种碱性电池。

18. 镍镉电池。正极活性物质主要由镍制成，负极活性物质主要由镉制成的一种碱性电池。

19. 镍氢电池。正极活性物质主要由镍制成,负极活性物质主要由储氢合金制成的一种碱性电池。

20. 锌银电池。正极活性物质主要由银制成,负极活性物质主要由锌制成的一种碱性电池。

21. 镉银电池。正极活性物质主要由银制成,负极活性物质主要由镉制成的一种碱性电池。

22. 锌镍电池。正极活性物质主要由镍制成,负极活性物质主要由锌制成的一种碱性电池。

23. 锂原电池。也称为一次锂电池,负极为锂,且被设计为不可充电的电池,锂原电池包括单体锂原电池和锂原电池组。

24. 锂电池。锂离子电池和锂金属电池统称为锂电池(也称为可充放锂电池、二次锂电池)。

25. 锂离子电池。利用锂离子作为导电离子,在正极和负极之间移动,通过化学能和电能相互转化实现充放电的电池,包括单体锂离子电池和锂离子电池组。

26. 单体锂离子电池。单体锂离子电池是锂离子电池的基本单元,由电极、隔膜、外壳和电极片等在电解质环境下构成。

27. 磷酸铁锂电池。磷酸铁锂电池是指用磷酸铁锂作为正极材料的锂离子电池,由电极、电解质、独立容器、极柱、隔离层组成的基本功能单元。磷酸铁锂电池由一个独立容器储存的电解液系统构成的最小单元称为电芯,标称电压为 3.2V。

28. 金属锂电池。金属锂电池的负极侧含有金属锂,也称为可充放金属锂电池。在金属锂电池的装配过程中,负极可以完全是金属锂,或者部分含有金属锂。在金属锂电池的循环过程中,负极中存在金属锂的形态,并可逆地发生电化学沉积和析出。

29. 液态锂电池。在电池中只含有液体电解质的锂电池。

30. 非水有机溶剂锂电池。电解质为有机溶剂的液态锂电池。

31. 水系锂电池。电解质为水的液态锂电池。

32. 混合固液电解质锂电池。在电池中同时含有液体和固体电解质的锂电池,此类电池在文献中出现了多种用语。

① 半固态电解质锂电池,有时简称为半固态锂电池。在电池单体中固体电解质质量或体积占单体中电解质总质量或总体积之比达到一半,或者单体中一侧电极含有液体电解质,另一侧电极只含有固体电解质。

② 准固态电解质锂电池或准固态锂电池。单体中固体电解质质量分数或体积分数超过一半,液体电解质的质量分数或体积分数低于一半。

③ 固态电解质锂电池,或者固态锂电池。电池中液体电解质的质量分数或体积分数低于电解质总质量分数或总体积分数5%的。但实际该电池单体中含有少量液体电解质,称为固态锂电池不严谨,更适合称为准固态电解质锂电池或准固态锂电池。

④ 全固态锂电池。电池单体中只含有固态电解质,不含有任何液体电解质、液态溶剂、液态添加剂的锂电池。

33. 凝胶聚合物锂电池。凝胶聚合物锂电池是指在隔膜、正负极内部电解质以凝胶聚合物电解质的形态出现,即电池中的液体电解质与聚合物高分子形成凝胶态电解质的锂电池。

34. 半液流锂电池。电池中任一侧电极参与电化学反应的物质可以流动,另一侧电极不可以流动的锂电池。

35. 液流锂电池。电池中两侧电极参与电化学反应的物质都是可以流动的锂电池。
36. 硬包。指直接与电解液接触的容器材质为金属材质（例如铝壳或钢壳）。
37. 软包。指直接与电解液接触的容器材质为铝塑膜或类似材质。
38. 软包装锂电池。采用塑封膜作为外壳的锂电池。
39. 方形锂电池。各面成直角的平行六面体形状的锂电池。
40. 圆柱形锂电池。总高度等于或大于直径的圆柱形状的锂电池。
41. 动力电池。为新能源汽车动力系统提供能量的电池，由电池包（组）组成，包括锂动力电池、镍氢动力电池、铅酸动力电池等。
42. 电池包（组）。由一个或多个电池模块组成的单一机械总成。
43. 电池模块。一组相连的电池单体的组合。
44. 阳极。通常指发生氧化反应的电极。
45. 阴极。通常指发生还原反应的电极。
46. 活性物质。当电池放电时通过化学反应产生电能，而在充电时又恢复为原组分的极板物质。即在电池充放电过程中发生电化学反应以存储或释放电能的物质。
47. 极板。由活性物质和支撑用的导体（必要时）组成的电极。
48. 正极板。放电期间构成阴极而在充电期间构成阳极的一种极板。
49. 负极板。放电期间构成阳极而在充电期间构成阴极的一种极板。
50. 形成式极板（普朗特极板）。是一种具有很大有效表面积的极板，一般为软铅，其活性物质是通过铅自身的氧化而形成的薄层。
51. 涂膏式极板。导电板栅涂上活性物质构成的一种极板。
52. 富尔极板。铅酸电池使用的一种涂膏式极板。
53. 管式极板。由装有活性物的多孔管组成的一种正极板。
54. 箱式负极板。在穿孔的薄铅板之间装有一层活性物质的一种负极板。
55. 袋式极板。由填有活性物质的穿孔金属袋组成的一种极板。
56. 烧结式极板。用烧结金属粉末制成骨架，再浸入（或不浸入）活性物质而制成的一种碱性电池极板。
57. 极板对。由两个极板（一个正极板和一个负极板）组成的电池组件。
58. 极板组。具有相同极性的极板连接而成的组件。
59. 组合极板组。由隔板和正、负极板组组成的部件。
60. 端子（极柱）。电池与外部导体连接的部件。
61. 正极端子（正极柱）。连接电池正极的端子，便于外电路连接电池正极的导电部件。
62. 负极端子（负极柱）。连接电池负极的端子，便于外电路连接电池负极的导电部件。
63. 电极片。由集流体和活性物质、黏结剂、导电剂等构成的电池的电极，电极片的集流体可以采用金属箔、网等形式。电池装配完成后，电极片有正极和负极之分。
64. 负极片。锂动力电池的负极片通常是由表面涂覆石墨、炭或其他高电导率材料的铝或铜薄片制成的。通常指含有在放电时发生还原反应活性物质的具有高电势的电极片。
65. 正极片。与负极片相反，锂动力电池的正极片通常是由表面涂覆磷酸铁锂（LFP）、钴酸锂（LCO）、镍钴锰酸锂（NMC）、锰酸锂（LMO）等含锂材料的铜铝薄片制成的。通常指含有在放电时发生还原反应活性物质的具有高电势的电极片。

66. 极耳。连接电池内部电极片与端子的金属导体。

67. 隔膜（隔板）。隔膜通常由聚乙烯、聚丙烯等聚烯烃类材料制成，主要作用是将电芯正负极分隔开，防止内短路。它是允许离子在正极和负极间通过的电绝缘材料构件，能完全或部分地阻挡活性物质的混合。在混合固液电解质锂电池、全固态锂电池中，隔离正负极的材料也可以认为是隔膜的一种，但一般会称为固体电解质膜。

68. 铝塑封装膜。用于软包装锂电池封装，是由塑料、铝箔和黏合剂组成的高强度、高阻隔、耐电解液的多层复合膜材料。

69. 电解质（电解液）。含有可移动离子并具有离子导电性的液体或固体物质，电解质可以是液体、固体或凝胶体，电解质不能传导电子。

70. 注液。控制液体电解质的量及注入时间，使液体电解质从注液口注入电池的过程。主要目的是形成离子通道，从而保证电池在充放电过程中有足够的离子能够在正、负极片间进行迁移，实现可逆循环。

71. 连接件（连接条）。用于电池电路中各组件间承载电流的导体，例如用于电池单体之间、电池端子与电池组端子之间或电池组端子与外电路及辅助装置之间电连接的连接件。

72. 母线连接。通过焊接或螺栓紧固的方式，将电池端子或模组极柱以串联或并联方式连接起来。

73. 电池保护板。带有对电池起保护作用的集成电路（IC）的印制电路板（PCB），一般用于防止电池过充、过放、过流、短路及超高温充放电等。

74. 鞍子。电池槽底部的肋条或装在其底部的部件，用以支撑极群组，使从极板上脱离下来的活性物质颗粒沉积于其中而不致引起极板间的短路。

75. 绝缘卡。保证极板边缘与电池壳侧壁之间绝缘的部件。

76. 挡（保护板）。装在极群组之上，以减少因气体析出或电解液移动而引起的电解液外溅，并防止外物经注液孔进入而损坏极群组的绝缘部件。

77. 密封剂（封口剂）。用于使电池盖与壳或端子密封的材料。

78. 液孔塞。用于封闭注液孔同时允许气体逸出的部件。

79. 排气阀（安全阀）。为能释放电池中的气体以避免过大的内压而特殊设计的排气阀，具有特有的泄放压力阈值。在超过内压时，允许气体逸出，而不允许空气进入的部件。

80. 安全装置。当电池暴露于明火或外部火花时能保护电池内部不致发生爆炸的一种特殊结构的装置。

81. 液位指示器。指示电池单体中电解液液面高度的装置。

82. 输出电缆。用于连接电池组与负载或充电器的柔性电缆。

83. 电池外壳（电池槽）。容纳电池极群组和电解质而不受电解质腐蚀的容器，将电池内部的部件封装并为其提供防止与外部直接接触的保护部件。

84. 整体壳（整体槽）。带有几个格而每个格可装有一个极群组的电池壳。

85. 电池盖。用于封盖电池外壳的部件，通常带有注液孔、安全阀和端子引出孔等。

86. 电池组合箱（电池组外壳）。用于容纳几个电池单体或电池组并具有侧壁的容器。

87. 电池组合框。用于容纳几个电池单体或电池组的框架容器。

88. 电池底垫。通常指用于固定型电池底部的绝缘垫。

89. 电池架。一层或多层的固定型电池的支架。

90. 分组。为了保证电池的一致性，按照电池的容量，对电池进行分组的过程。

91. 组件装配。依次将组件或电池置入装配夹具中，通过紧固螺栓或缓慢加压的方式将电池和组件安装在一起，形成模组的初步框架。

92. 串联。电池的正极和负极首尾相接的连接形式，串联可提高电池组的端电压，但电池组的总容量没有变。

93. 并联。电池并联是指电池之间平行连接在一起（正极对正极、负极对负极）。并联时，电流同时流入和流出每一个电池。并联会使电池容量增加，电池在成组时采用先并联再串联的方式，目的是先提高电池组容量，再提高电池组总电压。

94. 电池管理系统（Battery Mangement System，BMS）。电池管理系统是保证锂电池组和单体安全、可靠工作的电路系统的总称。主要功能包括电池物理参数实时监测，电池状态估计，在线诊断与预警，充放电与预充控制，采集电池组总电压、单体电压、电量、充放电电流、电池环境温度等参数，对电池充电、放电过程和状态进行监控，并具有有效的保护和告警功能，由采集和监控保护电路、电气和通信接口、均衡管理和热管理等装置组成。

95. 电化学反应。伴有电子进出活性物质的转移并且涉及化学组分氧化或还原的化学反应。

96. 电极极化。有电流流过时的电极电位与无电流流过时的电极电位的差异。

97. 结晶极化。由晶体成核作用和生长现象引起的电极极化。

98. 活化极化。由电极反应中电荷传递所引起的电极极化。

99. 阳极极化。伴随电化学氧化反应的电极极化。

100. 阴极极化。伴随电化学还原反应的电极极化。

101. 浓差极化。由电极中反应物和产物的浓度梯度而引起的电极极化。

102. 欧姆极化。电流通过电极或电解质中的欧姆电阻时引起的电极极化。

103. 反应极化。由阻碍电极反应的化学反应引起的电极极化。

104. 钝化。在锂原电池中，由于负极锂表面与电解液反应而形成的一层保护膜的现象。

105. 化成。首次对电池进行充电，激活电池的活性物质，并形成稳定的固体电解质界面膜（SEI膜）的过程。

106. 老化。通过一定的方法使正负极活性物质中的某些活跃成分发生反应而失活，从而使电池整体性能表现更为稳定。

107. 反极。电池电极的极性反向，通常是由串联电池组中的一个低容量的电池单体过放电而造成的。

108. 副反应。电池中附加的多余反应，会导致充电效率降低以及容量、寿命损失或性能下降。

109. 放电容量。在规定条件下测得的电池输出的容量值，放电容量通常用安时（A·h）或毫安时（mA·h）来表示。

110. 额定容量。在规定条件下测得的并由制造商标明的电池放电容量，在温度为 25℃±2℃ 的环境中，完全充电状态下的电池组 10h 率放电至终止电压时所应提供的电量，用 $C_{10}$ 表示，数值为 $1.0C_{10}$，单位为安时（A·h）；10h 率放电电流用 $I_{10}$ 表示，数值为 $0.1C_{10}$，单位为安培（A）。

111. 剩余容量。在规定条件下使用（如放电或储存）后电池中余留的容量。

112. 实测基准容量。在温度为 25℃±2℃ 的环境中，完全充电状态下的蓄电池静置 1h 后，以 $I_{10}$ 的电流放电，电池组终止电压为 43.2V，取样品前三次测试容量平均值作为该电池组的 10h 率实测基准容量，用 $C_e$ 表示。

113. 当前电池容量。在温度为 25℃±2℃ 的环境中，完全充电状态下的电池组以 $I_{10}$ 的电流放电，电池组终止电压为 43.2V，所放出来的实际电量称为当前电池容量。

114. 容量保存率。完全充电状态下的电池组，存储一定的时间后，在规定充放电条件下，电池组放出可用容量的能力。

115. 能量密度。是与电池单体和电池组的质量和体积有关的参数，质量能量密度用瓦时每千克（W·h/kg）表示；体积能量密度用瓦时每升（W·h/L）来表示。

116. 克容量。电池内部活性物质所能释放出的电容量与活性物质的质量之比，克容量通常用毫安时每克（mA·h/g）来表示。有时计算克容量也会把导电添加剂、胶黏剂等所有非活性物质的质量计算在内。

117. 电池活性物质利用率。电池实际获得的电量与所含有的活性物质的理论电量之比，常用百分数表达。一般情况下，正、负极活性物质的利用率是不一样的。

118. 直流内阻。电流流过电池或电池组时，电池或电池组输出端的电压变化所反应出来的直流电阻，工作条件下电池的电压变化与相应的放电电流变化之比，直流内阻通常用用 $R_i$ 表示，单位为欧姆（Ω）或毫欧（mΩ），经常缩写为 DCR。

119. 阻抗。交流阻抗的简称，是指在特定的交流频率下所测得的电池交流阻抗，通常为电池在 1kHz 下的交流阻抗，阻抗通常用欧姆（Ω）来表示。用于表示电池内部材料对电流阻碍作用的大小，交流阻抗通常与电池内部离子扩散和 SEI 电解质膜相关，由 SEI 电解质膜阻抗、极化阻抗、离子扩散阻抗等组成。阻抗基本上是建立在直流电阻的概念上，通过在测量中加入相位差的方式来测量幅值（假设电压和电流没有相位差）。

120. 充电限制电压。电池单体或电池组充电时要求的最高充电电压值，即按制造商规定，电池由恒流充电转入恒压充电时的最大电压值。

121. 涓流充电。使电池保持连续、长时间、调控下的小电流充电状态的充电方法，涓流充电用以补偿电池自放电效应，使电池保持在近似完全充电的状态。

122. 完全充电。电池储存的容量达到制造商规定的最大容量时即被认为完全充电。

123. 过充电。完全充电的电池继续充电，或超过制造商规定的某一极限的充电行为亦为过充电。

124. 电动势。电池正极与负极平衡电势（平衡电位）的差值。

125. 开路电压。电池充、放电电流为零时的电压。

126. 过电压。电池电压超出额定值或规定电压值的一种状态，过电压可能破坏电池的正常功能并引发危害事故。

127. 工作电压。电池在工作电流下放电时两个端子间的电压。

128. 终止电压。由制造商规定的放电终止时电池的负载电压。

129. 放电。电池在规定的条件下向外电路输出所产生的电能的过程。

130. 闭路电压。电池放电时两个端子间的电压。

131. 放电电流。电池放电时输出的电流。

132. 短路电流。电池向一个零电阻或将电池电压降低至接近零的外电路输出的最大电流，零电阻是一个假想的条件，实际上短路电流是在一个与电池内阻相比其电阻非常低的电路中流过的最大电流。

133. 充、放电曲线。电池充电、放电过程中所记录下来的电压-时间曲线。

134. 放电深度（Depth of Discharge，DOD）。在电池使用过程中，电池放出的容量占其额定容量的百分比。

135. 100%深度放电。在电池使用过程中，以终止电压为放电结束条件的容量实验，称为100%深度放电。

136. 放电倍率、充电倍率。放电倍率是放电快慢的一种量度，是指电池在规定的时间内放出其额定容量时所需要的电流值，它在数值上等于电池额定容量的倍数，即"放电电流/电池额定容量＝放电倍率"，通常以字母 $I_t$ 表示。同样，充电倍率是充电快慢的一种量度，即"充电电流/电池额定容量＝充电倍率"。

137. 充电效率。电池输出的电量与前次充电时输入电量的比值。

138. 能量效率。电池放电时输出的能量与前次充电时输入能量的比值。

139. 参考试验电流。采用 $I_t$ 表示的电池放电电流，$1I_t A=1C_5 \cdot h/h$。

140. 过放电。当电池完全放电后强制进行的放电，过放电可能破坏电池的正常功能或引发危害事故。

141. 自放电。电池的能量未通过放电进入外电路而是以其他方式损失的现象。

142. 放电深度。深度放电是电池单体或电池组的电能使用量的度量，通常在电池电量的20%~90%区间使用锂电池，以此来预防满电时的过充、低电压时的过放。放电深度＝100%时表示电池没电，放电深度＝0时表示电池满电。

143. 荷电保持能力。电池在规定的温度下搁置规定的时间，在没有再次充电的条件下能够输出的容量与额定容量的比值，常用百分数表示。

144. 恢复容量。电池在规定的温度下搁置规定的时间，放电后完全充电，并再次放电时能够输出的容量。

145. 荷电状态。电池组当前可用电量和当前电池容量的比值，即当前状态下以10h率放电至终止电压时所能提供的电量与当前电池容量的比值，常用百分数表示。荷电状态是电池的剩余电量比，等于电池的剩余电量/电池的总电量，荷电状态＝0表示电池完全没电，荷电状态＝100%时表示电池满电。

146. 半充电。电池充电的电量为额定容量的一半。

147. 浮充电。电池连续承受长时间、小电流的恒电压充电。

148. 初始寿命。电池初始寿命与电池出厂后的电能、容量、功率相关。

149. 循环寿命。在规定条件下，电池单体或电池组在特定性能失效之前所能完成的充放电循环次数。电池容量连续三次充放电循环低于规定的容量值，则认为电池寿命终止。此时最后一次达到或超过规定容量值的充放电循环次数即为电池的循环寿命。

150. 寿命状态。寿命状态是电池寿命的反映，是电池老化状态的判断指标。长期使用的电池衰退明显加剧，主要是平台电压和电池容量的降低。新出厂电池的寿命状态为100%，报废电池寿命状态为0。寿命状态通常与内阻、容量、平台电压、自放电、电池荷电能力、充放电循环次数等有关。一般将电池充满电的容量与额定容量之比定义为寿命状态，当然考虑的因素不全面，具有一定的局限性。

151. 终止寿命。电池最大功率或最大电能减少到初始寿命的80%左右，80%这个标准是基于电动汽车用户对功率和电量的需求，当电池无法满足用户使用时，即认为电池寿命终止。电池实际应用过程中,可能会采用更低的终止寿命。

152. 激光焊接。通过控制激光焊枪的功率、离焦量、速度等参数,发射出高能量密度的连续激光对焊接位置进行熔融焊接,实现密封或固定连接的过程。焊接外观要求光洁,无裂纹、针孔、凹坑等肉眼可见的明显缺陷。

153. 气密性测试。通过负压检测方法或氦气检测方法,检测电池是否存在泄漏的过程。

154. 超声波焊接。在辅助加压的情况下,通过焊头、焊座将高频振动波传递到两个待焊接的物体,两个待焊接接触面相互摩擦,分子相互扩散而形成分子熔合的焊接方式。

155. 锂枝晶。锂电池在充电过程中锂离子还原时形成的树枝状金属锂,锂在负极侧出现时其形态不一定是锂枝晶,统称为析锂。

156. 内短路。锂电池内部存在缺陷,如毛刺、锂枝晶等刺穿隔膜,造成正负极片接触的现象。

157. 热失控。电池出现的一种临界状态,由热量产生的速率超过其散热能力导致温度连续升高引起,进而导致电池损坏。

158. 泄漏。可见的电池液体电解质的漏出。

159. 泄气。电池单体或电池组中内部压力增加时,气体通过预先设计好的方式释放出来。

160. 破裂。由于内部或外部因素引起电池单体外壳或电池组壳体的机械损伤,导致内部物质暴露或溢出,但没有喷出。

161. 起火。电池单体或电池组有可见的火焰。

162. 爆炸。电池单体外壳或电池组的壳体猛烈破裂成两半或更多片,导致电池主要成分抛射出来的现象。

163. 卷绕。卷绕是将正极、负极、隔膜、堆积或者卷绕在一起,然后插入到罐或者袋中。

164. C——倍率。表示电池充放电的速率,放电倍率=放电电流/额定容量。比如100mA·h 的电芯,用 20mA 电流放电,放电倍率为 20/100=0.2C,放电时间为 100/20=5h,电量 5h 放完,称为 0.2C 放电。

165. 电流。电荷流动产生电流,电池中的电流是由电子在电路或回路,离子在阴极和阳极之间迁移形成。

166. 循环。电池一次放电然后再充电的过程称为一个循环,每一个循环以不同的功率和电压充放电,也可以不同的倍率充放电。

167. 高压。电压高于 60V 的动力电池系统称为高压,一般的高压系统具有 HVIL(高压自锁回路)系统,用于保护人员安全。

168. 短路。正负极连接在一起,实质上,短路会在电池内形成环形连接,将所有电流在电池或电池组中流动,最终导致灾难性故障。短路可能发生在电池内部,因为在阳极和阴极之间的树枝状材料的生长会使其电连接。如果一个微小的碎片组装在卷绕片之中,最终可能会刺穿隔膜并连接两个电极造成短路。如果短路发生在电池内部,称为内短路。如果电池外部的极柱发生连接造成短路,称为外短路。

169. 回收。废旧动力电池收集、分类、储存和运输的过程总称。

170. 拆卸。将动力电池从新能源汽车上拆下的过程。

171. 拆解。对废旧动力电池进行逐级拆分,直至拆出电池单体的过程,即将废旧动力电池进行解体的作业。

172. 储存。废旧动力电池收集、运输、梯级利用、再生利用过程中的存放行为，包括暂时储存和区域集中储存。

173. 利用。退役动力电池回收后的再利用，包括梯级利用和再生利用。

174. 梯级利用。将退役的动力电池（或其中的电池组/电池模块/电池单体）经检验后满足一些领域的应用技术条件，应用到该领域的过程，可以一级利用，也可以多级利用。

175. 再生利用。对废旧动力电池进行拆解、破碎、分离、提纯、冶炼等处理，进行资源化利用的过程。

176. 汽车生产企业。获得《道路机动车辆生产企业及产品公告》的国内新能源汽车生产企业和新能源汽车进口商。

177. 电池生产企业。国内动力电池生产企业和动力电池进口商。

178. 报废汽车回收拆解企业。经报废汽车回收主管部门核准，具有相应资质的报废汽车回收拆解企业。

179. 综合利用企业。是指符合《新能源汽车废旧动力电池综合利用行业规范条件》要求的废旧动力电池梯级利用企业或再生利用企业。

180. 梯级利用企业。即梯级利用电池生产企业，是指对废旧动力电池（或其中的电池组/电池模块/电池单体）进行必要的检测、分类、拆解和重组，使其可应用至其他领域的企业。

181. 再生利用企业。对废旧动力电池进行拆解、破碎、分离、提纯、冶炼等处理，实现资源再生利用、原材料回收利用等的企业。

## 参 考 文 献

[1] 韩路等. 动力电池梯次利用研究进展 [J]. 大众用电, 2014 (3).
[2] 郑漳华. 储能技术在电网中的应用发展 [J]. 国家电网, 2016 (5).
[3] 杨见青等. 我国废弃磷酸铁锂电池的资源化研究 [J]. 环境工程, 2017 (2).
[4] 张彬等. 废旧镍氢电池回收再利用研究 [J]. 环境科学与技术, 2014 (1).
[5] 赵鸿滨. 纯电动车电池的发展现状和前景 [J]. 电源技术, 2015 (3).
[6] 宋勇华等. 电动汽车电池的现状及发展趋势 [J]. 电网技术, 2011 (4).
[7] 焦庆峰等. 动力电池的发展历程 [J]. 大众用电, 2001 (4).
[8] 李肖肖. 废旧动力锂离子电池回收的研究进展 [J]. 电池, 2017 (2).
[9] 朱广燕, 刘三兵. 动力电池回收及梯次利用研究现状 [J]. 电源技术, 2018 (7).
[10] 朱国才, 何向明等. 废旧锂离子动力电池的拆解及梯次利用 [J]. 新材料产业, 2017 (9).
[11] 吴越等. 废旧锂离子电池中有价金属的回收技术进展 [J]. 稀有金属, 2013 (3).
[12] 李建波等. 废旧锂离子动力电池回收的研究现状 [J]. 稀有金属, 2017 (9).
[13] 张贵萍等. 锂离子动力电池成组技术及其连接方法简述 [J]. 新材料产业, 2016 (5).
[14] 马伟苔, 张彩萍等. 梯次利用车用电池储能系统初探 [J]. 科技视界, 2012 (7).
[15] 韩业斌等. 废旧锂电池回收处理研究 [J] 中国资源综合利用, 2013 (7).
[16] 华政等. 电动汽车电池的发展现状与趋势 [J]. 化工进展, 2017 (7).
[17] 王岳利. 新能源汽车动力电池梯次利用技术: 难点及解决方案 [J]. 新能源汽车报, 2016 (6).
[18] 周涛. 从废旧钴镍锰酸锂电池中回收有价金属的新工艺 [J]. 徐州工程学院学报: 自然科学版, 2017 (3).
[19] 王刚, 赵光金等. 动力锂电池梯次利用与回收处理 [M]: 北京: 中国电力出版社, 2015.
[20] 周志敏, 纪爱华. 铅酸蓄电池修复与回收技术 [M]: 北京: 人民邮电出版社, 2006.
[21] 周志敏, 周纪海等. 阀控式密封铅酸蓄电池实用技术 [M]: 北京: 中国电力出版社, 2004.
[22] 周志敏, 纪爱华. 电动自行车蓄电池使用与维修 [M]: 北京: 人民邮电出版社, 2007.
[23] 拓金研究. 退役动力电池应遵循先梯次利用后回收利用原则 [EB/OL]. http: //www.cbea.com/baidusearch.jhtml, 2018.6.17/2018.10.5.
[24] 孙轲. 规模化拆解成为动力电池梯次利用的"挡路石" [EB/OL]. http: //www.china.com.cn/news/txt/2017-06/27/content_41107549.htm, 2017.6.27/2018.7.5.
[25] 史晨星. 下一个风口? 动力电池回收最全面分析 [EB/OL]. https: //www.dlev.com/kol/66141, 2018.4.3/2018.7.5.
[26] 朱玉龙. 动力电池如何回收利用: 丰田模式 [EB/OL]. https: //www.dlev.com/kol/65633, 2018.3.26/2018.7.5.
[27] 雷洪钧. 对动力电池梯次利用及再生商机趋势的分析及建议 [EB/OL]. https: //www.dlev.com/kol/66324, 2018.4.8/2018.7.5.
[28] 郑丹丹. 退役动力电池梯次利用技术与经济性分析 [EB/OL]. http: //chuneng.bjx.com.cn/news/20180228/882442.shtml, 2018.2.28/2018.70.5.
[29] 雷洪钧. 动力电池回收渠道与关键技术分析 [EB/OL]. http: //chinaet.net/news/201804/104285.html, 2017.4.27/2018.7.5.
[30] 陈俊全. 解读动力电池回收利用发展现状及趋势百亿级市场待挖掘 [EB/OL]. http: //www.escn.com.cn/news/show-489442.html, 2018.1.12/2018.7.5.
[31] 广发证券发展研究中心机械/电新小组. 锂电回收: 试点方案开启政策红利, 供需契合构建产业基础 [EB/OL]. http: //www.escn.com.cn/news/show-506874.html, 2018.3.14/2018.7.5.
[32] 帆鸿波. 动力电池梯次利用: 市场前景广阔, 机遇与挑战共存 [EB/OL], https: //baijiahao.baidu.com/s?id=1579563948390163620&wfr=spider&for=pc, 2017.9.26/2018.7.5.
[33] 国金证券. 动力锂电池回收行业深度研究报告 [EB/OL]. http: //www.sohu.com/a/153650710_355061, 2017.7.1/2018.7.5.
[34] 杜俊仪. 回收紧迫车企如何把退役电池变废为宝 [EB/OL]. https: //www.autohome.com.cn/news/201804/915299.html, 2018.4.11/2018.7.5.

[35] 王娜. 如何突破动力电池回收产业发展瓶颈 [EB/OL]. http：//www.ccidnet.com/2018/0208/10359939.shtml，2018.2.8/2018.7.5.

[36] 平全文. 动力电池梯次利用：榨干电池剩余价值，让区段资源优势最大化 [EB/OL]. http：//www.escn.com.cn/news/show-511147.html，2018.3.28/2018.7.5.

[37] 清扬. 一文了解（看懂）各国动力电池回收 [EB/OL]. http：//www.chinabuses.com/supply/2018/0822/article_85245.html，2018.8.22/2018.7.5.

[38] 张子峰. 关于动力电池梯次利用 [EB/OL]. http：//www.sohu.com/a/243125822_560178，2018.734/2018.7.5.

[39] 陈显帆等. 动力锂电池报废高峰已至开启百亿回收市场 [EB/OL]. http：//stock.eastmoney.com/news/1413，20180213834407265_0.html，2018.2.13/2018.7.5.

[40] 夏军. 再谈电动汽车动力电池的梯次利用 [EB/OL]. https：//mp.weixin.qq.com/s?__biz=MzI3 NjkwMjM5OQ==&mid=2247488797&amp；idx=4&amp；sn=50d962390298bdbc37a0266369465750& source=41#wechat_redirect，2015.12.24/2018.7.5.

# 参考文献  163

[33] 王璐. 湖南实施努力攻坚国家产业发展规划[EB/OL]. http://www.coinews.com/2018/0202/10556856.html. 2018-2-8/2018-5-3.

[34] 李亚文. 动力电池梯次利用. 将为电池商带来价值. 比克上榜于储能大赛大作[EB/OL]. http://www.escn.com.cn/news/show-511747.html. 2018-5-25/2018-7-5.

[35] 张磊. 关于新(电池) 发售动力电池回收[EB/OL]. https://www.chinabgao.com/supply/2018/0822/article_57575.html. 2018-8-22/2018-7-5.

[36] 锂电池关于电动汽车的推广应用[EB/OL]. http://www.sohu.com/a/24313622_556175/. 2015-7-24/2015-7-5.

[37] 陆媒宝泉. 动力锂电池梯次利用市场前景化分析市场各地[EB/OL]. http://stock.eastmoney.com/news/1413. 20180213684107253_3.html. 2018-2-16/2018-7-5.

[38] 关于动力电池流通方式与其他回收的方式利用[EB/OL]. http://weixin.qq.com/s/?_biz=Mz13NkeMjM5OQ==&mid=2247485735&idx=1&sn=60cb0c23e028bba57e28532e67a0f_source=41#wechat_redirect. 2015-12-3/2018-4-5.